À plus ! 4

cycle long

Französisch
für Gymnasien

Cornelsen

À plus! 4 cycle long
Lehrwerk für den Französischunterricht an Gymnasien

Im Auftrag des Verlages erarbeitet von
Gertraud Gregor, Catherine Jorißen, Sylvie Schenk

und der Redaktion Moderne Fremdsprachen
Dr. Yvonne Petter (Projektleitung), Marie-France Lavielle, Sophie Ortiz-Vobis, Marit Reifenstein, Monika Schulze sowie Gabriela Alonso und Nicolas Sconza (Assistenz)

Didaktische Beratung: Dr. Martin Braun (Nürnberg), Hermann Demharter (Heidelberg)

Beratende Mitwirkung: Hans Bächle (Neunkirchen), Dr. Richard Best (Harxheim), Rita Beyer (Illingen), Otto-Michael Blume (Düsseldorf), Anette Fritsch (Dillenburg), Maria Gaksch (Wien), Aneta Glavier (Leipzig), Michèle Héloury (Berlin), Brigitte Jescheck-Schellander (Wien), Thilo Karger (Gießen), Annemarie Kordecki (Rimbach), Dr. Hans-Ludwig Krechel (Königswinter), Bernd Kracklauer (Ingolstadt), Barbara Lechner-Gay (Freiburg), Wolfgang Marek (Marburg), Dr. Sigrid Melchert (Potsdam), Klaus Mengler (Gießen), Dr. Jürgen Mertens (Weingarten), Prof. Dr. Christian Minuth (Heidelberg), Thomas Mößer-Wolf (Bad Kreuznach), Axel Polleti (Passau), Dr. Astrid Scheuerer-Willmar (Traunreut), Peter Schmachtel (Lübeck), Joachim Sendzik (Hannover), Karl Stoppel (Biberach), Dr. Armin V. Wernsing (Krefeld), Dr. Hanno Werry (Saarbrücken), Daniela Wieners (Durmersheim), Dr. Christine Wlasak-Feik (Selb), Stefanie Wölz (Sinsheim)

Gesamtgestaltung: Regelindis Westphal
Satz: Satzinform, Berlin
Illustrationen: Laurent Lalo
Kartengestaltung: Carlos Borrell (U2), Dr. Volkhard Binder (U3)
Umschlagfotos: © Cornelsen, Schulz (oben), © www.web-provence.com (unten)

Begleitmaterialien zu **À plus! 4 cycle long**
ISBN 978-3-464-22104-4 À plus! 4 Vokabeltaschenbuch
ISBN 978-3-464-22053-5 À plus! 4 Carnet d'activités
ISBN 978-3-464-22050-4 À plus! 4 Grammatikheft
ISBN 978-3-464-22045-0 À plus! 4 CD
ISBN 978-3-464-22047-4 À plus! 4 HRU
ISBN 978-3-06-520024-0 À plus! 4 Folien

www.cornelsen.de

1. Auflage, 1. Druck 2007

Alle Drucke dieser Auflage sind inhaltlich unverändert und können im Unterricht nebeneinander verwendet werden.

Druck: CS-Druck CornelsenStürtz, Berlin

ISBN broschiert 978-3-464-22057-3
ISBN gebunden 978-3-464-22056-6

Inhalt gedruckt auf säurefreiem Papier aus nachhaltiger Forstwirtschaft.

Inhaltsverzeichnis

Die grün gedruckten Überschriften bezeichnen fakultative Elemente.

DOSSIER 3 *Mon quartier, ma planète*

Erläuterung der Symbole und Verweise

- Hörtext auf der CD
- Partnerarbeit
- Gruppenarbeit oder Diskussion
- Schriftliche Übung
- Differenzierung: anspruchsvolle Aufgabe
- Die Lösungen zu den Aufgaben befinden sich im Grammatikheft.
- C 6/8 — Hier passt Carnet d'activités, S. 6/8.
- (→ Repères, p. 20/3) — Verweis auf die Repères
- (→ GH, p. 9/4.1) — Verweis auf das Grammatikheft
- DELF — Diese Übung eignet sich ganz besonders für die Vorbereitung auf die DELF-Prüfung.
- → Portfolio Dossier — Besonders gelungene Texte kannst du in deine Portfoliomappe ablegen.
- Sprachmittlungsübung

Bonjour, tout le monde!

CONNAISSANCES

Questions pour des champions

Règles du jeu: Formez trois équipes et choisissez un/e candidat/e par groupe. Un/e élève joue le rôle de l'animateur. Il/Elle peut choisir entre trois catégories de questions: civilisation, grammaire, expression. Le premier candidat qui répond marque le point. On change de candidat toutes les trois questions. L'équipe qui marque le plus grand nombre de points a gagné. Vous pouvez aussi trouver vous-mêmes d'autres questions. (→ Solutions, p. 191)

CIVILISATION

1. Donne le nom de deux villes au Québec. (deux points)
2. Jacques Cartier est arrivé à Gaspé en 1534 ou en 1634? (deux points)
3. En France, il y a quatre années de collège. Vrai ou faux? (un point)
4. Donne le nom de quatre fleuves français. (quatre points)
5. Donne le titre* d'un film français. (deux points)
6. Donne le nom de deux chaînes de télévision françaises. (deux points)
7. Donne le nom de trois auteurs français. (trois points)
8. Donne le nom d'un personnage de bédé. (un point)
9. Donne le nom de trois monuments de Paris. (trois points)
10. Donne trois tuyaux de balad[illegible]ris (trois points)

* **le titre** der Titel

GRAMMAIRE

1. Complète: Je vais ? France. Il habite ? Pays-Bas. Il vient ? Canada. (trois points)
2. Conjugue le verbe «boire» au présent de l'indicatif. (trois points)
3. Au passé composé: «je cours», «vous finissez», «ils vivent», «tu crois» «Elles ne se connaissent pas.» (cinq points)
4. Mets au passé: On (être) au salon et on (regarder) la télé quand ils (arriver). (trois points)
5. À l'imparfait: «nous nous endormons», «elle écrit», «tu reçois». (trois points)
6. Dis-le autrement: «Tu dois venir.» «Vous devez savoir ça.» (deux points)
7. Au futur simple: «Quand on est à Paris, on fait plein de balades et on va à l'opéra.» (trois points)
8. Pour les crêpes, il faut ? œufs, ? lait, ? farine et ? beurre. (quatre points)
9. Réponds avec «en» : Est-ce que tu manges du poisson? (un point)
10. Traduis: *Meine Schwester ist sehr gut in Französisch: Sie spricht deutlich und kann die Dinge gut erklären.* (trois points)

EXPRESSION

1. Traduis: *Lille liegt im Norden Frankreichs nördlich von Paris.* (quatre points)
2. Frage einen Freund, ob er Lust hat, mit dir ins Kino zu gehen. (deux points)
3. Traduis: *Paul sieht nett und lustig aus.* (deux points)
4. Frage die Eltern deines Brieffreundes / deiner Brieffreundin, ob du vom Tisch aufstehen kannst. (deux points)
5. Erkläre deinen Schulkameraden, dass Freunde dazu da sind, einem zu helfen und zuzuhören. (deux points)
6. Erkläre deinen Schulkameraden, warum dir ein Roman gut gefallen hat. (six points)
7. Frage eine Freundin nach ihrer Meinung. (deux points)
8. Berichte, dass du in die nächste Klasse versetzt worden bist. (deux points)
9. Traduis: *Ich bin eben nach Hause gekommen, und meine Eltern bereiten gerade das Essen vor.* (trois points)
10. Du stellst fest, dass es minus zehn Grad sind, dass aber die Sonne scheint. (trois points)

ÉCOUTER

Les cinq copains

a *Faites une grille avec ces cinq prénoms dans votre cahier. Écoutez le texte et prenez des notes: Qu'est-ce que les cinq copains ont fait après le bac?*

Armand | *Justine* | *Jessica* | *Rémi* | *Paul*

b *Deux ans après, ils se retrouvent. Écoutez: Qui p*

ÉCRIRE ET LIRE

La fin de l'histoire

Formez des groupes. Choisissez une histoire et trouvez ensemble une fin. Présentez-la à vos camarades.

a Marion et Selim sortent du cinéma. Ils viennent de voir un film de science-fiction qui leur a beaucoup plu. Ils décident de rentrer à pied. À un kilomètre du cinéma, ils trouvent un très beau vélo par terre. Mais il n'y a personne dans la rue …

b Céline et Guillaume, 13 et 16 ans, vont passer quelques jours de vacances avec leur cousine Lydie chez leur grand-mère. Quand ils arrivent, la maison est fermée et il n'y a personne …

c Gaëlle Clément, 14 ans, est nouvelle dans la classe d'Adrien. Elle ne parle à personne et reste toujours seule. Adrien a l'impression d'avoir déjà vu cette fille quelque part mais où? Un jour, il décide de la suivre …

DOSSIER 1 *Les autres et moi*

Approches

Mon monde à moi

Antonin, 15 ans
Je fais du foot au club et je suis fan de l'OM. J'adore les jeux vidéo et le rap. Je participe au journal du collège. Avec mes copains, on se bouge pour faire des choses. Moi, je suis tuteur d'un élève de sixième. Mon objet préféré? Mon ballon de foot. Mes idées sur la société: trop de chômage donc trop de violence.

Hélène, 15 ans
Je nage, je fais du surf, je lis des bédés. J'admire Lee Ann Curren. Je m'intéresse à la chanson et je ne rate jamais la Star Academy. Je m'entends bien avec mes parents. Mon objet préféré? Mon lecteur mp3.

Paul, 15 ans
Mon groupe préféré, c'est Tryo. Moi-même, je joue de la basse. Mes idées sur la société: On a la chance de vivre en Europe et chacun doit prendre sa vie en main. Mais c'est vrai qu'il y a des quartiers où c'est très dur.

Comprendre

C 6/1 **1** *À votre avis, à quelles questions ont répondu ces jeunes? Notez-les.*

2 *Écoutez et présentez Malika, Rémi et Laure.*

Activité

C 6/2 **3** *Présentez-vous à l'aide des questions de l'exercice 1.*

Maria, 14 ans et demi

Je suis d'origine portugaise. Je joue aux échecs dans un club et j'apprends le piano depuis l'âge de sept ans. Je ne peux pas changer le monde mais j'essaie de changer les choses dans mon petit univers. Au collège, je suis médiatrice: J'aide des élèves à régler leurs conflits.

Inès, 15 ans et demi

Pour être heureuse, j'ai besoin d'une passion. J'en ai deux: la mer et l'escalade urbaine. J'aime poser les mains et les pieds là où personne n'est jamais allé. À part ça, j'adore le ciné. Un objet important? Mon portable pour communiquer avec les copains. Je suis déléguée de classe: ça me plaît de discuter avec les profs.

Un monde d'objets-cultes?

Pourrais-tu vivre sans ton lecteur mp3?

Ce petit appareil numérique qui peut stocker jusqu'à des milliers de chansons est tellement présent dans la vie des jeunes – et des moins jeunes – qu'il est aujourd'hui presque un animal domestique.

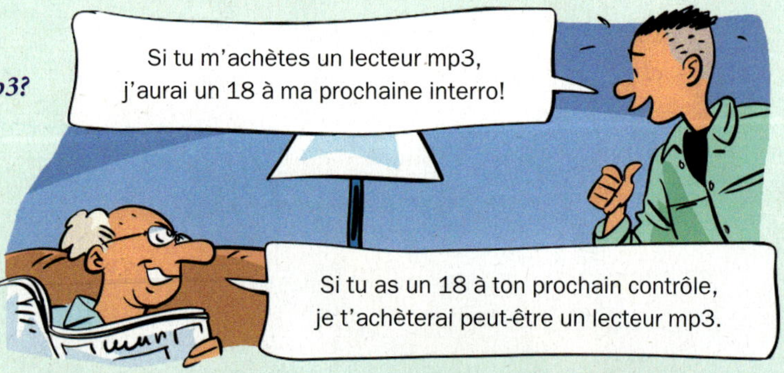

Mon portable sous la table

Personne ne peut se passer de son portable. Sans lui pas de SMS. Et comment vivre sans SMS? En classe, nos parents s'envoyaient des petits papiers de bureau en bureau. Maintenant, leurs enfants s'envoient des SMS sous la table. Je communique, tu communiques, nous communiquons. Et avec mon portable, je téléphone, je joue, je fais des photos, j'écoute de la musique et je fais même des calculs. Je tape sur quelques touches et je m'évade dans le monde entier.

Mon ordinateur, c'est mon meilleur copain.

Rien n'est plus utile qu'un ordinateur: on télécharge de la musique, on fait des jeux vidéo et même ses devoirs. On a son blog, on se tient au courant, on vit, quoi. Personne ne peut s'en passer facilement.

Jamais sans ma marque

Qui n'a aucun vêtement de marque? On n'achète pas n'importe quels jeans et n'importe quelles baskets. 11 % seulement des jeunes avouent vouloir des marques mais 62 % des parents disent que leurs enfants en réclament. D'où vient cette contradiction?

Sans lecteur mp3, je m'ennuierais, je ne pourrais plus écouter aussi souvent de la musique, je ne parlerais plus de mes chansons préférées aux copains. J'aurais le cafard.
Aurélie, 16 ans et demi

Ce qu'ils en pensent

Que ferais-je sans mes fringues de marque? Vous ne pourriez pas poser une question plus facile?
Antoine, 15 ans

Je serais malheureux sans mon ordinateur. Mon frère et moi, nous ne pourrions plus jouer, je n'écrirais plus de blog. Et puis j'ai besoin d'Internet pour mes devoirs ... L'ordinateur fait partie de la vie moderne et on ne revient pas au Moyen-Âge.
Benjamin, 14 ans

Je n'accepterais pas de renoncer à mon portable. Pourquoi devrais-je le faire? Mes copains ne m'appelleraient plus, ils ne m'enverraient plus de SMS, je me sentirais drôlement seule!
Fatima, 14 ans

Je peux me passer quelques jours de tout ça, pendant les vacances par exemple, où j'ai d'autres plaisirs. Être dépendant d'une chose, pour moi, c'est l'enfer.
Quentin, 15 ans

Comprendre et commenter

C 7/1 **1** **a** *Répondez aux questions.*

1. De quels objets-cultes parle-t-on dans le texte?
2. Faites une liste de leurs caractéristiques*.
3. Pourquoi est-ce que les jeunes ne veulent pas renoncer à ces objets?

b *Expliquez cette phrase.*

«Le lecteur mp3 est aujourd'hui presque un animal domestique.»

c *Et vous? À quels objets ne voulez-vous pas renoncer? Pourquoi? Faites votre palmarès et/ou un sondage dans votre classe.*

* **la caractéristique** das Merkmal

Découvrir

2 **a** *Traduisez les phrases suivantes.* Welcher der beiden Sätze drückt eine Vermutung aus? *Trouvez d'autres exemples dans le texte.*

1. Avec mon portable, je téléphone, j'écoute de la musique.
2. Sans mon portable, je me sentirais sûrement seul.

b Wie wird das „conditionnel présent" gebildet? Woher kennt ihr den Stamm und die Endung?

c *Conjuguez les verbes entre parenthèses au conditionnel présent.* (→ Repères, p. 24/2)

je *(parler)* – tu *(attendre)* – elle *(réagir)* – nous *(aller)* – vous *(faire)* – ils *(être)*

d *Lisez les phrases suivantes et dites s'il s'agit d'un souhait* (Wunsch), *d'une demande* (Bitte), *d'une proposition* (Vorschlag/Rat) *ou d'une supposition* (Vermutung).

1. Vous pourriez poser une question plus facile?
2. On pourrait jouer à Bétrix.
3. Je serais malheureux sans mon ordinateur.
4. À ta place, je changerais de copains.
5. Je voudrais un nouveau lecteur mp3.

Écouter

3 **a** *Futur simple ou conditionnel présent? Notez le numéro des phrases au conditionnel dans votre cahier.*

b *Écoutez encore une fois les phrases au conditionnel présent. Est-ce qu'il s'agit d'un souhait, d'une demande, d'une proposition ou d'une supposition?*

S'entraîner

4 *Imaginez comment serait la vie sans ___ . Utilisez le conditionnel présent.* (→ Repères, p. 24/3)
Notez vos réponses, vous en aurez besoin pour l'exercice, p. 14/10.

Exemple: Sans ordinateur, on ne pourrait plus surfer sur Internet.

sans ordinateur   sans lecteur mp3   sans portable   sans vêtements de marque
sans ami   sans argent de poche   sans chocolat   sans fête de famille
sans blog   sans télé   sans livres   sans SMS   sans mail   sans ___

C 7/2 C 8/3 **5** **a** *Donnez des conseils à ces personnes. Utilisez:* À ta/votre place, je ___ . (→ Repères, p. 24/3)

1. Je vais passer une semaine à Paris. Qu'est-ce que tu me conseilles?

2. Je n'ose pas avouer à Nadia que je suis amoureux d'elle. Comment faire?

3. J'apprends l'allemand à l'école mais c'est très dur.

4. On ne sait pas quoi faire ce week-end. Vous n'auriez pas un tuyau?

Exemple:
1. À ta place, je ferais une balade en ballon.

faire une balade en ballon   *descendre* dans les Catacombes
aller au cinaxe   *envoyer* un SMS   *lire* des romans en allemand
écrire un poème   *chercher* un correspondant en Allemagne   ___

b *À vous. Un copain / une copine vous parle de son problème. Vous lui donnez des conseils. Écrivez le dialogue.*

C 8/5 **6** **a** *Lucas a le cafard. Expliquez pourquoi. Utilisez* personne ne ... *ou* rien ne ... . (→ Repères, p. 25/6)

Exemple: Il a le cafard parce que personne ne pense à lui.

penser à lui   *venir* le voir   lui *téléphoner*
être simple avec sa copine
l'*inviter* à une fête   l'*intéresser* vraiment
lui *plaire* à la télé   lui *envoyer* des SMS
se passer comme il veut   ___

b *Mais Lucas ne fait rien pour changer la situation. Dites pourquoi. Utilisez* ne ... aucun/e. (→ Repères, p. 25/7)

faire des efforts pour rencontrer des jeunes de son âge
lire des livres   *pratiquer* un sport
regarder des émissions intéressantes à la télé
chercher une solution à son problème   ___

Vocabulaire et expression

C 9/6 **7** *Expliquez ces verbes et ces expressions. Utilisez-les dans une phrase.*

avoir le cafard
se tenir au courant
se passer de qc
réclamer qc
être dépendant/e de qc

Cela veut dire ___
C'est quand ___
C'est un autre mot pour ___
C'est le contraire de ___
C'est la même chose que ___

Écrire

DELF C 9/7 **8** *Clémentine, 14 ans, a écrit à un magazine de jeunes. Lisez sa lettre et répondez-lui.*

Bonjour!
Je voudrais avoir un portable. Dans ma classe, tout le monde en a un mais pas moi. Mon père me dit: "À quoi ça sert à ton âge?" C'est vraiment grave pour moi. Qui peut m'aider? Merci!
Clémentine

→ Portfolio
Dossier

Méthodes et stratégies: Comment se préparer à une discussion

9

1. Ton objectif:

Je voudrais que mes parents m'achètent un ordinateur portable.

Was willst du in der Diskussion erreichen? Notiere dein Diskussionsziel.

2. Tes arguments:

J'en ai besoin pour présenter mes exposés en classe.

Um dein Ziel zu erreichen brauchst du Argumente. Liste deine Argumente auf.

3. Les arguments des autres:

Tu peux utiliser un ordinateur du collège. ___

Dein Diskussionspartner wird dir sicherlich seine Argumente entgegenhalten. Überlege dir die Argumente deiner Diskussionspartner.

4. Ta réaction:

Ils ne sont jamais libres.
Ils ne marchent jamais.
___

Im Verlauf der Diskussion musst du auf die Einwände deiner Gesprächspartner reagieren. Überlege dir Gegenargumente.

5. Un compromis:

Je pourrais participer avec mon argent de poche.

Wahrscheinlich musst du deinem Gesprächspartner entgegenkommen, um ihn zu überzeugen. Überlege dir auch ein Kompromissangebot.

Expressions utiles:

Laisse(z)-moi parler!
Si! / Si, justement!

Suche nach passenden Redemitteln. (→ Annexe, p. 100)

Activité

C 10/8 **10** *Antoine voudrait avoir un lecteur mp3 / un nouveau portable / ___ mais ses parents ne sont pas d'accord. Jouez la scène.* (→ Méthodes et stratégies, p. 14/9)

Préparer l'écoute

1 *Écoutez l'interview. Où sont les jeunes et de quoi discutent-ils?*

Changer la vie

Clémentine: Bien sûr, il y a plein de choses que je voudrais changer. D'accord, nos relations avec les adultes sont assez bonnes, mais si mes parents étaient un peu plus sévères, je n'aurais rien contre. Et si je ne devais pas les rassurer tout le temps, ce ne serait pas plus mal. Ce serait mieux s'ils avaient plus de temps pour moi, s'ils travaillaient moins.

Henri: Ben moi, si seulement je ne devais pas sortir la poubelle tous les soirs, ma vie serait plus agréable. Si cette seule petite chose était possible ...

Guillaume: Non mais Henri, n'importe quoi!

Henri: C'est bon, je voulais rigoler! Je ne sais pas si on peut vraiment changer sa vie. Mais moi, j'aimerais connaître des gens très différents de moi. On devrait peut-être changer de famille pendant un mois, le Parisien vivrait à la campagne, l'enfant de riches irait chez des pauvres, le fils d'une famille nombreuse deviendrait enfant unique. Je crois que si une expérience comme ça était possible, on comprendrait mieux les autres.

Guillaume: Ce serait bien de vivre un peu dans un autre pays.

Yasmina: Moi, je voudrais changer les relations dans ma classe. En fait, c'est un mobbing permanent. On se moque de moi parce que je ne porte pas de fringues à la mode et que je préfère la musique classique. On ne m'invite jamais, on rigole dans mon dos.

Clémentine: Je te comprends très bien, Yasmina, c'est vraiment nul. Dans ma classe aussi il y a des problèmes comme ça. Il y a une fille qui est super forte dans toutes les matières et on se moque d'elle, par jalousie, ou parce qu'elle a d'autres goûts. D'ailleurs, tout commence à l'école primaire. S'il n'y avait pas de notes à l'école, les gens se compareraient moins aux autres. On ne prendrait pas l'habitude de classer les autres en bons et en mauvais.

Henri: Je suis d'accord avec Clémentine. Le problème, c'est qu'on classe tout le monde: Il y a les intellos qui ont fait des études et les gens qui travaillent de leurs mains. On oppose les gens d'ici et les gens d'ailleurs, les Français et les étrangers, les vieux et les jeunes, les riches et les pauvres, les hommes et les femmes. Et souvent ils se méprisent les uns les autres. Si on apprenait à se respecter dès l'enfance, le monde serait plus humain.

Guillaume: Il ne faut pas rêver! Une société du type «Tout le monde il est beau, tout le monde il est gentil» n'est pas possible. C'est bien dommage mais, à mon avis, ce n'est pas dans la nature humaine. Regardez, le sport par exemple: Dans chaque match, il y a toujours des gagnants et des perdants. C'est comme ça. D'accord, c'est un jeu mais dans la vie, c'est pareil, dans toutes les sociétés et à toutes les époques.

Comprendre et commenter

DELF C 11/1 **2** **a** *Répondez aux questions.*

1. Lisez le texte, lignes 1–31. Qu'est-ce que chacun de ces quatre jeunes voudrait changer? Pourquoi?
2. Lisez maintenant le texte, lignes 32–59. «Ne pas classer les autres en bons et mauvais»: Qu'est-ce que Guillaume en pense? Et Henri?

b «Dans toutes les sociétés et à toutes les époques il y a toujours des gagnants et des perdants.» *Expliquez cette idée.*

c *Et vous? Qu'est-ce que vous aimeriez changer? Donnez votre avis.*

Découvrir

3 **a** Welche Zeitform des Verbs wird in den folgenden zwei Sätzen im „si"-Satz verwendet? Welche Form des Verbs wird im Hauptsatz verwendet? *Formulez la règle.*

Si mes parents étaient plus sévères, je n'aurais rien contre.
Ce serait bien s'ils avaient plus de temps.

b *Traduisez et comparez les deux phrases suivantes.*

c *Complétez les phrases.*

1. Si je *(avoir)* un ordinateur, je *(télécharger)* la dernière chanson de Tryo.
2. Tu *(s'ennuyer)* moins, si tu *(s'intéresser)* plus aux autres.
3. Si nous *(vivre)* dans une société plus généreuse, il y *(avoir)* moins de pauvres.

S'entraîner

C 11/2 C 11/3 **4** **a** *Répondez à ces questions.* (→ Repères, p. 25/5)

b ►► *À vous. Posez une ou deux questions comme en* **a** *à votre voisin/e qui répond.*

Qu'est-ce que tu ferais ...

1. ... si tu étais un chanteur / une chanteuse célèbre?
2. ... si on te proposait de passer à la télé?
3. ... si tu étais le directeur / la directrice de ton collège?
4. ... si tu pouvais partir seul/e avec des copains en vacances?
5. ... si tu gagnais tout à coup beaucoup d'argent?

C 12/4
C 12/5 **5** ►◄ *A choisit un nombre entre 111 et 999. B pose la question et A y répond.* (→ Repères, p. 25/5)

Exemple:
A: 476
B: Que ferait un clown s'il trouvait un oiseau dans une salle de bains?
A: Il se doucherait avec l'animal et il chanterait tout seul.

Que ferait	s'il / si elle trouvait	dans
1 un astronaute	1 un ordinateur	1 un gymnase
2 une charcutière	2 un cochon d'Inde	2 la rue
3 une secrétaire	3 un pantalon	3 une valise
4 un clown	4 un œuf	4 une chaussure
5 un policier	5 un réveil	5 un cirque
6 une reine	6 un robot	6 une salle de bains
7 une journaliste	7 un oiseau	7 un supermarché
8 un aviateur	8 un ours	8 une armoire
9 le Père-Noël	9 une baguette	9 une forêt

Vocabulaire et expression

C 12/6 **6** **a** *Retrouvez les mots de sens opposé dans le texte, p. 15.*

Exemple: plus / moins

plus / ___ nombreux / ___ les intellos / ___
ici / ___ les vieux / ___ les riches / ___
les hommes / ___ une famille nombreuse / ___
bon / ___ le gagnant / ___ mépriser qn / ___

b *Formez des groupes. Trouvez d'autres oppositions comme en* **a**. *Le groupe qui trouve le plus de mots gagne.* (→ Liste alphabétique des mots, p. 149)

Écouter

DELF **7** *Marie, elle aussi, a participé à la discussion «Changer la vie». Qu'est-ce qu'elle raconte sur ses parents et son frère? Et qu'est-ce que Yasmina lui conseille? Écoutez et notez les mots-clés.*

Activité

8 **a** *Lisez ce poème. Vous pouvez chercher les mots que vous ne connaissez pas dans un dictionnaire.*

b *Écrivez un poème. Utilisez les mots ci-dessous et la phrase conditionnelle.*

chanter surprise
goûts *gagner*
expérience *applaudir*
société musique
charger succès
réussir ___

Si la tour Eiffel montait
Moins haut le bout de son nez,
Si l'Arc de triomphe était
Un peu moins lourd à porter,
Si le Louvre s'envolait,
Avec des SI on mettrait
Paris en bouteille.

d'après Jacques Charpentreau

Préparer la lecture

1 *Regardez les photos. Qu'est-ce qu'un tuteur / une tutrice?*

Des tuteurs pour les sixièmes

À treize heures, chaque mardi, Florence, Alex et Marie n'ont pas le temps de traîner au self. Qu'est-ce qui les empêche de bavarder plus longtemps avec leurs copains? Stéphane, Rachel et Sam les attendent. Pas pour une partie de cartes ni pour un match de foot, mais pour trois quarts d'heure de travail intensif. Les aînés sont en troisième. Les plus jeunes en sixième. Tous participent à l'opération de tutorat organisée depuis plusieurs années par Jean-Michel Porcar, professeur de français au collège Chevillon en Haute-Marne.

Des élèves volontaires de troisième aident les sixièmes à faire leurs devoirs. Pour Michel Porcar, le tutorat est un acte de solidarité. Et tout le monde y gagne: les plus jeunes font des progrès, les troisièmes peuvent réviser un peu les notions oubliées et surtout, ils apprennent à expliquer. Savoir expliquer quelque chose, c'est d'abord apprendre à comprendre soi-même: la matière, le problème qu'on explique, mais aussi comprendre l'autre, ses difficultés.

Florence, Marie et Alex ont eu eux-mêmes des tuteurs quand ils étaient en sixième. «Sans mon tuteur, dit Florence, j'aurais redoublé ma sixième. J'avais beaucoup de problèmes en maths. Maintenant c'est mon tour de rendre service à quelqu'un.» Et Marie ajoute: «Sans Léna, ma tutrice, j'aurais eu pas mal de difficultés. Je n'aurais pas fait de progrès comme ça.» Et Stéphane note: «Depuis que je travaille avec Florence ça va mieux. C'est comme si elle m'avait donné un peu de son énergie! Un peu comme si elle était ma grande sœur, mais avec elle, je ne me dispute jamais ...»

Comprendre et commenter

DELF C 14/1

2 **a** *Lisez le texte et répondez aux questions.*

1. Un tutorat, qu'est-ce que c'est?
2. Qu'est-ce qu'on apprend sur les personnages du texte?

b «Tout le monde y gagne.» *Expliquez pourquoi.*

c *Aimeriez-vous être tuteur/tutrice ou avoir un tuteur / une tutrice?*

Vocabulaire et expression

C 14/2
C 15/3 **3** **a** *Vous ne connaissez peut-être pas tous ces mots mais vous en connaissez un de la même famille. Trouvez les noms ou les verbes correspondants.*

Exemple:
la participation → participer
organiser → l'organisation

organiser situer féliciter
interroger opérer
former informer simuler

la participation la concentration la colonisation
la consolation la domination l'imagination
l'occupation la présentation la séparation l'utilisation

b *Comment peut-on former un nom à partir d'un verbe? Formulez une règle.*

c *Formez des phrases ou écrivez un petit texte avec quelques-uns de ces mots.*

S'entraîner

C 15/4 **4** *Que disent-ils? Formez les phrases au conditionnel passé.* (→ Repères, p. 25/4)

C 15/5 **5** **a** *Qu'est-ce qui se serait passé si ...? Imaginez et utilisez le conditionnel passé.* (→ Repères, p. 25/5)

Exemple: Si Cartier n'avait pas découvert le Saint-Laurent, les Français n'auraient pas fondé la Nouvelle-France.

1. Cartier/ *découvrir* le Saint-Laurent / les Français / *fonder* la Nouvelle-France.
2. Zinédine Zidane / *entrer* jeune dans un club de foot / *devenir* champion du monde.
3. Jules Verne / *tomber* amoureux de sa cousine / *partir* pour les Indes.
4. La Fontaine / *lire* les poètes anciens / *écrire* ses fables.
5. Gustave Eiffel / *construire* la tour Eiffel / Paris / *devenir* aussi célèbre au XXe siècle.
6. Saint-Exupéry / *devenir* aviateur / *se tuer* en avion pendant la guerre.

b À vous. Choisissez trois phrases de **a** et imaginez la suite au conditionnel présent ou passé. (→ Repères, p. 25/5)

Exemple: Si Cartier n'avait pas découvert le Saint-Laurent, les Français n'auraient pas fondé la Nouvelle-France et aujourd'hui, on ne parlerait peut-être pas français au Québec.

6 *Imaginez la fin des phrases. Utilisez le conditionnel passé.* (→ Repères, p. 25/5)

1. Si Monsieur Porcar n'avait pas eu cette idée, ___ .
2. Nous aurions fait plein de fautes si ___ .
3. Si tout le monde n'avait pas participé dès le début, ___ .
4. Vous n'auriez jamais eu 16 à votre interro si ___ .
5. Si tu n'avais pas été là, ___ .
6. Si j'avais su, ___ .

C 16/6 **7** *Complétez. Utilisez* moi-même, toi-même … (→ Repères, p. 25/8)

1. Je t'ai expliqué la règle plusieurs fois. Trouve la solution [?]!
2. Léo et Marie ont eu [?] cette idée formidable.
3. Rachel a fait [?] l'expérience.
4. Florence et Marie ont eu [?] des tuteurs autrefois.
5. Est-ce que vous pourriez faire cela [?]?
6. Alex a répondu [?] à la question.
7. J'ai été [?] tutrice: c'était super.
8. Je pense qu'il faut faire [?] cette expérience pour pouvoir comprendre le problème.

Activité

8 *Avec qui, quand et comment aimez-vous travailler? Dites pourquoi. Formez des groupes, parlez-en entre vous et présentez vos résultats.*

Moi, je ne pourrais pas travailler sans musique. Mes parents ne comprennent pas mais c'est comme ça.

Moi, je préfère travailler seul dans ma chambre. Si quelqu'un d'autre était là, je n'arriverais pas à me concentrer.

Préparer la lecture (→ Méthodes et stratégies, p. 23/6)

1 **a** *Info express: Vous avez trente secondes pour regarder ces documents. De quoi s'agit-il? (Thème, type de texte ...)*

b *Qu'avez-vous fait pour trouver la réponse?*

La Star Academy

Le casting de Star Academy est ouvert!

Pour participer à la nouvelle Star Academy, pas de limite d'âge cette année. Vous devez savoir chanter et bouger, pouvoir rester au château quatre mois et appeler le 08 92 70 47 09. Il vous faudra ensuite envoyer une lettre de motivation et une cassette vidéo à:

Star Academy 6
Cedex 4550
99455 Paris Concours.

Vous vous y présentez en trente secondes et vous interprétez une chanson de votre choix.
Bonne chance!

1000 CANDIDATS CHAQUE ANNÉE...

Mais seuls seize jeunes chanteurs vont pouvoir vivre pendant quatre mois au château de Dammarie-lès-Lys et y apprendre le métier de leurs rêves. Tous les jours, les candidats ont des cours de chant, de danse, de théâtre et de sport. Ils préparent le concert du vendredi soir qui passe en direct sur TF1. Des chanteurs célèbres comme Johnny Hallyday, Charles Aznavour ou encore Céline Dion viennent chanter avec eux. Quatre mois de travail intensif, de bonheur, de drames! Les émissions permettront aux meilleurs chanteurs de se faire un nom. Chaque semaine, trois candidats risquent l'élimination. Ce sont des candidats qui n'ont pas fait assez de progrès pendant la semaine. Les téléspectateurs peuvent sauver un de ces candidats et les autres chanteurs un deuxième. Au bout des quatre mois, la gagnante ou le gagnant recevra un contrat d'une maison de disques et un million d'euros.

«Ça a été une mauvaise surprise. Je pensais aller plus loin. Je suis très déçu, surtout à cause d'Émilie qui n'a pas voté pour moi. Je la croyais solidaire. Une heure avant, elle me disait: «On ira en demi-finale ensemble!» Quand on l'éliminera, je serai là pour applaudir!

Pierre, un candidat éliminé

«La Star Academy est cruelle. Ils prennent des jeunes, leur font espérer des trucs fantastiques et après, quand ça ne marche pas, ils les jettent. Si je chante avec eux, c'est pour les aider.

un chanteur connu

«Ce vendredi, j'ai vraiment adoré la Star Ac'! Les candidats sont beaux, professionnels, sympa; la plupart ont des voix fantastiques! On les admire, on voudrait tous les garder. Mais je trouve que l'élimination des candidats entre eux est trop cruelle. Il y a du suspense mais pour les candidats, c'est moche. Il faut qu'ils aient beaucoup de caractère pour réussir.

Nadia, une jeune téléspectatrice

«L'élimination d'Arno est injuste. Il sait chanter, il a la musique dans la peau, il est sympa, motivé et il a un talent fou! La musique, c'est vraiment sa passion! Il aurait dû continuer. On se demande ce qui passe par la tête des téléspectateurs et de ses copains! Je suis furieux et dégoûté.

un fan d'Arno

«S'il y avait eu une Star Academy à mon époque, je n'aurais pas hésité une minute à poser ma candidature. C'est une aventure géniale et il faut savoir risquer quelque chose dans la vie.

une téléspectatrice de 60 ans

Première lecture: compréhension globale (→ Méthodes et stratégies, p. 23/6)

2 *Lisez ces trois documents. Relevez les mots-clés et notez les informations les plus importantes. Présentez vos résultats.*

Deuxième lecture: lecture sélective (→ Méthodes et stratégies, p. 23/6)

3 *Relisez les documents et répondez aux questions.*

1. Quelles conditions doit-on remplir* pour avoir une chance de participer à la Star Ac'?
2. Quelle formation reçoivent les jeunes?
3. Des candidats doivent quitter l'émission avant la fin. Pourquoi?
4. Qu'est-ce que la Star Ac' apporte aux chanteurs-élèves?
5. Que reçoit le gagnant?
6. Pour ou contre cette émission? Retrouvez les arguments des téléspectateurs.

* **remplir une condition** eine Voraussetzung erfüllen

Vocabulaire et expression

C 18/1 **4** *Relevez dans les textes les mots et les expressions (noms, verbes, adjectifs) utiles pour parler d'un jeu / d'une émission qui passe à la télé. Complétez votre liste/associogramme par des mots et expressions que vous connaissez déjà.* (→ Liste alphabétique, p. 149)

5 *Présentez à votre correspondant/e français/e un jeu / une émission-télé qui passe en Allemagne. Dites pourquoi vous aimez / n'aimez pas ce jeu / cette émission.*

Méthodes et stratégies: Comment lire et comprendre un texte

6 1. **Préparer la lecture** (→ Exercice, p. 21/1a)

Survole les documents et trouve leur thème.
Regarde
- les photos
- les dessins
- la mise en page[1]
- le(s) titre(s).

De quelle sorte de documents s'agit-il?

- une annonce, une publicité,
une lettre, un reportage, ___.
- le titre, c'est ___.

Mit Hilfe seines Titels, seiner Gestaltung, der Fotos usw. kannst du erste Vermutungen über das Thema des Textes anstellen.

2. **Lecture globale** (→ Exercice, p. 22/2)

Lis le document une première fois et cherche les informations les plus importantes. Note-les.

Ne t'occupe pas des mots inconnus[2]!
Ne te perds pas dans les détails!

Du willst dir einen Überblick über den Inhalt des Textes verschaffen. Lies den Text ein erstes Mal durch, ohne dich bei den dir unklaren Stellen aufzuhalten. Notiere die wichtigsten Informationen.

3. **Lecture sélective** (→ Exercice, p. 22/3)

Tu cherches une ou plusieurs informations précises?
Relis le document plusieurs fois.
Cherche les mots-clés et prends des notes.

- prends des notes: mots-clés
- mots inconnus? → liste des mots ou dictionnaire

Du willst bestimmte Informationen im Text finden. Lies den Text mehrmals durch. Notiere die gefundenen Informationen in Stichworten. Eventuell schaust du Wörter im Wörterbuch nach.

1 **la mise en page** die Gestaltung 2 **inconnu/e** *adj.* unbekannt

C 21/9 **7** *À vous. Utilisez cette méthode pour faire l'exercice 11, p. 29.*

Repères

Qu'est-ce qu'on dit?

1

Du kannst auf etwas nicht verzichten:	Je ne peux pas me passer de (mes amis).
Du bist an der Reihe:	C'est mon tour.
Du hast einen dringenden Wunsch:	Si seulement je pouvais (partir).
Du gibst jemandem einen Rat:	À ta place (j'irais en France).
Du schlägst etwas vor:	On pourrait (aller au cinéma).
Du bittest jdn höflich:	Pourriez-vous (m'aider), s.v.p.?
Du stellst dir etwas vor:	(Sans mon ordinateur) je serais malheureux.

Grammaire

2 **Die Bildung des „conditionnel présent"** La formation du conditionnel présent (→ GH, p. 30)

			parler	finir	prendre	
	-ais	je	parler**ais**	finir**ais**	prendr**ais**	Woher kennst du
	-ais	tu	parler**ais**	finir**ais**	prendr**ais**	die Verbendungen?
Infinitiv +	-ait	il/elle	parler**ait**	finir**ait**	prendr**ait**	Worauf musst du
	-ions	nous	parler**ions**	finir**ions**	prendr**ions**	beim „conditionnel"
	-iez	vous	parler**iez**	finir**iez**	prendr**iez**	der Verben auf „-re"
	-aient	ils/elles	parler**aient**	finir**aient**	prendr**aient**	achten?

⚠ avoir → j'**aurais**
être → je **serais**
aller → j'**irais**
il faut → il **faudrait**
devoir → je **devrais**

faire → je **ferais**
pouvoir → je **pourrais**
savoir → je **saurais**
vouloir → je **voudrais**
venir → je **viendrais**

voir → je **verrais**
envoyer → j'**enverrais**

⚠ Unterscheide:

conditionnel	*futur*
j'aur**ais**	j'aur**ai**
j'ir**ais**	j'ir**ai**
je fer**ais**	je fer**ai**

3 **Der Gebrauch des „conditionnel présent"** L'emploi du conditionnel présent (→ GH, p. 31)

1. On **pourrait** échanger nos fringues.
2. **Pourriez**-vous répéter votre question, s.v.p.?
3. Je **voudrais** avoir un animal domestique.
4. À ta place, je **chercherais** un correspondant.

a Was kannst du mit Hilfe des „conditionnel" ausdrücken?

b *Traduis:*

1. Wir könnten ins Kino gehen.
2. Könntest du mir helfen?
3. Ich möchte nach Hause gehen.
4. An deiner Stelle würde ich keine Markenkleidung kaufen.

4 Die Bildung des „conditionnel passé“ La formation du conditionnel passé (→ GH, p.31)

1. Sans tuteur, j'**aurais redoublé** la classe.
2. On **aurait eu** plus de problèmes à l'école.
3. Sans sa copine, elle ne **serait jamais** venue.

a Wie bildest du das „conditionnel passé“?

b Setze die Verben ins „conditionnel passé“.

1. je (parler)
2. nous (manger)
3. ils (sortir)
4. tu (réagir)
5. elle (aller)
6. vous (tenir)
7. il (courir)
8. elles (vivre)
9. je (défendre)
10. il (dire)
11. nous (faire)
12. vous (mettre)

5 Der irreale Bedingungssatz La condition irréelle (→ GH, p.32)

1. Si mes parents **travaillaient** moins, ils **auraient** plus de temps pour nous.
2. S'il n'y **avait** pas de notes à l'école, ça **serait** mieux.
3. Si on **apprenait** à se respecter, le monde **serait** plus humain.

4. Si mes parents **avaient** moins travaillé, ils **auraient eu** plus de temps pour nous.
5. Si Lucas **avait** plus **travaillé** pour l'interro, il **aurait fait** moins de fautes.
6. Si elle **était partie** plus tôt, elle **n'aurait pas raté** son avion.

⚠ s'il aber si elle
s'ils aber si elles

Traduis les phrases 1 et 4. Beschreibe die Unterschiede zwischen Satz 1 und Satz 4.

6 Die Verneinung mit „personne ne …“ und „rien ne …“ La négation avec «personne ne …» et «rien ne …» (→ GH, p.29)

1. **Personne ne** veut vivre sans copain.
2. **Rien n'**est plus utile.

Traduis les phrases. Welche Funktion haben „personne ne …“ und „rien ne …“ im Satz?

7 Die Verneinung mit „ne … aucun/e“ La négation avec «ne … aucun/e» (→ GH, p. 29)

1. Je n'ai reçu aucun SMS aujourd'hui.
2. Je n'ai reçu aucune lettre de ma corres.

Traduis les phrases. keine

8 Das unverbundene Personalpronomen Le pronom personnel disjoint (→ GH, p. 28)

1. Marie a trouvé la solution elle-même.
2. Alex a trouvé la solution lui-même.
3. Il faut trouver la solution soi-même.

moi-même	nous-mêmes
toi-même	vous-même/s
lui-même	eux-mêmes
elle-même	elles-mêmes
soi-même	

Écouter

1 **a** *Regardez l'illustration et décrivez-la.*

DELF **b** *Une journaliste a interviewé un expert[1] sur les ados et la consommation[2]. Écoutez l'interview. Vrai ou faux? Justifiez votre réponse.*

1. Les grandes marques ne s'intéressent pas beaucoup aux ados.
2. Les ados sont très économes et laissent leurs parents payer.
3. Les ados ont une grande influence[3] sur ce que leurs parents achètent.
4. Le sociologue explique que les jeunes commencent à travailler plus tard qu'autrefois.
5. Les ados ont un grand pouvoir[4] parce qu'ils sont très nombreux.

1 **l'expert** *m.* der Fachmann 2 **la consommation** der Verbrauch 3 **l'influence** *f.* der Einfluss 4 **le pouvoir** die Macht

c *Résumez l'interview en allemand.*

Vocabulaire et expression

2 *Regardez tous les textes de ce dossier et retrouvez des phrases qui ont le même sens.*

prendre son temps — aider qn — lire le journal et suivre les actualités à la radio ou à la télé
être triste et déprimé — renoncer à qc — ne pas être capable de vivre sans qc
ne pas respecter qn — échanger des mails ou des lettres avec qn
donner du courage à qn — être un parmi d'autres dans une équipe

3 **a** *Trouvez d'autres verbes pour le verbe* dire. (→ Liste alphabétique, p. 149)

b *Complétez avec des synonymes de* dire. *Vous utilisez des verbes de* **a** .

Violette rêve de participer à un casting. Mais elle croit que ce n'est pas possible d'en [?] à ses parents parce qu'ils vont [?] non. Pourtant, s'ils l'écoutaient, elle leur [?] combien c'est important pour elle. Elle [?] son avis avec de bons arguments. Mais ses parents ne comprennent rien au monde des jeunes, ils [?] souvent ses goûts. Alors elle n'ose pas leur [?] s'ils sont d'accord. Pour se consoler, elle lit des interviews de stars qui [?] comment elles sont devenues célèbres.

4 *Faites un associogramme sur le monde des ados.*

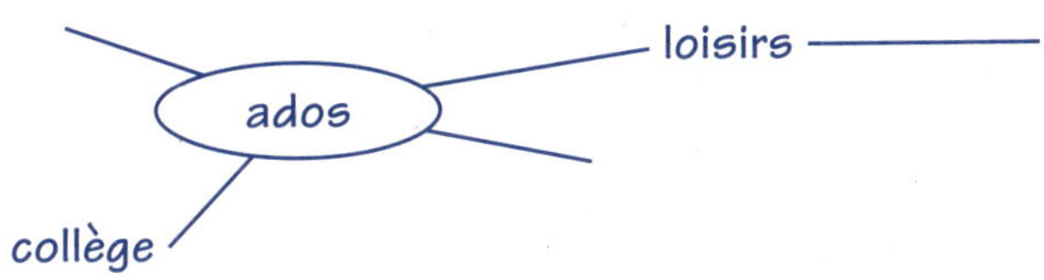

Réviser le futur simple

5 *Imagine ce que tu feras dans dix ans. Raconte au futur.*

Réviser le subjonctif présent

C 20/6 **6** *Reformulez les phrases suivantes. Utilisez le subjonctif présent.*

7 *Max n'a pas le moral. Qu'est-ce qu'il pense? Formulez les phrases comme dans l'exemple.*

Exemple: Si seulement je ne devais pas préparer l'interro de maths!

1. ne pas / *devoir* préparer / interro de maths
2. copain Pierre / *être* là / week-end
3. copine Anne / ne pas / *devoir* aller / chez grands-parents
4. *avoir* de l'argent / pour acheter / carte pour portable
5. parents / *accepter* / nouvelle copine
6. ordinateur / *marcher*
7. *faire* beau

8 *Imaginez ce que disent ces personnages. Utilisez la phrase conditionnelle et le conditionnel présent.* (→ Repères, p. 24/2 et 25/5)

Exemple: Si mon ordinateur marchait, je pourrais envoyer mes mails.

1. ordinateur *marcher* / *pouvoir* envoyer des mails

2. *se laver* les dents plus souvent / *avoir* l'air de star

3. *offrir* une montre / *être* à l'heure

4. *porter* des lunettes / *voir* mieux

5. ___ / ___

6. ___ / ___

9 *Imaginez ce qu'ils disent. Utilisez la phrase conditionnelle au passé.* (→ Repères, p. 25/4 et 25/5)

Exemple: 1. Si on était partis à l'heure, on n'aurait pas raté le train.

10 *Dites le contraire.*

1. Personne n'a voulu participer à ce projet.
2. Elle n'a aucun problème dans sa classe.
3. Quand on est arrivés, il n'y avait personne à la cantine.
4. Ce film n'a plu à aucun jeune et personne ne l'a vu.
5. Nos corres n'ont eu aucune difficulté à trouver la Géode.
6. Rien ne change dans notre collège.
7. Rien ne les intéresse et ils ne comprennent rien.

La France en direct: Une ancienne de la Star Academy

DELF C 18/2 **11** **a** *Un magazine de jeunes a fait une interview d'une jeune chanteuse qui est devenue célèbre grâce à la Star Academy.*

1. Lisez l'interview et faites la biographie d'Olivia Ruiz.
2. Qu'est-ce qui a changé entre la première émission de la Star Academy et les suivantes?

Olivia Ruiz

De la Star Ac' à la liberté

À 26 ans, Olivia sort un second album qui mélange les ambiances cabaret, pop et chanson moderne.

Quand as-tu commencé à chanter? J'ai découvert la musique à trois ans. Ma mère écoutait les Rita Mitsouko et mon père était musicien. Quand il jouait en groupe, il reprenait des titres rock des années 70 ... Plus tard, il m'a fait découvrir des grands noms de la chanson, Gilbert Bécaud ou Claude Nougaro. Ma culture musicale est donc très diverse. Puis à dix ans, je suis entrée dans une chorale. Je suis vite devenue soliste. À 14 ans, j'ai monté mon premier groupe de rock, plutôt hard. J'habitais un village de 600 habitants entre Narbonne et Carcassonne ...

Tu as fait partie de la première promotion de Star Academy, en 2001. Quel souvenir en gardes-tu? J'avais 21 ans et je venais de finir mes études. Je me suis portée candidate, sans penser être prise. Résultat, j'y ai passé deux mois et demi et je suis partie en finale des filles. C'était la première édition, alors on ne savait pas encore qu'il y aurait un tel impact, avec des quotidiennes et une grosse émission chaque samedi.

Tu en retires des choses positives? Bien sûr! J'ai gagné du temps. Je n'aurais jamais pu faire mes deux disques sans la Star Ac'.

D'après: Okapi, n° 793/2005

b *Écoutez Olivia Ruiz. Qu'est-ce que vous en pensez?*

Activité

12 *Rassemble des informations sur les journaux et les magazines que lisent les ados en France.*

(→ www.milanpresse.com
www.bayardpresse.com
www.fleuruspresse.com)

ZAP collège

Okapi, n° 699/2001

Corneille, Rêves de star

Sans répit, on me critique, sur mon style de vie, mon sens de l'éthique
On dit: Corneille est froid, Corneille est fait de pierre
Il n'a rien dans le cœur que sa maudite carrière
On me reproche, entre autre
De n'avoir la tête qu'à mes proches et pas assez aux autres
Ce qui est dommage c'est qu'on réalise pas
Que le but de ma démarche est plus grand que ça.
Moi je parle ici pour mes sœurs et frères
Qui se battent jour et nuit contre l'ordinaire
'Y a mille façons de faire, moi j'ai choisi le show
C'est pas facile ... clair, mais je fais ce qu'il faut
Donc je vise très haut, et plus encore
Tu dis que c'est trop, et alors
J'irai jusqu'au fond, et si c'est un mirage
Je remercierai le ciel pour le stage
Ils sont fous mais j'y crois (mes rêves de star)
Je ne vis que pour ça (mes rêves de star)
De Montréal à Paris j'irai au bout du monde
Chercher l'inaccessible, 'y a qu'ça qui compte
Ils sont fous mais j'y crois (mes rêves de star)
Je ne vois plus que ça (mes rêves de star)
Alors que tous ceux qui rêvent d'un pas me suivent
Je vous le dis en vérité, une nouvelle ère arrive
Voilà je vous explique, je viens du bas
Au cœur de mère Afrique, c'est le Rwanda, tu vois
J'ai même pas le choix
On n'a pas de Georges Weya, ni de Kavanagh
Alors je sue beaucoup plus pour porter la torche
Et beaucoup moins pour frimer dans ma prochaine Porsche
Je le dois à tout un peuple de briller fort
Aussi fort que je le peux, ceux qui «hante» ont tort
En plus honnêtement je le cache pas
J'aime bien le luxe, 'y a rien de mal à ça
J'en vois déjà sourire quand ils seront fauchés
Que je leur tendrai des chèques pour leur payer le loyer
Donc je vise très haut, et plus encore
Tu dis que c'est trop, et alors
J'irai jusqu'au fond, et si c'est un mirage
Je remercierai le ciel pour le stage
A Kigali, je vous dédie mes (rêves de star)
Tout Kin, je vous dédie mes (rêves de star)
Jusqu'à Dakar, je vous dédie mes (rêves de star)
Cotonou et Conakry, mes (rêves de star)
Port au Prince, je vous dédie mes (rêves de star)
Bruxelles, je vous dédie mes (rêves de star)
Jusqu'à Paris, je vous dédie mes (rêves de star)
Et Montréal, je vous dédie mes (rêves de star)

DOSSIER 2 Échanges d'hier et d'aujourd'hui

Approches

Regards sur l'histoire

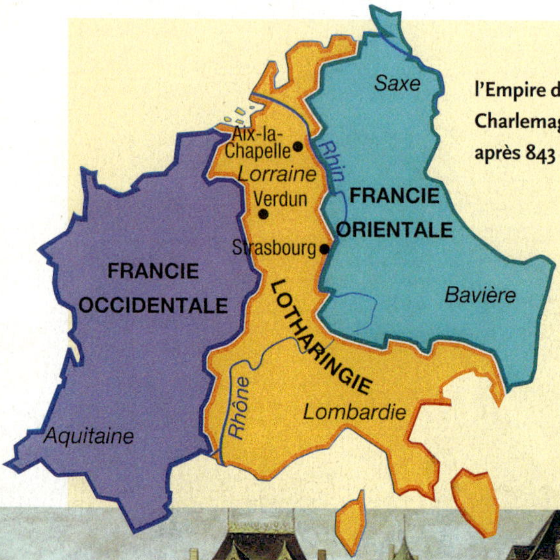

l'Empire de Charlemagne après 843

les réfugiés français arrivent dans le Brandebourg

la nuit de la Saint-Barthélemy

Louis XIV traverse le Rhin

IXe siècle

- En 843, les petits-fils de Charlemagne signent le traité de Verdun qui partage l'Empire en trois pays: la Francie occidentale et orientale et la Lotharingie. Une petite partie de la Lotharingie deviendra la Lorraine, une région que la France et l'Allemagne se disputeront pendant des siècles.

XVe–XVIe siècle

- Après la Réforme de Luther (1483–1546), de cruelles guerres de religion ont lieu dans toute l'Europe. En France, les protestants – ou Huguenots – doivent prendre la fuite. En 1598, l'Édit de Nantes met fin aux guerres de religion en France.

XVIIe siècle

- Au XVIIe siècle, Louis XIII annexe l'Alsace et la Lorraine.
- En 1685, la Révocation de l'Édit de Nantes cause une nouvelle vague d'émigration. Les réfugiés français en Allemagne feront prospérer leur nouveau pays.
- En 1688, Louis XIV envahit le Palatinat, pays de sa belle-sœur Liselotte.

Comprendre et commenter

C 24/1 **1** **a** ►◄ *Formulez des questions sur le texte. Vos camarades répondent.*

En quelle année ___ ?
À quel siècle ___ ?
À quelle époque ___ ?
Quelle région ___ ?
Quels pays ___ ?
Qui ___ ?

b *Regardez la carte, p. 32. Recherchez dans quels pays se trouvent ces territoires* aujourd'hui.*

* **le territoire** das Territorium

Vocabulaire

C 24/2 **2** *Notez tous les mots du vocabulaire historique et politique.*

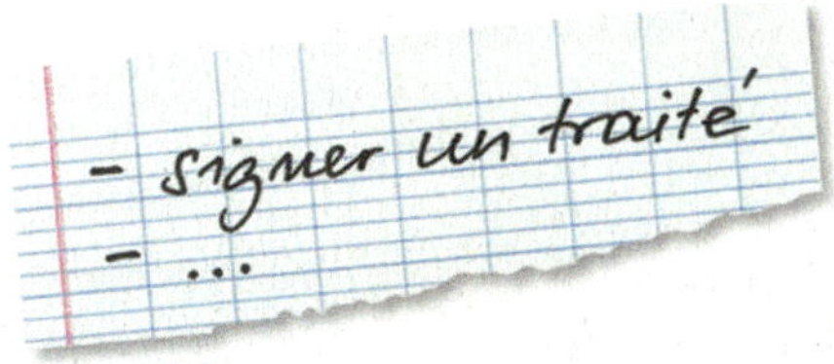

Recherche

3 *Cherchez des informations sur une époque ou un personnage qui vous intéresse. Vous pouvez regarder dans une encyclopédie, un livre d'histoire ou rechercher sur Internet* (→ www.linternaute.com/histoire, http://cartables.net/links/histoire). *Présentez vos résultats à vos camarades.* (→ Méthodes et stratégies, p. 48)

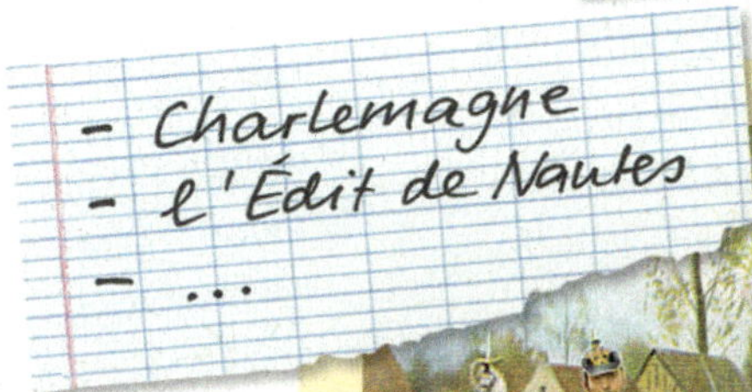

Louis XVI sur l'échafaud

Frédéric II et Voltaire

la guerre de 1870/71

Napoléon

XVIIIe siècle

● On appelle le XVIIIe siècle le «siècle des Lumières». Dans beaucoup de pays d'Europe, la bonne société aime la langue et les idées des philosophes français. Voltaire passera quelques années de sa vie à la cour du roi de Prusse, Frédéric II.
● De 1789 à 1793 a lieu la Révolution française: Le roi Louis XVI et la reine Marie-Antoinette meurent sur l'échafaud. En 1792, plusieurs pays d'Europe, parmi eux la Prusse, déclarent la guerre à la France révolutionnaire.

XIXe siècle

● En 1805–1806, Napoléon envahit les états allemands. Mais en 1813, la Prusse, l'Autriche, la Suède et la Russie le battent à Leipzig.
● Pour l'unité nationale, rien de mieux qu'une guerre contre la France, pense Bismarck. Ne laissons pas la Prusse devenir trop importante, pense Napoléon III. À la fin de la guerre franco-allemande de 1870/71, la France perd l'Alsace et la Lorraine. Les guerres suivantes sont programmées …

En exil

Moi, Guillaume Fouquet, Huguenot, j'écris ces mots pour mes petits-enfants et leurs petits-enfants car je voudrais que chacun d'eux se souvienne de ses origines, que chacun sache ce qui nous est arrivé, à nous, les Huguenots. J'espère qu'à l'avenir personne ne subira ce que nous avons subi. Mais nous pouvons craindre que l'homme soit moins raisonnable et plus cruel que les animaux sauvages. Oui, je crains que chaque siècle apporte de nouveaux malheurs. Il n'y a qu'une seule arme contre les guerres de toutes les époques: la mémoire. N'oublions jamais. Mes petits-fils et mes petites-filles parlent encore ma langue mais ils y mêlent des mots allemands, des mots du pays où ils vivent aujourd'hui, le Brandebourg. Ils vivent en paix dans un pays si tolérant que les étrangers aussi y trouvent leur place. Mes filles et mes fils ont construit ici une manufacture de draps. Je leur ai appris mon métier, un métier que je tiens de mon père, et je leur ai donné mon nom qu'ils donneront à leurs enfants. Je suis fier et heureux qu'ils soient libres dans notre nouveau pays et qu'ils puissent ici pratiquer notre religion. Les Huguenots sont nombreux dans le Brandebourg: Nous construisons des églises et nous sommes fiers de voir que le pays prospère aussi grâce à nous.

Je suis né le 5 juillet 1670 dans la belle ville de Nîmes et aujourd'hui encore je regrette le soleil de ce pays, ses fêtes et ses paysages. Je regrette que mes enfants ne puissent pas y vivre et je regrette qu'ils ne le connaissent que par mes récits. Mon père était un riche tisserand et ma mère l'aidait dans son métier. J'étais le quatrième de six enfants. Nous étions heureux dans notre belle maison jusqu'au jour de l'année 1685 où nous avons appris l'horrible nouvelle: Le roi Louis XIV avait révoqué l'Édit de Nantes qui nous permettait de pratiquer notre religion. Un jour de février, les dragons sont entrés dans la maison, ils ont emmené mon père et mes deux frères aînés qui travaillaient avec lui et ma sœur Isabelle qui se trouvait là. Moi, j'étais allé faire une course pour mon père, j'avais emmené mon petit frère. Quand nous sommes rentrés, nous n'avons retrouvé que ma mère et ma petite sœur. Elles avaient pu se cacher. Bien plus tard, j'ai appris la mort de mon père sur la roue. Mes frères sont sans doute morts aux galères. Ma sœur Isabelle, emmenée dans la Tour de Constance, est restée 16 ans dans cette prison. Je craignais qu'elle ne soit plus en vie car la plupart des femmes y sont mortes. Heureusement, Dieu a voulu qu'elle en sorte vivante et qu'elle fasse le voyage jusqu'à nous.*

Ma mère, ma petite sœur Marion, mon petit frère Jean et moi, nous nous sommes d'abord cachés chez une tante catholique qui était tolérante. Ma tante connaissait un marchand qui allait régulièrement dans le sud du Jura. Mais il ne pouvait pas nous faire passer en Suisse. Nous avons dû attendre la nuit et un passeur a accepté de nous aider contre un peu d'argent. Nous avons traversé les montagnes avec lui. Des milliers de Huguenots s'étaient réfugiés en Suisse et tous espéraient pouvoir rentrer en France …

* **les dragons** les soldats du roi

Mais nous avons dû repartir plus loin car la Suisse ne pouvait garder un si grand nombre de réfugiés. Nous étions au moins cent mille! Nous avons mis beaucoup de temps pour arriver dans le Brandebourg. Nous avons dû quitter la Suisse au printemps 1686. On nous a donné des provisions et nous avons continué notre long voyage, la plupart du temps à pied … J'avais peur que ma mère et les petits ne puissent survivre à cette fuite mais heureusement, nous avons survécu tous les quatre. On passait une nuit ou deux dans des églises réformées où on nous offrait un repas. Dans la ville de Francfort sur le Main, des protestants de l'église française nous ont donné un peu d'argent pour continuer la route. Nous avons rencontré beaucoup de gens solidaires et bons. Au début de l'année 1688, nous sommes enfin arrivés à Potsdam.

Comprendre et commenter

DELF C 25/1 C 25/2

1 **a** *Qu'est-ce que vous apprenez sur Guillaume Fouquet et sa famille? Retracez les étapes de sa fuite et retrouvez ces endroits sur une carte.*

b *Guillaume Fouquet et sa famille ont vécu des moments horribles et cruels mais on les a aussi aidés. Donnez des exemples.*

c *Est-ce que Guillaume est heureux dans son nouveau pays? Justifiez votre réponse à l'aide du texte.*

Découvrir

2 **a** *Relevez dans le texte les phrases avec des verbes au subjonctif et écrivez-les dans votre cahier.*

Exemple: Je voudrais que chacun d'eux **se souvienne** de ses origines.

b *Après quels verbes et expressions faut-il employer le subjonctif?*

c *Quels autres déclencheurs* du subjonctif connaissez-vous déjà?*

* **le déclencheur** der Auslöser

d *Révisez les formes du subjonctif. Faites des phrases.*

Il faut que Je voudrais que	tu *faire* un exposé sur Napoléon. Jérôme *lire* ce livre sur Charlemagne. nous *avoir* une bonne note. vous *être* à l'heure.

C 26/4 C 26/5 C 27/6 **3** *Qu'est-ce qu'il dit? Formez des phrases et utilisez des verbes ou expressions qui entraînent le subjonctif. Il y a plusieurs possibilités. Utilisez votre liste de l'exercice 2.*

1. nous *devoir* réécrire ce message
2. mes copines ne *venir* pas à mon anniversaire
3. mon amie *aller* au Canada après le bac
4. un voyage au Canada *être* trop cher

5. mes parents m'*interdire* de sortir ce soir
6. mon frère *faire* une bêtise
7. vous ne me *comprendre* pas
8. elle ne m'*écrire* plus

9. nous *arrêter* de nous disputer
10. on *pouvoir* passer les vacances ensemble
11. Elsa *venir* de m'appeler
12. nous *avoir* assez d'argent pour le voyage

13. tu m'*aider* ce soir
14. Marc m'*attendre* après les cours
15. Sophie *faire* les courses
16. tu *lire* mon message

C 27/7 **4** *Répondez aux questions. Utilisez la négation avec* ne ___ que. (→ Repères, p. 50/7)

Exemple: – Tu connais bien la France? – Non, je ne connais que Paris.

1. Paris

2. les filles

3. trois fautes

4. 14 ans

5. cinq euros

6. une fois par mois

Écouter

DELF **5** Écoutez le texte et prenez des notes. Racontez ce que vous avez compris.

Activité

6 *Présentez les grandes étapes de la vie de Paul Erman en français.*

Paul Erman,
ein Berliner Hugenotte der vierten Generation (1764–1851)
Paul Erman wurde 1764 in Berlin geboren und starb dort 1851. Seine Kindheit und Jugend verbrachte er unter Friedrich II, später erlebte er die Kriege Napoleons. Paul war der zweite Sohn von Jean-Pierre Erman. Er war Schüler am *Collège français*. Sein Vater, der sein Leben lang nur Französisch sprach und schrieb, war Direktor dieser Schule. Paul wollte Wissenschaftler werden. Schon mit 19 Jahren wurde er selbst Lehrer am *Collège* und unterrichtete dort 37 Jahre seines Lebens. Paul interessierte sich für Physik* und führte viele Experimente durch. Er lernte Deutsch und schrieb seine wissenschaftlichen Arbeiten auf Deutsch. Als 1810 die Berliner Universität gegründet wurde, wurde er ihr erster Professor für Physik und arbeitete dort bis 1846.

* die Physik **la physique**

Recherche

7 *Voici des produits que les Huguenots ont apportés en Allemagne. Qu'est-ce que c'est? Informez-vous.*

Pour aller plus loin, vous pouvez consulter: www.hugenotten.de ou: Sabine Beneke / Hans Ottomeyer (Hg.): Zuwanderungsland Deutschland – Hugenotten (Edition Minerva, 2005).

Préparer la lecture

1 *Recherchez les informations suivantes.*

1. Qui étaient Voltaire et Frédéric II? Quand est-ce qu'ils ont vécu?
2. Qui étaient les rois de France à cette époque?
3. Sanssouci, qu'est-ce que c'est? Où se trouve Sanssouci? Que veut dire ce mot?

Voltaire et Frédéric – échanges d'hier

Voltaire entre très jeune dans la vie littéraire de son époque. Il écrit des pièces de théâtre, des poèmes et des satires politiques. En 1717, il devra passer onze mois à la Bastille, une prison dans laquelle le roi envoie les personnes «imprudentes». Voltaire s'opposera toute sa vie aux despotes, au pouvoir absolu. Dans ses textes, il défend les protestants et il se moque de la justice de son pays. C'est pourquoi il devra souvent prendre la fuite: Un premier exil l'amène jusqu'en 1729 en Angleterre, pays qu'il aimera beaucoup. Il s'intéresse aux sciences, à l'économie et à la philosophie. De 1750 à 1753, il va vivre à Potsdam, à la cour de Frédéric II, avec lequel il a correspondu pendant des années et qu'il admirait.

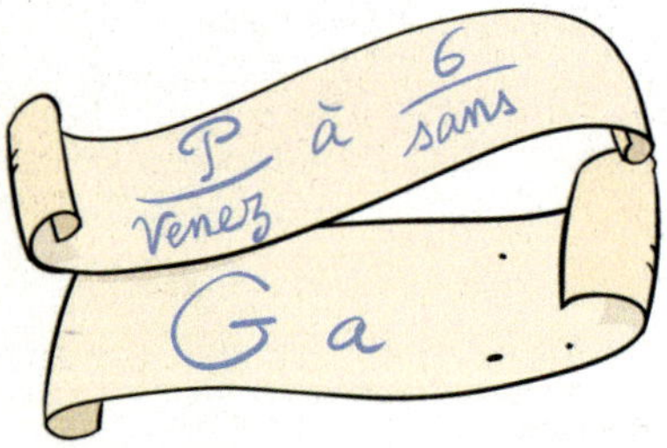

Mais ce séjour à Potsdam, peut-être à cause des intrigues des courtisans, finit mal: Voltaire, déçu, va vivre en Suisse – c'est plus prudent. Il y écrit beaucoup, du théâtre, des contes: «Zadig», «Micromégas» et «Candide» sont des œuvres dans lesquelles se reflètent les idées et les conflits de son époque ... Il finira sa vie au château de Ferney où il recevra les grands de toute l'Europe.

En 1750, Voltaire arrive à Sanssouci chez son correspondant royal. Au début, tout se passe bien. Le roi écrit des poèmes auxquels Voltaire apporte quelques corrections.
Cher ami, lequel de mes poèmes préférez-vous?
Sire, je ne saurais le dire! Il est merveilleux que vous écriviez ainsi. On pourrait peut-être mettre cette virgule ici …
Et nous, nous souhaitons que le roi mette un point à tout cela …
Voltaire adore Potsdam, ses fêtes. Il visite Berlin, s'intéresse à la vie des gens.
N'est-elle pas magnifique cette ville? Heu … comment traduire cela? … heu … Berlin sehr, sehr schön.
Mais les courtisans intriguent derrière son dos.
Ne vous faites pas de souci, mon cher, Voltaire ne restera plus qu'un an … On presse l'orange et puis on jette l'écorce.
Ils veulent empêcher que vous restiez ici.
Il est impossible que Frédéric ait dit une chose aussi horrible … Il ne s'agit que d'un malentendu …
Mais bientôt rien ne va plus. Voltaire doit quitter Sanssouci en 1753 et va vivre en Suisse.
Quel dommage que vous partiez.
Moi, je ne suis pas fâchée qu'il s'en aille …
Mais Frédéric II et lui continueront à s'écrire pendant de nombreuses années.
Je regrette beaucoup qu'il y ait eu entre nous ces horribles malentendus …

Comprendre et commenter

DELF C 28/1 **2** **a** *Faites à l'aide du texte, de la bédé et du petit dictionnaire de civilisation une fiche d'identité sur Voltaire.*

b *Relisez la ligne 3, p. 38. Que veut dire le mot «imprudent» ici?*

c *À votre avis, est-ce que l'histoire entre Frédéric et Voltaire finit bien ou mal? Justifiez votre réponse.*

Vocabulaire et expression

C 28/2 C 30/5 **3** **a** *Formez des expressions d'après le modèle:* Un petit homme au gros nez.

un philosophe une fille un garçon une femme l'homme une personne ___	au à la aux	grandes idées cheveux bruns yeux bleus cœur généreux casquette rouge réactions bizarres ___

b *Décrivez quelqu'un. Vos camarades devinent.*

Exemple:
– Le garçon au tee-shirt blanc et aux yeux bleus, c'est qui?
– C'est Benjamin.

yeux cheveux pull pantalon casquette chaussures ___

moderne court long blond bleu rouge noir ___

S'entraîner

C 28/3 **4** ►◄ *Vous êtes invités à un bal masqué où vous ne reconnaissez presque personne. Vous posez des questions à votre voisin. Faites des dialogues et utilisez* lequel, laquelle, lesquels *ou* lesquelles. (→ Repères, p. 50/4)

Exemple:
- Tu connais cette fille?
- Laquelle?
- La fille qui danse / aux cheveux noirs / à gauche de ___ .

5 *Trouvez les phrases dans lesquelles vous pouvez remplacer le pronom relatif par* à qui, pour qui *ou* avec qui *et transformez-les.* (→ Repères, p. 50/5)

«– Papa, je dois faire un exposé sur «Candide» de Voltaire, pour Madame Sentier. Tu connais?
– Madame Sentier? Mais oui, c'est la prof avec laquelle j'ai discuté le jour de…
– Non! Voltaire!
– Oui, j'aime beaucoup ses contes, ses idées, l'humour avec lequel il raconte ses histoires. C'est un philosophe pour lequel j'ai de la sympathie. Il a posé des questions qui sont toujours d'actualité.
– Des questions auxquelles il a trouvé des réponses?
– Sur la question de la religion, de la guerre, il est très clair: Il est contre toute forme de violence et dit clairement qu'on doit accepter les idées et la religion de tous. Et il y a beaucoup de gens auxquels ces idées n'ont pas plu!
– Alors Voltaire est un type avec lequel tu aurais pu être copain?
– Absolument. Toi aussi, je pense.
– Donc on peut passer un moment avec lui. Mon exposé, c'est pour demain …»

C 29/4 **6** *Complétez les phrases. Utilisez la préposition entre parenthèses et le pronom relatif* lequel, laquelle *ou* lesquels/lesquelles. (→ Repères, p. 50/5)

Exemple: Potsdam est une ville à laquelle Voltaire s'intéressait beaucoup.

1. Potsdam est une ville (à/[?]) Voltaire s'intéressait beaucoup.
2. Isabelle se sentait seule. C'est la raison (pour/[?]) elle a appelé sa copine Laure.
3. Le magazine (dans/[?]) j'ai trouvé l'article sur Louis XIV, s'appelle «Histoire».
4. Les questions sur Charlemagne (à/[?]) j'ai dû répondre, étaient difficiles.
5. Un truc (à/[?]) je ne voudrais pas renoncer, c'est mon cédérom sur l'histoire de France.
6. Le cours d'histoire (pendant/[?]) Marie a fait son exposé, était très intéressant.

Jeu de rôle

C 31/7 **7** *Nicolas et Amélie discutent. Amélie ne veut pas sortir avec Nicolas et ses copains samedi soir. Faites le dialogue.* (→ Discuter, p. 100) *Utilisez le subjonctif là, où il le faut.* (→ Repères, p. 49/2)

Amélie
- hat keine Lust, mit Nicolas und seinen Freunden auszugehen.
- fürchtet, dass Nicolas nur mit seinen Freunden redet und dass sich niemand um sie kümmert.
- will, dass er auch mit ihr alleine ausgeht.
- möchte, dass ___ .

Nicolas
- bedauert, dass Amélie nicht mit ihm und seinen Freunden ausgehen will.
- ist froh, dass er am Samstag mit seinen Freunden ausgehen kann.
- findet, dass man gemeinsam mit seinen Freunden Sachen unternehmen muss.
- schlägt vor, dass ___ .

Préparer la lecture

1 **a** *Avez-vous déjà participé à un échange avec une école à l'étranger?*

b *Quelles ont été vos expériences?*

Sophie, Lena et les autres – échanges d'aujourd'hui

Grâce au programme Voltaire, qui existe depuis 1998, les lycéens français et allemands peuvent passer six mois dans la famille d'un correspondant. Il existe aussi un programme pour les collégiens qui ont fait deux ans de français ou deux ans d'allemand: le programme Brigitte Sauzay. Ce programme permet aux Allemands de passer trois mois en France et aux Français de passer trois mois en Allemagne.

Deux élèves de 3ème, Olivier et Julie, 15 ans, auraient envie de partir l'année prochaine pour quelques mois en Allemagne. C'est un séjour dont ils rêvent depuis un moment mais ils hésitent: Quitter sa famille et ses amis et aller à l'école en Allemagne, ce n'est pas évident. C'est pourquoi ils ont rencontré Sophie et Pierre, 17 ans, qui ont déjà participé au programme Voltaire.

Olivier: Quel souvenir gardez-vous de votre séjour en Allemagne?

Pierre: Le premier jour a été un choc dont je me souviens encore! La langue, mais aussi la nourriture, les repas, tout est assez différent. Heureusement, je suis arrivé dans une famille sympa et je me suis bien entendu avec les deux fils. Ils m'ont tout de suite présenté leurs copains. Ils étaient super sympa, de plus on avait les mêmes goûts en musique et la passion du foot.

Julie: Et si on est dans une famille pas sympa?

Pierre: Les familles qui acceptent de recevoir un jeune chez elles et de laisser leur enfant partir dans une famille étrangère, ce sont toujours des familles ouvertes, tu sais.

Sophie: Moi, j'ai d'abord eu le cafard à cause de l'école: Les choses dont ils parlaient, oh là là ... l'horreur, je ne comprenais rien! Et j'avais le mal du pays. Ma famille me manquait énormément, mes copines aussi. J'avais constamment envie de leur téléphoner!

Julie: Et ton cafard a duré combien de temps?

Sophie: Je ne sais plus trop ... Petit à petit, je me suis habituée. Les profs comprenaient mes problèmes de langue. Et malgré mes difficultés, j'ai aussi bien réussi en maths que ma corres Lena et je me suis bien débrouillée en sciences. Et puis, j'ai trouvé des copains et Lena et ses parents ont tout fait pour m'aider. Au début, ils m'ont beaucoup parlé, ils m'ont montré la ville, ils se sont occupés de moi très gentiment.

Olivier: Le lycée, c'est très différent?

Pierre: Oui, je trouve. J'étais un peu perdu au début. Dans l'ensemble, le système est moins sévère et les élèves sont plus libres. À mon avis, ils travaillent différemment et moins que nous, ou moins intensément. Mon corres allemand trouvait mon emploi du temps assez horrible: rentrer à six heures du soir à la maison et faire

des devoirs, réviser les cours, il ne trouvait pas ça humain! Quand il est rentré chez lui, il a vraiment apprécié le système scolaire allemand!
Julie: Tu vas rester en contact avec lui?
Pierre: Bien sûr et lui aussi, il veut revenir. Il dit qu'on est sa deuxième famille. Et il a fait énormément de progrès en français! Il parle presque couramment! Moi aussi, j'ai fait des progrès mais pas de manière aussi impressionnante! Il veut faire des études franco-allemandes de journalisme.
Sophie: Moi, je retourne dès cet été dans ma famille allemande!
Pierre: Évidemment, il y a là un garçon dont elle est tombée amoureuse, un certain Max ...
Sophie: Pas du tout! Ça n'a rien à voir!
Olivier: Alors, vous nous conseillez plutôt de faire cette expérience?
Sophie: Tout à fait! Ça vaut le coup. C'est une expérience dont je suis fière. Je suis surtout contente de savoir que je peux me débrouiller seule, sans ma famille et mes copains.
Pierre: Il y a des moments difficiles, c'est sûr, mais les bons moments sont bien plus nombreux. Je pense qu'aujourd'hui tu ne peux plus te permettre de rester dans ton petit monde à toi. Quand tu rentres, tu es plus mûr que les autres.
Sophie: C'est vrai. Finalement, le plus important, c'est de savoir si on est vraiment, absolument motivé. Il ne faut pas partir pour n'importe quelle raison, par exemple parce qu'on s'est disputé avec ses parents. Il faut bien réfléchir, peser le pour et le contre. Enfin, vous faites comme vous le sentez ...

Comprendre et commenter

DELF C 32/1 C 32/2

2 **a** *Répondez aux questions.*

1. Qu'est-ce que Pierre et Sophie disent du système scolaire en France et en Allemagne? Qu'est-ce qu'ils conseillent à Olivier et Julie?
2. Avec quel programme pourriez-vous partir?

b *Répondez aux questions.*

1. D'après le texte, quels pourraient être les arguments pour et contre une participation à un programme d'échange? Notez-les.
2. À votre avis, pourquoi est-ce que l'un de ces programmes porte le nom de Voltaire?

c «Quitter sa famille et ses amis et aller à l'école en Allemagne, ce n'est pas évident.» (ligne 14)
Est-ce que vous auriez envie de participer à un de ces programmes? Justifiez votre réponse.

Découvrir

3 **a** *Cherchez dans le texte les adverbes et classez-les. Faites un tableau dans votre cahier.*

Adverbien auf	-ment	-emment	-?	-?
	gentiment	différemment	—	—
	—	—		

b *Cherchez les adjectifs qui vont avec ces adverbes.* (→ Liste alphabétique, p. 149)

c *Quels adjectifs forment leurs adverbes en* -amment *ou* -emment*? Formulez la règle.*

C 34/5 **4** **a** *Formez les adverbes à partir de ces adjectifs.* (→ Repères, p. 49/3)

méchant intelligent prudent différent constant courant
énorme intense régulier gentil évident

b *Quel adverbe de* **a** *peut aller avec quel verbe / quelle expression? Il y a toujours plusieurs possibilités. Formez des phrases.*

Exemple:
Il rigole méchamment.

parler répondre travailler manquer rigoler utiliser qc *demander*
jouer rouler réagir penser ranger vivre
se préparer s'intéresser s'énerver s'occuper se plaindre

5 *Comment le font-ils? Décrivez les situations. Utilisez les adverbes de l'exercice 4* **a** *et les verbes donnés. Il y a plusieurs possibilités.*

1. *s'occuper* de qn

2. *ranger*

3. *poser* des questions

4. *travailler*

5. *manquer* à qn

6. *répondre* à

C 34/6 **6** *Utilisez* dont *dans chaque exemple pour ne former qu'une phrase.* (→ Repères, p. 50/6)
C 34/7
C 34/8 *Exemple:* Sophie veut revoir le jeune Allemand dont elle a fait la connaissance en hiver.

1. Sophie veut revoir un jeune Allemand. Elle a fait la connaissance de ce garçon en hiver.
2. Julien a trouvé des informations sur Internet. Il a besoin de ces informations.
3. Ce soir, je vais voir le film «L'enfant». Vous m'avez beaucoup parlé de ce film.
4. Malek a laissé seul son petit frère. Il devait s'occuper de son petit frère.
5. On offre un CD d'Avril Lavigne à Hannah. Elle a envie de ce CD depuis longtemps.
6. En été, Samuel et Didier vont enfin faire un voyage en Afrique. Ils rêvent depuis longtemps de ce voyage.

Vocabulaire et expression

7 **a** *Retrouvez les mots qui correspondent aux définitions suivantes.*

1. Un garçon ou une fille qui va au lycée, c'est un [?] ou une [?].
2. C'est le contraire d'«interdire à qn de faire qc».
3. C'est un adverbe qui veut dire «tout le temps, toujours».

b *À vous. Donnez des définitions pour:* le collégien, la nourriture, apprécier, mûr/e *ou un autre mot.*

C 33/3 **8** *Complétez le texte avec les mots suivants:* c'est pourquoi, dans l'ensemble, de plus *(2 x)*, finalement, heureusement, tout d'abord.

Agnès et Nicolas ont passé trois mois en Allemagne. [?] Agnès ne se sentait pas très bien. Elle ne parlait pas très bien l'allemand et elle avait des problèmes à suivre les cours. [?], il y avait des profs qui parlaient français et qui l'aidaient. [?] elle a réussi de mieux en mieux* à parler et à comprendre l'allemand. [?] elle a fait la connaissance de Nils. En été, elle voudrait retourner en Allemagne. Nicolas par contre s'est bien débrouillé dès le début. Il parlait déjà assez bien l'allemand. [?] il avait peu de problèmes en classe. [?] il s'est très bien entendu avec son corres. [?] Agnès et Nicolas ont beaucoup apprécié cette expérience et ils ont fait énormément de progrès en allemand.

* **de mieux en mieux** immer besser

Écouter

DELF C 35/9 **9** *Trois élèves français ont participé à un échange scolaire et ont passé trois mois en Allemagne. Ces jeunes ont-ils aimé cette expérience? Justifiez votre réponse.*

Jeu de rôle

C 35/10 **10** ►◄ *Patricia et Anthony veulent participer chacun au programme Sauzay. Mais ils doivent encore convaincre* leurs parents. Travaillez d'abord à deux (d'un côté Patricia et Anthony, de l'autre les parents). Chaque groupe note ses arguments et prépare la discussion.* (→ Discuter, p. 100) *Puis, jouez la discussion entre l'un des enfants et l'un des parents.*

* **convaincre qn** jdn überzeugen

Activité

DELF C 35/11 **11** *Vous voulez participer au programme Voltaire. Pour cela, écrivez deux lettres:*

– *une lettre de motivation[1]. Dans cette lettre, vous expliquez pourquoi vous voulez participer à l'échange.*

– *Une lettre de présentation[2] pour la famille où vous allez habiter. Dans cette lettre, vous donnez des informations importantes sur vous (loisirs, goûts, habitudes).*

1 **la lettre de motivation** die Bewerbung 2 **la lettre de présentation** Brief, in dem ihr euch vorstellt

Dans cette séquence, vous apprenez à préparer et à faire un exposé en groupe. Première étape: Tous les groupes travaillent sur le texte «La France au temps du Roi-Soleil» et présentent la vie des enfants à cette époque-là. À la fin, l'ensemble de la classe évaluera les présentations. Deuxième étape: Vous pouvez appliquer ce que vous avez appris à d'autres sujets d'exposés. (→ Méthodes et stratégies, p. 48/7)

Préparer et faire un exposé (→ Méthodes et stratégies, p. 48/6)

1 *Formez des groupes. Lisez le texte et notez les informations les plus importantes.*

C 36/1 C 38/6 **2** *Choisissez les aspects dont vous voulez parler et structurez votre exposé. Vous pouvez par exemple dessiner «l'escalier» de la société française à l'époque de Louis XIV et y placer les enfants, vous pouvez imaginer une discussion entre Charles-Henri et un collégien d'aujourd'hui etc.*

3 *Répartissez les rôles.*

4 *Faites l'exposé devant la classe.*

5 **a** *Évaluez votre propre exposé. Qu'est-ce qui a bien marché / moins bien marché? Qu'est-ce qu'il faudrait changer la prochaine fois? Faites le bilan de votre exposé et discutez-en avec vos camarades.*

b *Évaluez les exposés des autres groupes.*

L'exposé était bien construit / trop long / trop court.
Les élèves du groupe ___ ont bien expliqué les mots nouveaux.
Les élèves du groupe ___ ont parlé clairement / trop vite / trop lentement.
Les élèves du groupe ___ (ne) nous ont (pas) regardés.
Les élèves du groupe ___ ont présenté des affiches utiles/inutiles.
Les élèves du groupe ___ ont montré des tableaux intéressants / pas assez de tableaux / trop de tableaux.
Le travail (n') était (pas) bien partagé entre les élèves du groupe.

La France au temps du Roi-Soleil

Comment était la France à l'époque de Louis XIV (1638–1715), le Roi-Soleil qui a révoqué l'Édit de Nantes?

La France de Louis XIV était un peu plus petite que la France d'aujourd'hui. Il faut imaginer la société française sur un escalier. Le roi se trouve sur la plus haute marche, un peu plus bas, sa famille, puis viennent les évêques, puis les nobles. Ensuite, ce sont les magistrats du roi, les grands commerçants qui font prospérer le pays, les notaires et les médecins. Plus bas, on trouve les artisans et les paysans, qui sont nécessaires à la vie quotidienne: Sans eux, pas de maisons, pas de vêtements, pas de nourriture. Au pied de l'escalier, il y a les mendiants qui n'ont rien.

la famille de l'orfèvre

Dès sa naissance, on fait partie d'un groupe, du groupe de ses parents. Les enfants auront une vie bien différente, s'ils sont nés riches ou pauvres, filles ou garçons.

Antoine, l'apprenti orfèvre

Antoine est né en Auvergne. Son père est tanneur à Aurillac et son frère aîné dirigera un jour sa manufacture. Antoine a dix ans et ses parents décident qu'il sera orfèvre. Son père cherche donc un maître à Paris et on passe chez le notaire un contrat d'apprentissage pour huit ans. Son père paie pour sa pension, Antoine vit chez son maître et fait partie de la famille. Il nettoie l'atelier, prépare les instruments, fait de petits travaux. On lui donne une heure après le déjeuner pour écrire et lire quelques pages. Chaque semaine, il va au catéchisme et le dimanche, il va à l'église avec la famille de son maître. Huit ans, c'est long, mais s'il travaille bien et fait ce qu'on attend de lui, il sera compagnon à dix-huit ans et aura du travail. Il est fier et heureux de sa situation, quand il voit dans la rue les petits mendiants de son âge.

Charles-Henri, le collégien

Chaque matin, Charles-Henri, dix ans, quitte sa grande maison de Toulouse pour le collège des Jésuites. Un domestique porte ses affaires. Les élèves font la prière, puis ils récitent leurs leçons, ensuite le maître explique des textes latins et distribue le travail. L'après-midi, Charles-Henri doit vite rentrer et apprendre par cœur des pages et des pages, en français et en latin. Son père, qui est magistrat à Toulouse, lui a expliqué combien les études sont importantes pour son avenir. Plus tard, Charles-Henri deviendra magistrat à son tour.

Jeanne-Marie, demoiselle de Saint-Cyr

Jeanne-Marie a eu la chance de pouvoir aller à l'École de Saint-Cyr où vivent, grâce au roi, deux cent cinquante jeunes filles nobles mais pauvres. À onze ans, elle reçoit des leçons de géographie, religion, broderie, musique. À Saint-Cyr, on apprend aussi à s'habiller, à s'occuper du linge et des vêtements, à diriger les domestiques avec respect et à danser. Elle est entrée à Saint-Cyr à sept ans et n'en sortira qu'à vingt ans pour épouser un jeune homme choisi par sa mère.

D'après: «La vie des enfants au temps du Roi-Soleil», Claude Grimmer, Paris 2000

6

1. Organiser l'exposé

Choisissez un thème. Notez les aspects* importants de votre thème. Partagez-vous le travail: Qui s'occupe de quel aspect?

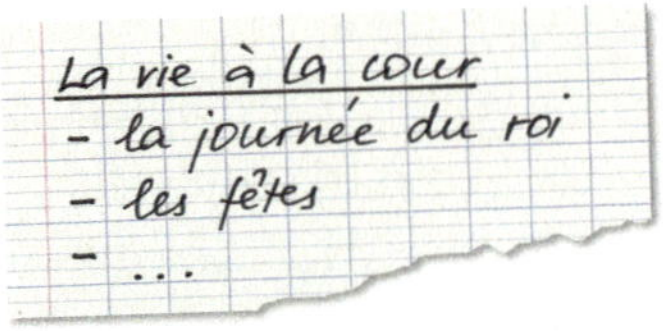

* **l'aspect** *m. hier:* das Unterthema

2. Travailler sur le thème

a Travail individuel

Faites des recherches sur l'aspect du thème que vous avez choisi. Choisissez les photos / les tableaux que vous voulez présenter.

b Mise en commun – première étape

Informez les autres membres du groupe de vos résultats. Discutez de vos résultats. Choisissez les aspects dont vous voulez parler: Quelles informations sont importantes/intéressantes pour vos camarades?

c Mise en commun – deuxième étape

Structurez votre exposé: Combien de parties aura votre exposé? Par quel aspect est-ce que vous voulez commencer/continuer/finir? Écrivez vos textes ou notez des mots-clés. Préparez une affiche / un transparent / ___ .

3. Préparer le déroulement de l'exposé

Qui va expliquer les mots nouveaux?
Qui va parler de quoi?
Qui va montrer quoi?
Répétez* entre vous et devant d'autres personnes (vos parents, vos amis) si possible.
(→ Présenter un sujet, p. XX)

* **répéter qc** *hier:* etw. proben

4. Faire votre exposé

Présentez les mots inconnus (au tableau, sur un poster, sur un transparent, sur des fiches). N'oubliez pas de
– regarder vos camarades quand vous parlez,
– parler lentement et clairement,
– faire des pauses.

5. Après l'exposé

Laissez le temps à vos camarades de vous poser des questions.
Assurez-vous qu'ils ont bien compris: Vous pouvez faire un test ou un quiz.

7 *À vous. Utilisez ces idées pour faire un exposé. Informez-vous sur l'époque de Louis XIV, par exemple sur*
– la vie à la cour,
– la vie quotidienne,
– la vie des paysans et des artisans,
– la mode,
– l'école,
– les repas etc.

Voici quelques adresses utiles:
www.chateauversailles.fr
http://perso.orange.fr./bibliokid/louis/accueillouis.htm
http://www.linternaute.com/histoire
http://www.richmond.edu/~jpaulsen/versail1.html
http://cartables.net/links/histoire

Formez plusieurs groupes. Chaque groupe choisit un thème et présente son sujet aux autres groupes.

Repères

Qu'est-ce qu'on dit?

1

Du gibst einen Grund an:	Grâce à ___ , À cause de ___ , C'est pourquoi ___ , C'est la raison pour laquelle ___
Du sagst, wie viel Zeit du für etwas gebraucht hast:	J'ai mis (deux heures) pour (préparer l'exposé).

<u>Gefühle ausdrücken</u>

Du bist stolz, dass ___ :	Je suis fier/fière que ___	+ subjonctif
Du bist glücklich, dass ___ :	Je suis heureux/-euse que ___	
Du findest es toll, dass ___ :	C'est super que ___	
Du ärgerst dich, dass ___ :	Je suis fâché/e que ___	
Du befürchtest, dass ___ :	J'ai peur que / Je crains que ___	
Du bedauerst, dass ___ :	Je regrette que / C'est dommage que ___	

Grammaire

2 **Weitere Auslöser des „subjonctif présent"** **D'autres décleuncheurs du subjonctif présent** (→ GH, p. 38)

Il faut / il faudrait	que	+ subjonctif
Il est possible/impossible/normal		
Il est bon/utile/inutile		
Je trouve bizarre/drôle/triste/merveilleux		
Je voudrais / Je voudrais empêcher		
J'aimerais / Je déteste		
Je crains / J'ai peur		
Je regrette		
Je suis fier/heureux/content/triste/fâché		
Quel dommage / C'est dommage		
Cela m'amuse		

⚠ espérer que + indicatif

3 **Adverbien auf „-amment, -emment, -ément"** **Les adverbes en «-amment, -emment, -ément»** (→ GH, p. 34)

C'était un travail **intense.** *adj.* Ils ont travaillé **intensément.** *adv.*

courant/e → cour**amment**
constant/e → const**amment**

différent/e → différ**emment**
évident/e → évid**emment**

énorme → énorm**ément**
intense → intens**ément**

⚠
vrai/e → vrai**ment**
absolu/e → absolu**ment**
gentil/le → genti**ment**

⚠ Nicht von allen Adjektiven kannst du Adverbien ableiten.
Benutze dann „de manière" + Adjektiv, z. B.:
parler **de manière vivante**
faire qc **de manière** impressionnante/intéressante/sportive/ridicule

4 Das Fragepronomen „lequel“ Le pronom interrogatif «lequel» (→ GH, p. 35)

Tu connais	ce roman?	– Lequel?	⚠ à + lequel	= **au**quel
	ces poèmes?	– Lesquels?	à + lesquels	= **aux**quels
	cette chanson?	– Laquelle?	de + lequel	= **du**quel
	ces filles?	– Lesquelles?	de + lesquels	= **des**quels

Complète.

1. – Maryse écrit souvent à l'un de ses corres. – Auquel?
2. – Pourquoi est-ce que tu n'as pas répondu à ma lettre? – [?]?
3. – Fabien s'intéresse aux programmes d'échange. – [?]?
4. – J'ai répondu aux questions de mon corres. – [?]?
5. – Les élèves parlent de leur échange. – Duquel?
6. – Les jeunes sont fiers de leurs expériences. – [?]?

5 Das Relativpronomen „lequel“ Le pronom relatif «lequel» (→ GH, p. 36)

C'est le programme Brigitte Sauzay **avec lequel** les élèves sont allés en France.
Quels sont les poèmes **auxquels** Voltaire a apporté des corrections?
La Bastille, c'est la prison **dans laquelle** le roi envoyait des personnes imprudentes.
Voltaire a des idées **auxquelles** les courtisans devraient s'intéresser.

⚠ La fille **à qui** j'ai parlé s'appelle Marie.
C'est un problème **auquel** je n'ai pas encore réfléchi.

Für Personen verwendest du in der Regel: Präposition + „qui“ (z. B. „à qui“).
Für Dinge verwendest du: Präposition + „lequel/laquelle“ (z. B. „à laquelle“, „auqel“).

6 Das Relativpronomen „dont“ Le pronom relatif «dont» (→ GH, p. 37)

1. Hier, tu nous as parlé <u>**d'**un garçon</u>. Comment s'appelle ce garçon?	Comment s'appelle le garçon **dont** tu nous as parlé?	(→ parler de qn)
2. J'ai fait une expérience. Je suis fière <u>**de** cette expérience</u>.	J'ai fait une expérience **dont** je suis fière.	(→ être fier/fière de qc)
3. Elle avait besoin <u>**d'**un dictionnaire</u>. Elle a enfin acheté ce dictionnaire.	Elle a enfin acheté le dictionnaire **dont** elle avait besoin.	(→ avoir besoin de qc)

Traduis les phrases. Que remplace dont?

7 Die Verneinung mit „ne … que“ La négation avec «ne … que» (→ GH, p. 37)

1. Les enfants **ne** connaissent Nîmes **que** par des récits.
2. Ils **ne** vont partir **que** samedi.
3. Guillaume **n'**a retrouvé **que** sa mère.
4. Voltaire **ne** restera **plus qu'**un an.

Traduis les phrases.

Il ne craint qu'une chose: c'est que le ciel lui tombe sur la tête.

Écouter

DELF **1** *Écoutez ce que dit le guide du château de Versailles et répondez aux questions.*

1. Qu'est-ce que vous apprenez sur le Roi-Soleil?
2. De quelles parties du château est-ce que le guide parle?
3. Quelle est la salle la plus célèbre du château de Versailles?

S'entraîner

2 **a** *Caroline raconte. Complétez par la préposition entre parenthèses +* qui *ou une forme de* lequel. (→ Repères, p. 50/5)

J'ai passé trois mois super à Berlin! J'y ai maintenant une correspondante, Nora, (à) [?] j'écris régulièrement. C'est une fille avec [?] je m'entends bien. J'arrive déjà à lui écrire des choses assez difficiles. Ma copine Inès voudrait aussi avoir une correspondante. C'est la raison (pour) [?] j'ai demandé à Nora de chercher une jeune Allemande de 14 à 15 ans (avec) [?] Inès pourrait correspondre. Nous avons maintenant un grand projet (pour) [?] on fait des économies: un voyage en Allemagne. C'est un pays (à) [?] on s'intéresse énormément.

b *Faites des devinettes. Utilisez* penser à + qui *ou une forme de* lequel.

* der/die Sänger/in

Le CD auquel je pense est nouveau.
On l'a écouté chez Max et il nous a beaucoup plu.

C'est le nouveau CD d'Avril Lavigne.

l'acteur/l'actrice la bédé la capitale la chanson le chanteur / la chanteuse*
l'écrivain l'élève l'époque la fête le film les fruits les gens le pays
le/la prof la rue le sport la ville ___

3 *Complétez. Utilisez les pronoms relatifs* qui, que, où, dont, *ou une forme de* lequel.
(→ Repères, p. 50/5, → Petit dictionnaire de civilisation, p. 114)

Jean-Baptiste Poquelin est le fils de Jean Poquelin [?] travaille à la cour de Louis XIV. Jean-Baptiste Poquelin [?] prendra plus tard le pseudonyme de Molière, va à Paris [?] il fait des études couronnées de succès[1]. Mais en 1643, il renonce à l'avenir bourgeois[2] [?] son père avait toujours rêvé pour lui.
Il travaille avec neuf acteurs avec [?] il fonde[3] «L'Illustre Théâtre». En octobre 1658, la troupe[4] joue à Paris devant la Cour [?] elle connaît son premier grand succès. Les pièces [?] Molière écrit pour sa troupe et dans [?] il joue lui-même plaisent beaucoup au roi [?] donne à «L'Illustre Théâtre» le nom de «Troupe du Roy[5]». Molière met pourtant cinq ans pour obtenir l'autorisation[6] de jouer «Tartuffe[7]» [?] l'église s'était plainte.

1 **couronné/e de succès** sehr erfolgreich 2 **bourgeois/e** bürgerlich 3 **fonder qc** etw. gründen 4 **la troupe** die Truppe 5 **le Roy** = le roi 6 **obtenir l'autorisation** die Erlaubnis erhalten 7 **Tartuffe ou l'Imposteur** „Der Tartuffe oder der Betrüger", Stück von Molière

4 **a** *Trouvez les adverbes.*
(→ Repères, p. 49/3)

bon | clair | différent | gentil | mauvais | sûr

b *Complétez les phrases. Utilisez les adverbes de* **a**.

1. Robert est un bon élève. Il a très [?] travaillé cette année.
2. Hier, notre concert a été une catastrophe. Nous avons [?] chanté.
3. «Ma famille allemande» s'est [?] occupée de moi.
4. Les élèves travaillent [?] en France et en Allemagne.
5. Mon copain sait expliquer les choses [?].
6. Marie n'est pas là. Elle est [?] malade.

Réviser le subjonctif

5 *Qu'est-ce qu'il faut faire pour préparer et présenter un exposé? Discutez.*

aller au CDI
faire des recherches sur Internet
___

6 **a** *Lisez ces deux petites annonces et présentez-les à quelqu'un qui ne parle pas français.*

DELF **b** *Écrivez une réponse à Margaux ou à Arthur.*

Office Franco-Allemand pour la Jeunesse, organisme d'echanges et de rencontres

http://www.ofaj.org/

Apple .Mac Amazon eBay Yahoo! News

Deutsch-Französisches Jugendwerk
Office franco-allemand pour la Jeunesse

TOUS LES ESPACES : Kids Juniors Jeunes Formateurs OFAJ Presse Partenaires

E-cards | Forum | Chat | Newsletter | Contact | Annonces | ?

PETITES ANNONCES

CHAT Entrez dans le chat d'OFAJ

FORUM Discutez dans le forum

NEWSLETTER Inscrivez-vous à la newsletter

Déposer une annonce | Consulter les annonces

INTITULÉ DE L'ANNONCE

échange brigitte sauzay

· Je recherche:

un(e) correspondant(e) pour le programme Sauzay

· Description du poste:

J'ai 14 ans, je suis en 4e. J'apprends l'allemand depuis trois ans. Je joue de la flûte. J'habite à Héricourt, une petite ville de l'est de la France. Je peux te recevoir, tu auras une chambre pour toi et nous pourrons aller en vacances au bord de la mer. J'ai trois sœurs plus jeunes que moi et la famille est très gaie. Je cherche une fille qui fait de la musique classique pour un échange entre juin et octobre 2006. Tu peux venir en juin, juillet et je peux venir en août et septembre.
Margaux

· Pays recherché:

Allemagne

Déposer une annonce | Consulter les annonces

INTITULÉ DE L'ANNONCE

Je cherche un correspondant allemand pour B. Sauzay

· Société ou Organisme

lycée Descartes

· Je recherche:

un(e) correspondant(e) pour le programme Sauzay

· Description du poste:

Bonjour, je m'appelle Arthur, j'ai 15 ans et je cherche un ou une correspondant(e) pour le programme Brigitte Sauzay.
J'habite près de Paris, et je souhaite effectuer l'échange de juin à août et nous pouvons t'accueillir de septembre à novembre 2006.
Si cela t'intéresse, réponds-moi!
À bientôt,
Arthur

PS: J'écoute de la musique rock et je fais du skate-board avec mes amis, j'ai deux frères et un chien!

· Pays recherché:

Allemagne

Allemands, Autrichiens, Français ... Européens!

FRANÇOISE CACTUS, CHANTEUSE ET ÉCRIVAIN

Je suis née en 1964 dans un petit village de Bourgogne, une région de France où l'on fait du bon vin mais où je m'ennuyais. À 21 ans, j'ai pris mes cliques et mes claques pour suivre l'amour de ma vie à Berlin. Cela n'a duré que six mois mais je suis restée quand même: J'ai créé un groupe de rock qui marche bien, *Stéréo Total*. Je chante en trois langues, je joue de la batterie et j'ai écrit plusieurs livres dont un roman policier en allemand pour les jeunes!
Mes fans adorent quand je chante «ach, ach Liebling» avec mon accent français!

VALÉRIEN ISMAËL, JOUEUR DE FOOTBALL

Je suis né en 1975 à Strasbourg (France). En 2004, j'ai été champion d'Allemagne avec Werder Bremen et depuis juillet 2005 je joue au Bayern de Munich. Je parle très bien allemand et ma petite amie est allemande. Moi, je suis français, de père antillais et de mère alsacienne. Je me sens bien en Allemagne. L'ordre et la discipline que l'on trouve dans les clubs allemands conviennent bien à mon caractère.

KARL LAGERFELD, CRÉATEUR DE MODE

Je suis né à Hambourg en 1938 et quand j'ai eu 14 ans, ma mère a voulu que je découvre le monde et elle m'a emmené à Paris. J'y suis resté. À 17 ans, j'ai gagné mon premier concours de mode. Je suis devenu créateur. J'aime bien faire des habits pour Monsieur tout le monde ou alors des créations complètement folles comme par exemple une robe-auto avec un pare-choc et un radiateur! Heureusement, je n'ai jamais eu en français cet accent allemand dont les français aiment bien se moquer. Cela m'a beaucoup aidé dans ma carrière. Peut-être que vous me connaissez déjà: Je porte toujours des lunettes de soleil et j'ai une longue natte de cheveux blancs!

ROMY SCHNEIDER, ACTRICE DE CINÉMA, 1938–1982

Je suis devenue célèbre à 17 ans en jouant avec ma maman dans un film le rôle d'une jeune princesse qui se marie avec l'empereur d'Autriche. À partir de ce moment, je n'ai plus été pour tout le monde que Sissi. Heureusement, j'ai pu commencer en France une deuxième carrière qui n'avait rien à voir avec mon ancien rôle. Je suis tombée amoureuse d'une grande star du cinéma français de l'époque, Alain Delon, avec lequel j'ai fait de grands films avec d'autres acteurs très célèbres.

CHRISTOPH GOTTSCHALK, CONSEILLER POLITIQUE

Je suis né en 1977. À l'âge de 17 ans, j'ai commencé à m'intéresser à la politique franco-allemande. Je suis entré au Parlement franco-allemand des jeunes et à l'Office franco-allemand pour la jeunesse (OFAJ). J'ai fait mes études à Tübingen, à Aix-en-Provence et à Berlin. En 2003, je suis devenu le premier conseiller allemand d'un premier ministre français. J'avais 26 ans. Mon travail était de l'informer de la situation politique en Allemagne et d'apporter un regard extérieur sur la situation en France. Oui, on peut dire que je suis un fan de l'Europe!

MICHAEL HANEKE, RÉALISATEUR

Je suis né en 1942 et passe maintenant pour le plus célèbre des réalisateurs de films autrichiens. Pourtant en Autriche, je ne suis pas toujours très apprécié. En France, j'ai découvert une tradition cinématographique unique en Europe. Beaucoup de mes films ont été faits avec de l'argent français. J'ai aussi travaillé avec de grands acteurs français comme Juliette Binoche, Daniel Auteuil et surtout Isabelle Huppert. Quand je travaille dans une langue qui n'est pas ma langue maternelle, je dois me concentrer plus, mais c'est une expérience très intéressante.

Catherine Mann-Grabowski

DOSSIER 3 *Mon quartier, ma planète ...*

Approches

Découvrir Marseille

Découvrez Marseille et la mer Méditerranée depuis les terrasses de Notre-Dame de la Garde. L'architecte de cette basilique s'appelle ... Henri Espérandieu.

Mangez une bouillabaisse ou un bon plat de crustacés près du Vieux-Port.

Promenez-vous dans les petites rues et les places pittoresques du Panier, un des plus anciens quartiers de la ville.

Allez voir l'Opéra car Marseille est aussi la ville de la danse et de la musique.

Admirez l'architecture du 19e siècle.

Marseille est la ville des rappeurs. Allez au concert d'un des innombrables groupes de rap et de hip hop: IAM, Akhenaton, Massilia Sound System ou le jeune groupe Psy 4 de la rime.

On appelle le stade de Marseille le «temple du football français». Réservez une place pour un match de foot avec l'OM.

Promenez-vous un peu sur la Canebière. «Cette avenue n'est plus ce qu'elle était», disent les Marseillais ... Mais elle est toujours animée.

Faites-vous photographier devant le Pouce, une sculpture de l'artiste César.

Prenez le bateau pour le château d'If, la célèbre prison de Monte Cristo.

Plongez! Et autour des rochers de la petite île du Planier, faites de la plongée sous-marine. Le phare guide les marins depuis le Moyen-Âge.

Et allez vous baigner dans une des nombreuses calanques de la côte, un paradis sauvage et protégé.

Comprendre et commenter

DELF C 42/1 **1** **a** *Expliquez pourquoi Marseille peut intéresser des personnes aux goûts différents.*

Exemple: Marseille peut intéresser quelqu'un qui aime manger: On peut y manger des crustacés ou une bouillabaisse.

b *Expliquez l'expression:* «le temple du football français».

c *Aimeriez-vous visiter Marseille? Pour quelles raisons?*

Activité

C 42/2 C 42/3 **2** *Faites un prospectus touristique pour votre ville ou votre région. Utilisez l'impératif. Choisissez aussi des photos.*

→ Portfolio
Dossier

Préparer la lecture

1 *Lisez le titre de la séquence et regardez les vignettes sans lire le texte. Ensuite dites en une phrase ou deux de quoi parle le texte.* (→ Méthodes et stratégies, p. 23/6.1)

Les débuts d'un champion: Zinédine Zidane

Zinédine Zidane est né à Marseille le 23 juin 1972 et a grandi dans le quartier de la Castellane. Ses parents étaient arrivés d'Algérie au début des années cinquante. Le père travaillait dur mais gagnait peu. «On ne mangeait pas tous les jours à notre faim», dit Zidane. Comme beaucoup d'enfants à Marseille, il a la passion du football et il joue avec son frère Nordine et ses copains du quartier sur la place de la Tartane. Ils jouent tous les jours pour des «coupes du monde» en papier d'aluminium.

Là, Zinédine se dit qu'il sortira un jour de son quartier et deviendra champion de foot.

Zidane a la chance de rencontrer des gens généreux qui savent que la vie n'est pas facile pour les enfants du quartier de la Castellane.

Pendant un match, Jean Varraud de l'A. S. Cannes remarque Zidane qui a alors 13 ans. Il le fait venir au club de Cannes. Ses parents acceptent de le laisser partir. Le jeune garçon va vivre à Cannes et se promet de faire tout son possible pour réussir. C'est le début de sa carrière. Un vrai bonheur.

© Nolent, Pierret, Venanzi: Zidane, Casterman 2005

Il travaille comme un fou, s'entraîne, seul, jusqu'à la nuit. Il se dit qu'il faut travailler dur, qu'il ne pourra pas s'amuser comme les autres jeunes s'il veut réussir. Mais jouer est un plaisir absolu, unique, plus important que tout.

Le temps passe. En 1991, Zidane joue dans l'équipe des Girondins de Bordeaux. Il épouse Véronique, son premier amour. Ils auront quatre fils. En 1994, c'est la première sélection en équipe de France et en 1998 la Coupe du monde: Le petit footballeur de Marseille a marqué deux buts contre le Brésil et réalisé son rêve.

Comprendre et commenter

DELF C 43/1 **2** **a** *Retracez les étapes importantes de la vie du footballeur Zinédine Zidane.*

b *Expliquez la phrase suivante.*
«Cette sculpture, c'était un peu le symbole de notre enfance, (...) des étapes qu'on franchissait.»

c *Les parents du footballeur acceptent de laisser partir leur fils de 13 ans dans une autre ville. Qu'en pensez-vous? Discutez.*

Vocabulaire et expression

C 43/2 **3** *Relevez dans le texte les mots et expressions qui ont un rapport avec le foot. Groupez-les dans un associogramme ou sur des fiches.*

Écouter

DELF **4** *Écoutez et répondez aux questions.*

1. Qui joue?
2. Qu'est-ce qui se passe?

S'entraîner

5 *Qu'est-ce que la jeune fille et ses parents ont dit? Utilisez le discours indirect au passé.* (→ Repères, p. 69/3)

La fille La mère Le père	a raconté a dit a répondu a expliqué	qu'/que ___ .
	a demandé	pourquoi ___ . si ___ .

J'ai envie de devenir chanteuse.
Je ferai beaucoup d'efforts pour réussir.
J'ai envoyé une cassette vidéo à la Star Academy.
Je travaillerai beaucoup.
J'irai vivre à Paris.

On ne te prendra pas.
Tu n'as pas de parents célèbres.
Ce n'est pas un métier facile.
Est-ce que tu seras assez courageuse?
Si on te prend, nous ne te verrons plus.

Pourquoi est-ce que tu n'as rien dit?
Il y a trop de candidats.
C'est très dur de participer.
Tu ne réussiras pas facilement.
As-tu assez de talent?

C 45/5 **6** *Zinédine Zidane raconte ici son interview avec un journaliste, quand il a quitté pour la première fois l'équipe de France en 2004. Écrivez l'interview au style direct.* (→ Repères, p. 69/3)

Le journaliste a voulu savoir si cela avait été difficile pour moi d'arrêter ma carrière internationale avec l'équipe de France. Je lui ai répondu que oui, mais qu'il fallait savoir s'arrêter. Il m'a demandé si j'avais pris rapidement cette décision. Je lui ai expliqué que j'y réfléchissais depuis un moment déjà. Après, il a voulu savoir quel plus grand souvenir je gardais de ma vie avec l'équipe de France. Je lui ai répondu que c'était la Coupe du monde de 1998 qui avait eu lieu en France, dans notre pays, avec tous les gens qui avaient fait la fête. Je lui ai expliqué qu'il n'y avait pas de couleurs de peau, qu'il n'y avait que de la joie[1] et que le seul but des gens était de faire la fête.

Journaliste: Zinédine, est-ce que cela a été difficile pour toi d'arrêter ta carrière internationale avec l'équipe de France?
Zinédine Zidane: ___

1 **la joie** die Freude

C 45/6 **7** *On a interviewé la mère de Zinédine Zidane. Écoutez et prenez des notes. Puis, reconstituez ensemble ce qu'elle a dit.* (→ Repères, p. 69/3)

Utilisez:
Elle a dit que ___ . Elle a raconté que ___ .
Elle a ajouté que ___ . Elle a expliqué que ___ .

C 44/3 **8** *Complétez. Utilisez* laisser *ou* faire *au présent de l'indicatif.* (→ Repères, p.69/4)

1. L'entraîneur [?] venir Zinédine Zidane à Cannes.
2. Les parents [?] leur fils aller à Cannes.
3. Là, l'entraîneur [?] travailler le jeune garçon très dur.
4. Il le [?] s'entraîner pendant des heures chaque jour.
5. Quelquefois, il le [?] aller voir ses parents et sa famille.
6. Mais il ne le [?] pas s'amuser comme les enfants de son âge.
7. Le jeune Zidane [?] faire son entraîneur car il sait que c'est nécessaire. De plus, jouer est son plaisir absolu.

9 *Qu'est-ce que vos professeurs (ne) vous font (pas) faire? Qu'est-ce qu'ils (ne) vous laissent (pas) faire?* (→ Repères, p. 69/4)

faire beaucoup de devoirs — parler avec notre voisin — venir au tableau — travailler en groupe — donner notre avis — apprendre des poèmes par cœur — voir des films

T'es arabe, t'es chelou[1]!

Après la mort d'un jeune Beur[2] en automne 2005, de violentes émeutes de jeunes ont eu lieu dans les banlieues parisiennes, à Toulouse, à Strasbourg et dans d'autres villes de France.

Brûler des voitures parce qu'on est en colère? La majorité des jeunes des quartiers nord à Marseille ne sont pas d'accord. Nacer, 15 ans, habite dans le quartier de l'Estaque. «Pour les émeutes, je les comprends» dit-il, «mais brûler des voitures ... ben non, y a des gens qui vont travailler avec. C'est des malades qui font ça!»

À Marseille, pendant ces chaudes semaines, on a bien sûr compris et partagé les raisons de la colère. Nacer explique: «Ils avaient raison de se révolter parce qu'il y a trop de racisme. Ils donnent le travail à Catherine, ils le donnent pas à Mohammed. Ma mère, elle cherche une maison depuis trois ans. Elle trouve pas. Elle est arabe.» Et son copain Nabil ajoute: «Le racisme, on en a marre, on le voit partout.»

«T'es arabe, t'es chelou[1],» déclare son copain.

Alors, pourquoi le calme relatif de Marseille pendant les émeutes? Chacun donne ses raisons. Pour les policiers, Marseille a évité le pire grâce à la bonne organisation de la police. Hassan Bouod, entrepreneur, a une idée différente: Les entreprises de la zone située entre le 15e et le 16e arrondissement ont créé 10600 emplois depuis 1997. Le chômage est passé de 37 % à 16 %. Et les collégiens de la Castellane ou de Plan d'Aou font leurs stages dans les entreprises de cette zone. Le travail est une des raisons du calme dans les quartiers nord.

Autre explication: Il existe dans les quartiers nord beaucoup d'associations et d'équipements collectifs. Une association pour 3000 habitants à Marseille, une pour 25000 à Toulouse. Dans un seul des quatre quartiers nord, il y a plus de 3500 emplois dans des organisations culturelles. Les animateurs sont des jeunes entre 17 et 25 ans. Et pendant les émeutes, la ville a mobilisé tous ses animateurs. Ils ont su expliquer aux jeunes du 14e et du 15e que brûler des voitures ou des écoles faisait «le fumier du Front National».

Tout le monde est d'accord sur un point: Dans l'ensemble, les jeunes des cités de Marseille se sentent chez eux, pas seulement dans leurs cités où tout le monde se connaît, mais aussi dans la ville. Ils ne se sentent pas exclus comme les jeunes des banlieues parisiennes. «Ici, ajoute Nacer, y a pas la même mentalité à cause du soleil, de la région, de la famille. Les banlieues, là-haut, c'est pas Paris. Alors que nous, dans les quartiers nord, on est d'abord de Marseille.»

Houaria le dit ainsi: «La banlieue, c'est souvent très loin du centre. Il faut prendre le train pour aller en ville. Ici, on prend un bus pour aller au centre, et on est encore chez nous. Les jeunes montent et descendent la rue Saint-Ferréol (la rue des magasins de vêtements).»

Damia Ghali se souvient qu'elle a passé tous ses étés sur les plages de la Pointe Rouge dans les quartiers sud. «En 1998, on allait voir les matchs de la Coupe du monde sur les grands écrans de ces plages, tous les jeunes Marseillais, du nord, du sud ou de l'est, venaient là pour faire la fête. Même chose au stade vélodrome où tu trouves tous les quartiers et toutes leurs couleurs.»

D'après: Le Monde, 14 décembre 2005

1 **chelou** = louche *m./f. adj.* 2 **le Beur / la Beurette** = l'Arabe *m./f.*

Comprendre et commenter

DELF C 47/1 **1** **a** *Répondez.*

1. Qu'est-ce qui s'est passé en France fin 2005? Pourquoi? (l. 1–10)
2. Trouvez dans le texte les raisons pour lesquelles Marseille est restée relativement calme pendant ces émeutes. (l. 20–40)
3. Les jeunes des cités marseillaises se sentent chez eux dans tout Marseille. Nommez les raisons. (l. 41–63)
4. D'après les gens interviewés, quelles sont les différences entre la banlieue parisienne et les quartiers nord de Marseille?

b *Expliquez la phrase suivante:*

«Ils donnent le travail à Catherine, ils le donnent pas à Mohammed.»

c *Relisez les lignes 58–63. Pensez-vous que le sport aide les jeunes à renoncer à la violence? Donnez votre avis. Citez des exemples.*

3

Vocabulaire et expression

C 47/2 **2** **a** *Reformulez ces phrases avec les mots du texte.*

1. Presque tous les jeunes des quartiers nord sont contre la violence.
2. Nous en avons assez du racisme.
3. Il y a moins de chômage qu'en 1997.
4. Il y a beaucoup d'associations dans les quartiers nord.
5. Dans les quartiers nord, les jeunes se sont moins révoltés parce qu'ils ont du travail.
6. On peut expliquer les choses d'une autre manière.
7. Les jeunes se promènent dans la rue.
8. Au stade se retrouvent des jeunes de différentes origines qui viennent de différents endroits.

b *Trouvez le mot qui manque dans chaque groupe. Complétez les phrases et traduisez-les.*

1. – Pour quelles [?] est-ce que les jeunes se sont révoltés?
   – À mon avis, Nacer a [?].
2. – Houaria se [?] bien dans son quartier.
   – Tu as [?] ces fleurs? Elles [?] drôlement bon!
3. – Cet été, Damia va [?] deux semaines chez ses grands-parents.
   – Qu'est-ce qui se [?]? Rien de grave. On a mis un grand écran sur la plage.
4. – Dans l'[?], tout le monde est d'accord.
   – On pourrait aller au cinéma [?], demain soir.
5. – Est-ce que vous [?] où se trouve l'avenue Ferréol?
   – N'aie pas peur de plonger. Tu [?] nager, non?

S'entraîner

C 48/4
C 49/5

3 *Regardez les vignettes. À votre avis, qu'est-ce que ces mots et expressions veulent dire?* (→ Repères, p. 68/1)

Solutions, p. 110

Écouter

DELF **4** **a** 🎧 *Écoutez et répondez aux questions.*

1. De quelle sorte de texte est-ce qu'il s'agit?
2. De quoi est-ce qu'on parle?

b *Écoutez encore une fois et prenez des notes. Puis racontez ce que pensent les différentes personnes.*

La France en direct

DELF **5** **a** *Lisez le texte et répondez.*

1. Qui est Mohamed Dia?
2. Quel est son avis sur les émeutes de jeunes?
3. Que pensez-vous de sa réaction?

Mohamed Dia est né et a grandi dans la cité du Raincy, près de Clichy-sous-Bois où les émeutes de jeunes ont été particulièrement violentes. Aujourd'hui, il est devenu chef d'entreprise, il est riche et célèbre grâce à sa marque de baskets M. Dia. Il n'a pas oublié sa vie en banlieue. Face aux émeutes de jeunes, il pense que s'il vivait encore dans son quartier, il serait en guerre comme eux parce qu'il continuerait de se sentir exclu. Pour lui, les jeunes qui se révoltent ont raison de le faire. Mohamed Dia a lancé un appel «pour tous nos frères, nos enfants des cités». En effet, il pense que des gens comme Zidane, comme Thuram ou comme lui, qui ont connu la vie de ces quartiers, doivent être solidaires et aider ces jeunes. Ils doivent prendre la parole à leur place puisque ces jeunes n'arrivent pas à se faire entendre.

D'après: Le Nouvel Observateur, 17–23 novembre 2005

b *Expliquez à un copain qui ne parle pas le français qui est Mohamed Dia et ce qu'il pense.*

Les filles des banlieues

1. Le blog d'un éducateur spécialisé de Marseille

Le Monde.fr : Blogs

http://www.lemonde.fr/web/blogs/0,39-0,48-0,0.html

Dans les quartiers nord, dits «sensibles», les jeunes filles, dans leur grande majorité, se mobilisent pour se construire un autre avenir. Je le remarque depuis longtemps. Souvent elles s'occupent de leurs petits frères et sœurs, elles font la cuisine et vont à l'école même si c'est dur tous les jours et si elles subissent l'autorité des grands frères et des pères. Bien sûr, il y a aussi des filles délinquantes mais il s'agit d'une minorité. Dans l'ensemble, elles travaillent bien et font des études.

Dans les quartiers nord de Marseille comme dans d'autres banlieues en France, ces filles représentent l'espoir. Actuellement, les jeunes filles prennent aussi leur place dans l'univers du rap et de la musique, la musique des 11–17 ans. Je pense à Diam's et son rap engagé mais jamais violent ou à Amel Bent et ses chansons qui parlent directement aux ados.

D'après: Le petit Selegen, journal d'un éducateur spécialisé de Marseille (blog du journal Le Monde)

2. Amel Bent: Une interview

Amel Bent Ses idées sur ...

... la chanson

Quand j'ai commencé à chanter devant les autres, je sentais leur émotion. Une émotion qu'on a partagée. Cela m'a conduite au casting de «Nouvelle star».

... sa chanson «Ma philosophie»

Cette chanson, je l'ai écrite avec Diam's. Si on a une voix, il faut parler de choses importantes.

... sa famille

Ce que j'ai de plus précieux au monde. Inutile de me demander ce qui me rendrait heureuse. Le bonheur, je l'ai déjà trouvé.

... l'amour et le mariage

Ma grand-mère vient d'Oran. Mon vœu le plus cher, c'est d'épouser un Oranais. Les hommes sont beaux et fiers à Oran. Mais je ne veux pas d'un coup de foudre. J'aimerais qu'on ne se plaise pas tout de suite, qu'on apprenne à s'aimer.

... l'avenir

Je n'avais pas envie de grandir. Quand j'ai eu quatorze ans, j'ai pleuré pendant une semaine. J'aime l'idée d'aller où le vent me mène. J'ai envie de tout voir. Mais pour le moment, j'ai envie d'aller dans mon pays d'origine pour mieux comprendre les mœurs de ma famille. Dans l'ensemble, je ne veux pas trop prévoir, ça évite d'être déçu.

Ce qu'en pensent les fans:

Toutes les chansons que tu as chantées jusqu'à présent sont belles.
Paul

Combien d'Oranais est-ce que tu as connus, à part tes cousins? Moi aussi, je suis beau et fier!!
Nicolas

Tu as raison! Moi, je les ai déjà oubliés, mes rêves, ils ne se sont pas réalisés. Mais il y a aussi des surprises géniales qui arrivent et qu'on n'attendait pas.
Naomi

Comprendre et commenter

DELF C 51/1 **1** **a** *Répondez.*

1. Que pense cet éducateur marseillais des jeunes filles des quartiers nord? (Texte 1)
2. Retrouvez les questions auxquelles Amel Bent répond. (Texte 2)
3. Qu'est-ce que vous apprenez sur cette chanteuse?

b *Sur l'amour, Amel a ses idées: «Je ne veux pas d'un coup de foudre. J'aimerais qu'on ne se plaise pas tout de suite, qu'on apprenne à s'aimer.» Expliquez.*

c *Amel dit qu'elle ne veut pas trop prévoir l'avenir pour ne pas être déçue. Qu'en pensez-vous?*

Découvrir

2 **a** *Comparez dans ces deux exemples le participe passé et la place du complément d'objet direct.*

J'ai écrit **cette chanson** avec Diam's.
Cette chanson? Je **l'**ai écrit**e** avec Diam's.

b *Formulez une règle.*

S'entraîner

C 51/2 **3** *Complétez ces réponses. Faites attention à l'accord du participe passé.* (→ Repères, p. 68/2)

DELF C 53/5 **4** *De quoi est-ce qu'ils parlent?* (→ Repères, p. 68/2)

1. les messages – la lettre – le poème
2. les bédés – les magazines – le DVD
3. la voiture – le bus – les rollers
4. le gâteau – les crêpes – la mousse au chocolat
5. la photo – les devoirs – les photos

C 52/3 C 52/4 **5** *Reliez les phrases par le pronom relatif* que. *Pensez à l'accord du participe passé.* (→ Repères, p. 68/2)

Exemple: 1. Les photos que Lilli a ? sont super.

1. Lilli a pris des photos. Elles sont super.
2. Louise et Adèle ont rencontré des garçons à la Pointe Rouge. Ils viennent de Tunisie.
3. J'ai lu un roman de Marcel Pagnol. Il est drôle et très bien écrit.
4. On a vu une fille dans la rue. Elle était à côté de nous au match de foot hier.
5. On a découvert un nouveau chanteur de rap. Il chante trop bien.
6. Paul a photographié une sculpture. Elle est très originale.

6 *Trouvez des questions possibles avec* combien de. *Pensez à faire l'accord du participe passé.* (→ Repères, p. 68/2)

Activités

7 *Imaginez une histoire sur le thème: «Il y a des surprises géniales qui arrivent et qu'on n'attendait pas.» Racontez votre histoire à la classe.*

C 54/10 **8** *Préparez un concours de rap et présentez-le.*

Repères

Qu'est-ce qu'on dit? (→ GH, p. 42)

1 français familier / code oral — français standard / code écrit

français familier / code oral	français standard / code écrit
1. C'était pas facile. Elle trouve pas.	Ce n'était pas facile. Elle ne trouve pas.
2. T'es arabe.	Tu es arabe.
3. Y a des gens. Y a pas la même mentalité.	Il y a des gens. Il n'y a pas la même mentalité.
4. C'est des malades.	Ce sont des malades.
5. Ma mère, elle cherche une maison. Moi, je les ai déjà oubliés, mes rêves.	Ma mère cherche une maison. J'ai déjà oublié mes rêves.
6. On est d'abord de Marseille.	Nous sommes d'abord de Marseille.
7. Le racisme, on en a marre.	On a assez du racisme.
8. pas mal de temps causer avec les copains les minots (dans la région de Marseille) les gamins	beaucoup de temps parler avec les copains les enfants les enfants
9. chelou	louche

Lis les exemples et décris les différences entre le français familier et le français standard. Trouve d'autres exemples de français familier dans le texte. (→ p. 62)

Grammaire

2 **Die Angleichung des Partizips Perfekt nach „avoir"** (→ GH, p. 39)

L'accord du participe passé après «avoir»

Tu connais <u>ce film</u>?	Oui, je l'ai regardé hier.
Tu connais <u>ces CD</u>?	Oui, je les ai écoutés hier.
Qui a écrit <u>la chanson</u>?	Je l'ai écrite avec un copain.
Et <u>les autres chansons</u>?	Je ne les ai pas écrites.
Elle a lu <u>le livre</u>	qu'elle a acheté hier.
Il cherche <u>les CD</u>	qu'il a achetés à Marseille.
Je vais te montrer <u>la photo</u> d'Amel	que j'ai prise pendant son concert.
Je connais toutes <u>les chansons</u>	qu'elle a chantées à son concert.

Combien de concerts est-ce que tu as donnés?
Combien de chansons est-ce que tu as écrites?

a In welchem Fall wird das Partizip Perfekt auch nach „avoir“ verändert?

b *Traduis et écris dans ton cahier.*

1. Hast du den Brief schon gelesen, den ich dir geschrieben habe?
2. – Mach bitte deine Hausaufgaben. – Ich habe sie schon gemacht.
3. Wie viele Bücher hat er schon gelesen?
4. – Wo sind meine Comics? – Ich habe sie in den Schrank gelegt.

3 Die indirekte Rede in der Vergangenheit Le discours indirect au passé (→ GH, p. 41)

Zidane dit:
«Je **jouais** chaque jour avec mes copains.
Mes parents **étaient arrivés** d'Algérie.
Si je **réussissais**, je **serais** capable d'aider mes parents.»
«Il **faut** travailler deux fois plus que les autres.»
«Un jour, je **sortirai** de mon quartier.
J'**ai travaillé** comme un fou.»

Zidane a dit qu'/que
– il **jouait** chaque jour avec ses copains.
– ses parents **étaient arrivés** d'Algérie.
– s'il **réussissait**, il **serait** capable d'aider ses parents.
– il **fallait** travailler deux fois plus que les autres.
– un jour, il **sortirait** de son quartier.
– il **avait travaillé** comme un fou.

Compare le discours indirect au discours direct. Quels temps changent?

4 „Faire“ und „laisser“ mit Infinitiv «Faire» et «laisser» avec l'infinitif (→ GH, p. 40)

Il le **fait venir** au club de Cannes.

Ses parents le **laissent partir**.

a *Traduis les exemples.*

b *Traduis.*

1. Sie lassen ihn ausgehen.
2. Der Trainer lässt die Spieler hart arbeiten.
3. Meine Eltern lassen uns alleine ins Kino gehen.
4. Meine Mutter lässt mich nicht abends ausgehen.
5. Die Lehrerin lässt die Kinder jeden Morgen singen.

Écouter

DELF **1** *Un journaliste a interviewé des gens qui vivent à Marseille. Écoutez leurs réponses et prenez des notes. D'après eux, quels sont les côtés positifs et négatifs de la ville?*

Vocabulaire et expression

2 **a** *Trouvez les mots qui vont ensemble et notez-les dans votre cahier.*

réserver escalader franchir
éviter subir représenter
mobiliser créer réaliser

l'autorité une étape les gens
l'espoir un mur un rêve
des emplois le pire une place

b *Formez une phrase avec chaque paire de mots de* **a**.

Réviser le discours indirect

C 44/4 **3** **a** *Expliquez au guide ce que ces touristes allemands disent. Utilisez le style indirect au présent.*

Ils disent que ___ .
Ils demandent si / comment / où / ce que / ___ .
Ils veulent / voudraient savoir si / comment / où / ___ .

b *Le guide répond aux touristes. Expliquez-leur ce qu'il dit.* (→ Texte, p. 56 – 57)

Exemple: La basilique s'appelle Notre-Dame-de-la-Garde.

c *Le guide raconte à ses amis ce que les touristes ont dit ou demandé. Utilisez le style indirect au passé.*

Exemple: Ils m'ont dit qu'ils ne connaissaient pas encore la ville.

Réviser le subjonctif

4 *Décrivez les situations. Il y a plusieurs possibilités. Utilisez:*

craindre *souhaiter* *regretter* ne pas *être* fâché *avoir* peur *penser* qu'il est impossible que

S'entraîner

5 *Mettez les verbes entre parenthèses au passé composé. Faites attention à l'accord du participe passé.*

1. Est-ce que tu [?] *(lire)* les bédés que Lise [?] *(offrir)* à Max?
2. J'[?] *(adorer)* les chansons que Diam's [?] *(chanter)* au Zénith.
3. Alors cette émission sur M6, vous l'[?] *(regarder)*?
4. Quels CD d'IAM est-ce que vous [?] *(écouter)*?
5. Est-ce que vous [?] *(réserver)* des places pour le match France–Italie?
6. Où est-ce que tu [?] *(mettre)* les places que j'[?] *(acheter)*?
7. Ces poèmes, il les [?] *(écrire)* quand il [?] *(rencontrer)* Marie.
8. N'oublie pas de rapporter les livres que tu [?] *(prendre)* au CDI.
9. Cette histoire, les enfants l'[?] *(aimer)* parce qu'elle les [?] *(toucher)*.

6 *Qu'est-ce que Sophie a dit à ses parents? Utilisez le discours indirect au passé.*

Elle a dit que ___ . Elle a raconté que ___ .
Elle a demandé si ___ . Elle a ajouté que ___ .

La prof de maths a voulu me parler après le cours et j'ai raté le bus de cinq heures. Le prochain ne passe qu'à six heures. Je serai à la maison vers sept heures. Heureusement, je n'ai pas beaucoup de devoirs à faire. Je sortirai le chien quand je serai là. Je vous aiderai à préparer le repas. Est-ce que Luce a téléphoné? Est-ce que je pourrai regarder la Star Ac'? Est-ce que j'ai reçu des lettres?

Activités

C 54/11 **7** *Vous voulez passer trois jours à Marseille et dans sa région. Organisez le voyage et faites un programme touristique.* (→ Méthodes et stratégies, p. 73/9)

– Demandez des renseignements à l'office de tourisme.
– Renseignez-vous sur les possibilités de trains / d'avions ainsi que sur les horaires et prix de groupes.
– Cherchez des adresses et les tarifs d'auberges de jeunesse* ou d'hôtels pas chers.

* **l'auberge de jeunesse** *f.* die Jugendherberge

8 **a** *Regardez encore une fois les textes de ce dossier et notez leurs différents thèmes.*

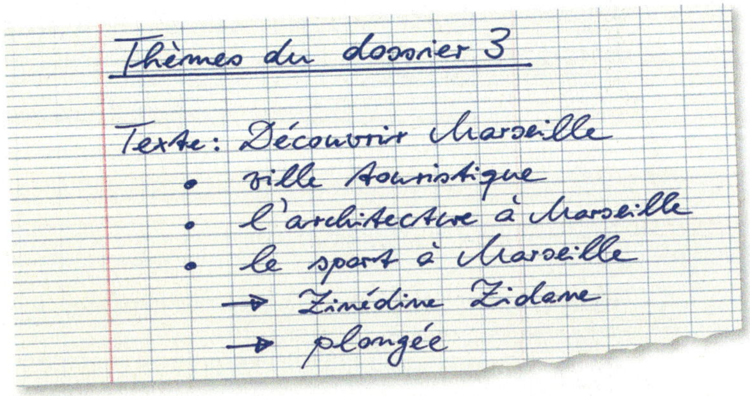

b *Quel thème vous intéresse le plus? Notez un ou plusieurs aspects que vous aimeriez approfondir*.*

* **approfondir qc** etw. vertiefen

c *Choisissez le sujet qui vous intéresse le plus et cherchez des renseignements.* (→ Méthodes et stratégies, p. 73/9).

d *Préparez un exposé et présentez-le à vos camarades.* (→Méthodes et stratégies, p. 48/6)

Voici quelques adresses utiles:
www.zidane.fr
www.amel-online.com
www.om.net
www.mairie-marseille.fr
http://www.lexilogos.com/marseille_massalia.htm
http://www.lexilogos.com/argot.htm
http://cobra.le.cynique.free.fr/accueil.php

9 1. Avant la recherche

Avant de faire des recherches essaie de répondre aux questions suivantes:

- Qu'est-ce que tu voudrais savoir?
- Qu'est-ce qui pourrait aussi intéresser tes camarades?

Avant de commencer, réfléchis où tu pourrais trouver des réponses à tes questions (dans un atlas? sur Internet? dans un guide touristique? dans un magazine? ...)

Notre tuyau: Formule des questions.
Exemple:

Marseille, c'est où exactement?
C'est grand?
C'est une vieille ville?

2. La recherche

Si tu fais des recherches sur Internet, tu peux aller sur un site officiel ou utiliser un moteur de recherche.

Pour trouver les informations qui t'intéressent, il faut utiliser les bons mots-clés: Tu cherches des informations sur l'histoire de Marseille? Tape: «histoire Marseille».

Si tu vas sur Internet, n'oublie pas d'imprimer les pages qui t'intéressent et de noter l'adresse.

Si tu utilises des copies, notes-en la source* pour pouvoir retrouver l'original (nom de l'auteur; nom du magazine / du livre / de l'article et la date).

Moteurs de recherche:

http://www.google.fr
http://www.nomade.tiscali.fr
http://fr.altavista.com
http://www.voila.fr

Office de tourisme:
Guide de Marseille, p. 15

3. Sélectionner l'information

Sur tes pages Internet ou sur tes copies marque les passages importants et/ou prends des notes (qui te serviront à faire ton exposé).

L'HISTOIRE DE MARSEILLE COMMENCE PAR UNE HISTOIRE D'AMOUR: Un groupe de navigateurs grecs, venus de Phocée, un port situé à l'autre bout de la Méditerranée, découvrent, à peine visible de l'extérieur, un port exceptionnel, orienté d'Est en Ouest et protégé des vents par des collines. C'est le jour choisi par le roi Nann pour marier sa fille Gyptis. Gyptis doit elle-même choisir son futur époux: elle choisit Protis, un Phocéen qui vient de débarquer.

* **la source** die Quelle

La France en direct: Le rap français

10 *Lis ces textes sur le rap et explique à un copain / une copine qui ne parle pas français les points suivants:*

1. Nomme plusieurs rappeurs ou groupes de rap et dis ce qu'ils font comme musique.
2. Explique qui est Diam's et quelles sont les raisons de son succès.

En 1990, Rapline devient la première émission de télé de l'actualité du rap sur M6.

IAM Face à Paris, Marseille se réveille. En 1991 avec «De la planète Mars», la France découvre IAM.

MC Solaar sort en 1990 un single «Bouge de là», puis son album «Qui sème le vent récolte le tempo». Avec son dj Jimmy Jay, Solaar installe un rap doux et recherché. Un nouveau style est né.

Assassin existe depuis 1992. Leur rap parle de l'écologie, de l'éducation, de la lutte contre le racisme … Ils réveillent les consciences.

Fabe représente un des plus beaux rap français. En 1997, il sort «Le fond et la forme». Intelligent et percutant.

Sniper Les leaders de la dernière génération. Dans leur album «Du rire aux larmes» qu'ils sortent en 2001, ils mélangent rap et ragga, deux familles cousines. Leur univers musical et mélodique en fait un groupe très à la mode.

Diam's Elles sont une dizaine à s'être lancées, mais seule Diam's s'est fait une place dans le cœur du public avec l'album «Brut de femme», qui est sorti en 2003.

MC Solaar

Diam's donne ses impressions de femme dans le monde du rap très masculin.

«Quand une fille rappe, les gens attendent plus d'elle. C'est peut-être pour cela qu'il y a si peu de rappeuses en France mais elles sont meilleures que les hommes qui ont du succès.»

«Une mère m'a dit qu'elle avait offert mon album à sa fille et qu'elle lui avait dit: "Écoute, c'est ce que je n'ai jamais su te dire." Je suis fière de cela. De partager des choses profondes avec les gens.»

«À part une fille, qui peut dire aux types qu'ils sont plus arrogants que les filles? Qui mieux qu'une fille sait ce que ressent une fille quand des garçons la regardent comme un "morceau de viande" dès qu'elle est féminine? Enfin, le succès a changé mes rapports avec eux. Ils me félicitent.»

D'après: Okapi, 15 novembre 2003

Activité

11 *Relevez dans le texte de l'exercice 10 des mots et expressions utiles pour parler de chansons et de musique. Puis écrivez à votre correspondant/e pour lui parler d'un chanteur / d'une chanteuse ou d'un groupe de votre choix.*

Amel Bent
Ma philosophie

Je n'ai qu'une philosophie
Être acceptée comme je suis
Malgré tout ce qu'on me dit
Je reste le poing levé
Pour le meilleur comme le pire
Je suis métisse mais pas martyre
J'avance le cœur léger
Mais toujours le poing levé

Lever la tête, bomber le torse
Sans cesse redoubler d'efforts
La vie ne m'en laisse pas le choix
Je suis l'as qui bat le roi
Malgré nos peines, nos différences
Et toutes ces injures incessantes
Moi je lèverai le poing
Encore plus haut, encore plus loin

Refrain:
Viser la lune
Ça me fait pas peur
Même à l'usure
J'y crois encore et en cœur

Des sacrifices
S'il le faut j'en ferai
J'en ai déjà fait
Mais toujours le poing levé

Je ne suis pas comme toutes ces filles
Qu'on dévisage, qu'on déshabille
Moi j'ai des formes et des rondeurs
Ça sert à réchauffer les cœurs
Fille d'un quartier populaire
J'y ai appris à être fière
Bien plus d'amour que de misère
Bien plus de cœur que de pierre

Je n'ai qu'une philosophie
Être acceptée comme je suis
Avec la force et le sourire
Le poing levé vers l'avenir
Lever la tête, bomber le torse
Sans cesse redoubler d'efforts
La vie ne m'en laisse pas le choix
Je suis l'as qui bat le roi

Refrain

Diam's
Madame qui

Admettons qu'je me batte pour la rue
Qu'je me tape pour mes sœurs
À quoi ça va servir vu que mes frères s'entretuent
Trop de drogue dans la lutte
De haine dans les cœurs
Lequel vais-je perdre demain et demande-moi si j'ai peur

Pour tous mes frères dans les halls, qui vivent le fusil à l'épaule
Pour toutes mes sœurs dans le noir, qui ont perdu tout espoir

Mais admettons qu'je chante pour la rue
Qu'je pense à mes sœurs
À quoi ça va servir vu que mes frères s'entretuent
Tous dans la lune, la haine dans les mœurs
Lesquels vais-je perdre demain et demande-moi si j'ai peur.

Le monde francophone: Le Maghreb

Approches

Préparer la lecture

1 *Cherchez le Maroc, l'Algérie et la Tunisie sur une carte. Qu'est-ce que vous savez sur ces trois pays?*
(→ Page de couverture)

Trois pays du Maghreb

La Tunisie, l'Algérie et le Maroc sont trois pays du Maghreb. Les Arabes conquièrent ces régions, habitées par les Berbères, au VIIe siècle. Ceux-ci ont appelé cette région d'Afrique du Nord «Djazirat Al Maghrib» ce qui signifie: la presqu'île du soleil couchant. Les Arabes ont apporté avec eux leur religion, l'islam, qui est devenu la religion de la majorité des habitants du Maghreb. Aux XIXe et XXe siècles, ces régions sont devenues des colonies ou des protectorats français, mais elles ont conquis leur indépendance dans les années 1950–60. Le français reste au Maghreb une langue parlée fréquemment.

LA TUNISIE

Capitale:	Tunis
Superficie:	163 610 km^2
Population:	10 millions d'habitants
Statut:	république
Langue officielle:	arabe
Langues parlées:	arabe, berbère (1–2 % des Tunisiens), français
Religions:	Islam. Minorités chrétienne et juive
Indépendance de la France:	20 mars 1956
Monnaie:	le dinar tunisien
Plus grandes villes:	Tunis, Sfax, Gabés, Sousse
Domaine internet:	.tn

Comprendre et commenter

C 58/1
C 58/2

2 *Présentez à l'aide de ces fiches d'identité un des pays du Maghreb.*

se trouve ___
a gagné son indépendance en ___
Il y a ___ d'habitants au/en ___ .
On y parle ___ .
La monnaie est le ___ . ___

LE MAROC

Capitale: Rabat
Superficie: 710 550 km² (458 730 km² sans le Sahara Occidental)
Population: 33 millions d'habitants
Statut: Monarchie constitutionnelle. Roi Mohammed VI
Langue officielle: arabe
Langues parlées: arabe, berbère (50–60% des Marocains), français, espagnol
Religion: Islam (religion d'État). Minorités chrétienne et juive
Indépendance de la France: 2 mars 1956
Monnaie: le dirham marocain
Plus grandes villes: Casablanca, Rabat, Fés, Marrakech
Domaine internet: .ma

Rabat

Essaouira

L'Atlas

Agadir

L'ALGÉRIE

Capitale: Alger
Superficie: 2 381 741 km²
Population: 33 millions d'habitants
Statut: république
Langue officielle: arabe
Langues parlées: arabe, berbère (20 % des Algériens), français
Religions: Islam. Minorité chrétienne et juive
Indépendance de la France: 5 juillet 1962
Monnaie: le dinar algérien
Plus grandes villes: Alger, Oran, Constantine, Annaba
Domaine internet: .dz

Alger

Timimoun

Timgad

Oran

Recherche

C 58/3 **3** **a** *Qu'est-ce que vous aimeriez encore savoir sur ces pays? Formulez des questions.*

b *Choisissez un de ces trois pays. Faites des recherches sur sa géographie, son histoire, sa culture, ses spécialités, ses personnages célèbres, sa musique ... Puis présentez vos résultats à vos camarades.* (→ Méthodes et stratégies, p. 73/9)

www.imarabe.org/portail/mondearabe/pays/index.html
www.mincom.gov.ma
www.tunisie.com

Préparer et présenter un texte

1 *Formez des groupes. Chaque groupe lit une des quatre lettres et la présente aux autres.*

Vous devez
- *présenter la personne qui a écrit la lettre,*
- *présenter les thèmes de la lettre,*
- *expliquer le vocabulaire inconnu,*
- *trouver des activités (exercices, questions, ...) pour vérifier* si vos camarades ont compris.*

* **vérifier qc** etw. überprüfen

le lycée Mohammmed V

Ils vous parlent de leur vie

À Essaouira, une ville du Maroc sur la côte Atlantique, le lycée Mohammed V est un lycée où, à côté des matières classiques, le sport joue un rôle très important. Quatre élèves de ce lycée ont écrit ces textes pour vous, lecteurs d'***À plus!* 4**.*

Rabab Nahoum, 17 ans, père commerçant, mère couturière
Je suis une lycéenne de dix-sept ans et Essaouira est ma ville natale. C'est une petite ville calme où les gens sont très polis et hospitaliers. Les touristes aiment visiter ses monuments historiques et ses paysages naturels. Il y a une magnifique plage avec des dunes de sable doré. Un vent permanent permet de pratiquer des sports comme le surf et la planche à voile. Il existe une ville française qui est «la jumelle» d'Essaouira: La Rochelle, un autre port sur l'Atlantique, que j'aimerais bien visiter. Plus tard, je voudrais terminer mes études en Europe. Là-bas, les gens n'ont ni la même mentalité ni la même culture mais quand je pense à l'Europe, je pense aussi à la démocratie et aux chances d'avenir.

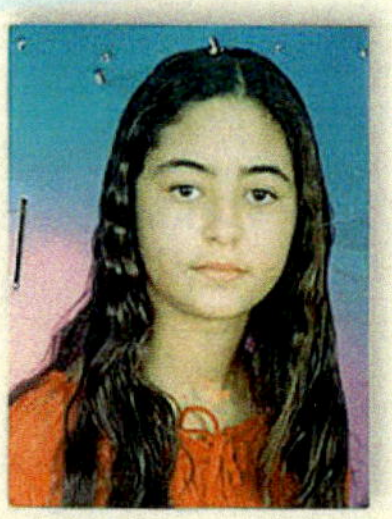

Naziha Outharouyt, 16 ans, parents fonctionnaires
Je passe ma vie quotidienne au lycée Mohammed V où nous étudions toute la semaine, sauf le dimanche. Le dimanche je me lève à 10 heures du matin. Après avoir pris mon petit déjeuner avec ma famille, je mets mes vêtements de sport et vais m'entraîner avec mes amies avant de rentrer pour le déjeuner. Je prends une douche et fais une demi-heure de sieste. Ensuite je regarde la télé et je sors dans la médina pour faire un peu de piano au conservatoire avec mes amies. Après être rentrée à la maison, je révise mes cours, je dîne, et je continue à travailler un peu avant d'aller au lit. De temps en temps, je lis – des romans et des contes amoureux – et j'aime écouter de la musique classique. J'adore les jours de fête, surtout les fêtes religieuses qui comptent beaucoup pour nous, Marocains.

* Diese Briefe entstanden dank einer Partnerschaft zwischen dem lycée Mohammed V in Essaouira und dem Heidelberg College in Heidelberg.

Sana Ahfa, dix-sept ans, père infirmier, mère femme au foyer

Ma famille me donne confiance en moi. Elle m'aide à entrer dans la vie adulte et dans la société. Mes parents m'encouragent à ne pas me disputer, à donner sans compter et à savoir obéir. Mais ils m'apprennent aussi à exercer ma liberté de manière responsable. Ils m'aident à réaliser mes rêves. L'amitié aussi est pour moi quelque chose de très important. Les personnes qui ne sont ni généreuses ni sincères ne peuvent pas être mes amis. Il faut aussi qu'ils sachent partager avec moi le malheur comme le bonheur. J'adore quand on se comprend sans avoir besoin d'échanger un mot. Les professeurs aussi jouent un rôle très important dans le développement de notre personnalité. Les qualités que je trouve intéressantes chez mes profs sont la justice, la confiance, la tolérance, la capacité de lancer une idée de manière claire et simple. J'aime les profs qui créent une ambiance amicale dans la classe.

Redwane Bakh, dix-sept ans, père chauffeur, mère femme au foyer

Je vis avec mes parents et mes trois frères dans une maison modeste. Dans ma région, les gens sont au chômage mais malgré ce problème la plupart d'entre eux restent sympa et courageux et cherchent toujours un moyen honnête de gagner leur vie. Ni la drogue ni l'arnaque n'offrent de solution. Moi, j'ai un emploi du temps chargé: je passe beaucoup de temps au lycée mais je n'oublie pas le sport, surtout la planche à voile qui représente tout pour moi. J'en fais tous les dimanches. J'adore lire, Baudelaire[1] et Balzac[2], j'aime aussi les documentaires, les films d'action et de suspense, j'écoute assez souvent de la musique, un peu de tout, mais je préfère le hard rock. Ce qui compte encore pour moi? Les fêtes – la fête de l'Indépendance est pour moi la plus importante –, les vacances avec mes amis, bien sûr sur ma planche, quand il y a du vent et des vagues. Je m'entraîne au maximum, car j'ai pour but de participer aux championnats du Maroc de planche à voile à Agadir. Ma famille m'encourage beaucoup.

les remparts[3] d'Essaouira

dans la médina d'Essaouira

1 **Charles Baudelaire** (1821–1867): poète français
2 **Honoré de Balzac** (1799–1850): écrivain français
3 **les remparts** die Stadtmauer

Comprendre et commenter

C 59/1 **2** **a** *D'après vous, à quelles questions est-ce que ces jeunes ont répondu dans leurs lettres? Notez-les. (Vous aurez besoin de ces questions pour l'exercice 9, p. 81.)*

b *Relevez dans ces quatre lettres les pensées, les idées qui vous ont étonnés ou que vous trouvez intéressantes et expliquez pourquoi.*

Écouter

DELF **3** *Écoutez. Qu'est-ce que vous apprenez sur Mariyam (sur elle-même, sa famille et sa vie quotidienne)?*

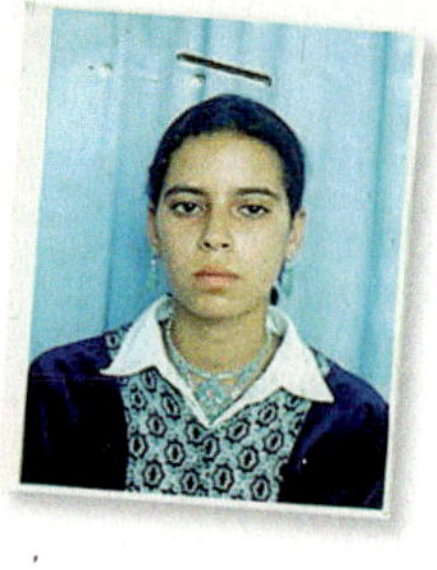

S'entraîner

C 59/3 C 60/4 C 60/5 **4** **a** *Qu'est-ce que Naziha fait le dimanche? Racontez et utilisez* après + *infinitif passé.* (→ Repères, p. 89/5)

Exemple:
Après avoir pris son petit déjeuner, Naziha met ses vêtements de sport.

b *Continuez. Utilisez les expressions données.*

1. *manger*
2. *faire* une sieste
3. *regarder* la télé
4. *jouer* du piano avec ses amies
5. *rentrer* à la maison
6. *dîner* avec sa famille
7. *réviser* ses cours
8. *travailler* pour l'école
9. *aller* au lit
10. *lire*

c *Refaites les exercices* **a** *et* **b** *et utilisez* avant de + *infinitif.*

Exemple: Avant de s'habiller, Naziha prend son petit déjeuner.

C 61/6 **5** **a** *Mohammed et sa sœur Sayaline sont très différents. Dites pourquoi et utilisez la négation* ne … ni … ni. (→ Repères, p. 89/4)

Exemple: Mohammed joue au foot et au tennis. Sayaline ne joue ni au foot ni au tennis.

1. Mohammed joue au foot et au tennis.
2. Sayaline apprend l'espagnol et l'allemand.
3. Mohammed est bon en français et en SVT.
4. Sayaline sait danser et chanter.
5. Mohammed joue du piano et de la guitare.
6. Sayaline connaît la France et l'Espagne.
7. Mohammed aime le rap et le hard-rock.
8. Sayaline parle fort et très vite.
9. Mohammed s'entraîne le samedi et le dimanche.

b *Et vous? Qu'est-ce que vous n'aimez pas? Qu'est-ce que vous ne faites pas? Utilisez* ne … ni … ni.

C 61/7
C 62/8 **6** *Trouvez les points en commun* entre ces personnes. Utilisez* ni … ni … ne.
(→ Repères, p. 89/4)

Exemple:
Ni Redwane ni Sana ne joue du piano.

Redwane
– ne pas *écouter* de la musique classique
– ne pas *connaître* l'Europe
– ne pas *parler* anglais
– ne pas *jouer* du piano

Ali
– ne pas *adorer* lire des romans
– ne pas *aimer* les films d'action
– ne pas *écouter* de la musique classique
– ne pas *parler* anglais

Sana
– ne pas *faire* de la planche à voile
– ne pas *adorer* lire des romans
– ne pas *aimer* le hard-rock
– ne pas *jouer* du piano

Naziha
– ne pas *connaître* l'Europe
– ne pas *faire* de la planche à voile
– ne pas *aimer* les films d'action
– ne pas *aimer* le hard-rock

* **les points en commun** die Gemeinsamkeiten

Vocabulaire et expression

4

C 59/2 **7** *Trouvez un mot de la même famille.*

lire être né le champion courageux confier l'exercice
libre l'ami les études le dîner la religion

8 **a** *Trouvez le verbe qui manque dans chaque groupe et complétez les phrases.*

1. Redwane [?] beaucoup de temps au lycée.
   Il espère [?] en seconde.
   Il veut aussi [?] son permis de conduire à 18 ans.
2. Les gens de la région d'Essaouira cherchent des moyens pour [?] leur vie.
   Redwane rêve de [?] le championnat du Maroc de planche à voile.
3. Dimanche matin Naziha a [?] ses vêtements de sport.
   Sonia range sa chambre et [?] tous ses livres sur une étagère.
   Avant de manger les enfants doivent [?] la table.
   Rabah [?] dix minutes pour aller dans la médina.
4. Ali ne [?] pas si ses copains vont venir.
   Sabrina n'a que quatre ans et elle [?] déjà nager.

b *Maintenant, traduisez les phrases de* **a** *en allemand.*

Activité

C 62/10 **9** *Regardez encore une fois l'exercice, p. 79/2* **a**. *Répondez aux questions que vous avez notées et écrivez un petit texte sur vous et votre famille.*

→ Portfolio
Dossier

Préparer la lecture

1 *Cherchez dans un dictionnaire français-allemand les expressions* en secret, de son côté, avoir lieu, le sommet de la montagne. (→ Méthodes et stratégies, p. 92)

Un conte berbère: Isli et Tislit

Il y a de cela très, très longtemps, vivait au Maroc au cœur de l'Atlas une jeune fille qui s'appelait Tislit. Tislit était belle, vive et souriante. En secret, elle aimait Isli, un grand jeune homme d'une tribu voisine. Isli, de son côté, n'avait rencontré qu'une seule fois Tislit mais, depuis ce temps, son cœur ne battait que pour elle. Car elle était très belle et elle avait le plus beau sourire du monde.

Un jour, Tislit avoua à sa mère son amour pour Isli. Sa mère écouta puis en parla un peu plus tard à son mari. Ce même jour, dans le village voisin, Isli expliqua à son père qu'il souhaitait épouser Tislit mais, ni les parents d'Isli ni ceux de Tislit n'acceptèrent leur amour, car ils appartenaient à deux tribus rivales. Ils ne s'entendaient pas et interdirent à leurs enfants de se revoir. Isli et Tislit étaient désespérés. Ils se refugièrent chacun sur le sommet d'une montagne et refusèrent de manger. Ils pleurèrent toute une nuit. Leurs mères les supplièrent de revenir mais personne ne put les convaincre. Alors, debout sur la montagne, ils pleuraient et s'appelaient d'un sommet à l'autre.

Un jour, ils moururent de faim, de fatigue et de chagrin.

Alors eut lieu un miracle: Deux lacs de larmes se formèrent, deux lacs qui aujourd'hui encore rappellent aux hommes leur cruauté. Ils doivent aussi leur rappeler que les jeunes gens qui s'aiment doivent pouvoir se marier même quand leurs peuples sont en guerre.

Il existe un festival près des deux lacs, le festival des fiançailles. Une fois par an, les couples qui se sont formés dans l'année viennent en septembre se marier à Imilchil, près des lacs. C'est un petit village de l'Atlas à plus de 2 000 mètres d'altitude. À cette époque a lieu aussi une grande foire que beaucoup de touristes aiment visiter.

une fiancée au festival des fiançailles

lac Tislit

Comprendre et commenter

DELF C 63/1

2 **a** *Répondez aux questions.*

1. Pourquoi est-ce que les parents de Tislit et d'Isli sont contre le mariage de leurs enfants?
2. Décrivez et expliquez la réaction de Tislit et d'Isli.

b *Est-ce que vous connaissez un conte européen (ou un roman, une pièce de théâtre) avec le même sujet? Lequel? Racontez et comparez.*

Découvrir

3 **a** Tislit **avoua** son amour pour Isli. Ils **pleurèrent** toute une nuit. *Quel est l'infinitif de ces deux formes verbales?*

b *Relisez le texte et relevez tous les verbes au passé simple. Notez-les et trouvez leur infinitif.*

c *Trouvez l'infinitif des formes verbales suivantes:* elle connut, il lut, elle courut, je fus, ils firent, elle mit, elles prirent, il put, je voulus, il vint, il dut, elle sut.

S'entraîner

C 63/2 C 64/3 **4** *À l'oral: Racontez ce conte au passé composé.* (→ Repères, p. 89/3)

Exemple: Un jour, Tislit **a avoué** à sa mère son amour pour Isli.

Vocabulaire et expression

C 63/3 C 64/5 **5** *Complétez les phrases avec la préposition* à *ou* de.

Exemple: La mère de Tislit parla à son mari de l'amour entre Isli et Tislit.

1. La mère de Tislit parla [?] son mari de l'amour entre Isli et Tislit.
2. Isli expliqua [?] son père qu'il souhaitait épouser Tislit.
3. Les parents interdirent [?] Isli et Tislit de se marier.
4. Isli et Tislit étaient désespérés et alors ils refusèrent [?] manger.
5. Leurs mères les supplièrent [?] revenir à la maison.
6. Isli et Tislit moururent [?] faim, [?] fatigue et [?] chagrin.

Écouter

6 **a** *Cherchez dans un dictionnaire les mots* l'odeur, accueillir, verser. *Puis écoutez un conte arabe dont le héros s'appelle Nasreddine Hodja.*

b *Racontez le conte en allemand.*

c *Expliquez la phrase de Nasreddine:* «Moi, je ne suis pas invité; c'est mon manteau qui est invité.»

Activités

C 65/7 **7** *Choisissez une des activités suivantes:*

1. *Écrire: Relisez le conte «Isli et Tislit» jusqu'à la ligne 17* («... s'appelaient d'un sommet à l'autre»). *Imaginez une autre fin pour ce conte et écrivez-la au passé composé et à l'imparfait.*
2. *Jeu de rôle: Imaginez à deux la discussion entre Tislit et sa mère ou entre Isli et son père. Notez d'abord tous les arguments et les questions des jeunes et des parents. Jouez ensuite le dialogue.*

→ Portfolio Dossier

Pourquoi on aime Marrakech

Cher Laurent,

Quand on pense à l'Afrique du Nord, on pense aussitôt à la sécheresse, au désert du Sahara. Pourtant la première chose qui frappe quand on arrive à Marrakech en avril, ce sont les fleurs et les espaces verts. De l'avion on a vu de grands espaces secs et jaunes, mais quand on sort de l'aéroport, on se retrouve dans des rues bordées de lauriers-roses, de rosiers, de palmiers.

Les jardins de la Ménara qui datent du XIe siècle sont de vrais paradis: Ce sont d'immenses vergers d'oliviers, d'orangers et d'autres arbres fruitiers. Dans ce jardin se trouve un grand bassin d'eau où les soldats apprenaient autrefois à nager. Le couturier Yves Saint-Laurent a acheté ce lieu avec sa maison bleue qui abrite le musée d'Art Islamique. On comprend bien pourquoi dans toutes les religions le paradis est représenté comme un jardin.

Moi, je suis d'abord allée sur la place Djemaa el-Fna qui borde la médina. J'ai traversé les jardins de la Koutoubia, la plus grande mosquée de la ville, la deuxième au Maroc. Son minaret m'a bien aidée à me repérer. Tu peux y arriver par un grand boulevard et si tu ne sais pas où aller, c'est simple: Il suffit de suivre les gens, des gens très jeunes la plupart du temps. Les deux tiers des Marocains sont très jeunes. 40% ont moins de vingt ans. Les marchands sont tous des hommes. Un quart des femmes travaille mais dans d'autres domaines. Le soir, la place Djemaa el-Fna devient un immense théâtre. On y écoute les conteurs, on regarde les charmeurs de serpents. J'ai longtemps écouté des musiciens, admiré des acrobates, j'ai bu un jus d'oranges fraîchement pressé. On peut aussi se faire prédire son avenir (quand on parle arabe ou berbère!), manger des viandes grillées ou acheter des fruits secs. De là, on entre dans la médina. Je me suis vite

1

2

3

perdue dans les souks: On y passe devant de petites boutiques de bijoux, de tapis, de tissus. On y marchande le prix d'un bijou (quand on sait marchander!), on peut y passer des semaines et y découvrir toujours de nouveaux endroits. Et on s'y perd toujours. Un enfant m'a aidée à retrouver la place Djemaa el-Fna. Parfois, des touristes ne sont pas contents à cause des mendiants (mais n'y en a-t-il pas à Paris et partout en Europe?) et parce qu'on ne peut pas photographier un musicien, un charmeur de serpents, un acrobate sans devoir payer la photo. Mais en fait pourquoi pas? D'abord, on ne paie que quelques dirhams. Et ensuite, eux aussi doivent vivre, et ce qu'ils nous permettent de voir est un spectacle, le fruit de leur travail.

Ce qui m'a frappée aussi, ce sont les différents vêtements. Beaucoup de vêtements traditionnels, chez les femmes et les hommes, mais aussi de jeunes Marocaines en jupes courtes. À la campagne, bien sûr, les femmes portent des vêtements traditionnels.

Le lendemain, j'ai visité deux palais: le Palais de la Bahia, et le Palais El Badi. Ce dernier est plus ancien. Un sultan l'a fait construire au XVIème siècle. Il avait 360 pièces construites autour de bassins et de jardins. Il est actuellement en ruines (mais quelles ruines magnifiques!) et les cigognes font leur nid sur les murs.

Le dernier jour, j'ai fait à pied le tour des remparts rouges – 20 kilomètres pour faire le tour de la ville!

N'attends pas trop avant d'aller voir Marrakech. On ne peut qu'espérer que la ville restera toujours aussi vivante et que la ville et ses habitants accueilleront les touristes toujours de manière aussi généreuse.

Amitiés
Sylvie

Comprendre et commenter

DELF C 66/1 C 66/2 C 66/3

1 **a** *Lisez la lettre et regardez les photos. Quelle photo se rapporte à quelle partie du texte?*

b *Posez des questions sur les lieux dont Sylvie parle dans sa lettre. Vos camarades répondent.*

Exemple: Où est-ce qu'on peut voir des charmeurs de serpents?

> Où est-ce qu'on peut voir ___ ? Qu'est-ce qu'on trouve dans ___ ? Où se trouve ___ ?
> Comment est-ce qu'on peut arriver à ___ ? Qu'est-ce qu'on peut faire / acheter à ___ ?

c *D'après vous, qu'est-ce qui a frappé le plus Sylvie, l'auteur de la lettre? Justifiez votre réponse.*

S'entraîner

2 **a** *Lisez la statistique et répondez: Vrai ou faux?* (→ Repères, p. 88/1)

1. 33 % des Tunisiens sont actifs[1].
2. 66 % des hommes travaillent.
3. Les familles tunisiennes dépensent 37,5 % de leur argent pour l'alimentation[2].
4. Les familles tunisiennes dépensent 25 % de leur argent pour l'habitation[3].

La population de la Tunisie

La Tunisie a 10 millions d'habitants dont la moitié est active. Les deux tiers des hommes travaillent, mais seulement un quart des femmes. Un sixième de la population âgée de 15 à 60 ans est au chômage. Un vingtième de la population tunisienne est pauvre.
Les familles tunisiennes dépensent les trois huitièmes de leur argent pour l'alimentation, un cinquième pour l'habitation, un dixième pour les vêtements et un dixième pour l'enseignement et les loisirs.

D'après l'Institut National de la Statistique de la République tunisienne

b *Continuez. Préparez un «vrai-faux» pour vos camarades.*

1 **actif/active** berufstätig
2 **l'alimentation** *f.* die Ernährung
3 **l'habitation** *n. f.* das Wohnen

C 67/4 C 67/5

3 *Lisez les opérations et trouvez la solution.* (→ Repères, p. 88/1)

Exemple: Un demi plus un demi font un.

1/2 + 1/2 = ?	1/3 + 1/3 = ?	8/9 – 4/9 = ?	11/12 – 9/12 = ?
3/10 + 4/10 = ?	5/8 – 2/8 = ?	2/7 + 3/7 = ?	1/4 + 3/4 = ?
5/6 – 2/6 = ?	2/5 + 2/5 = ?	1/20 + 13/20 = ?	4/3 – 2/3 = ?

C 67/7 C 68/8 **4** *Complétez les phrases avec les adverbes donnés et mettez-les à la bonne place.* (→ Repères, p. 88/2)

1. Quand Khaled rentre de l'école, il [?] commence [?] à faire ses devoirs. Aujourd'hui il est [?] rentré [?]. Alors il a [?] fait [?] ses devoirs après le dîner.	aussitôt tard vite
2. Le mercredi, Aïcha [?] a [?] son cours de trompette. Elle aime [?] jouer [?] de la trompette et comme elle [?] s'entraîne [?], elle [?] joue [?] que les autres élèves de son cours.	toujours bien régulièrement mieux
3. Ma grande sœur sait [?] expliquer [?] les problèmes de grammaire. Elle m'aide [?] à faire [?] mes devoirs.	clairement souvent
4. Mon correspondant marocain [?] parle [?], mais je le [?] comprends [?].	vite assez bien
5. Ma correspondante Rabab est [?] arrivée [?]. Son train est [?] arrivé [?] à la gare et moi, je n'étais pas encore là.	hier trop tôt
6. Nous sommes allés dans un restaurant où on [?] mange [?], mais Rabab a [?] mangé [?].	très bien très peu

Vocabulaire et expression

5 **a** *D'après le modèle de* «l'olive – l'olivier» *trouvez les mots français pour* «Apfelbaum» *et* «Aprikosenbaum». *Formulez la règle.*

b *Trouvez les mots français pour les arbres qui portent ces fruits. Utilisez un dictionnaire monolingue.*
(→ Méthodes et stratégies, p. 92/8)
⚠ *Il y a deux exceptions.*

c *Utilisez un dictionnaire monolingue et trouvez pour le mot orient*

1. sa catégorie grammaticale,
2. son genre,
3. les contextes dans lesquels il s'emploie,
4. un synonyme,
5. un antonyme,
6. d'autres mots de la même famille.

Activité

C 67/6 **6** **a** *Décrivez le tableau.*

b *Imaginez une histoire qui se passe au marché de Tunis.*

August Macke: Marché à Tunis

C'est un tableau de ___ .
Ce tableau représente ___ .
Au premier plan / À l'arrière plan / À droite / À gauche, il y a ___ .

Repères

Qu'est-ce qu'on dit?

1 **a** Du gibst Bruchteile von etwas an:

die Hälfte (der Einwohner):	la moitié (des habitants)
ein Drittel (der Männer):	un tiers (des hommes)
zwei Drittel (der Marokkaner):	les deux tiers (des Marocains)
ein Viertel (der Frauen):	un quart (des femmes)
drei Viertel (der Touristen):	les trois quarts (des touristes)
ein Fünftel (der Kinder):	un cinquième (des enfants)
vierzig Prozent (der Marrokaner):	quarante pour cent (des Marocains)
die meisten (Schüler):	la plupart (des élèves) + *Verb im Plural*
die meiste Zeit:	la plupart du temps

b *Traduis et formule des phrases complètes.*

1. ein Fünftel der Bücher
2. drei Viertel der Einwohner
3. zwei Drittel der Lehrer
4. die Hälfte der Schüler
5. 50 Prozent der Jungen
6. 85 Prozent der Mädchen

Grammaire

2 **Die Stellung des Adverbs beim Verb** La place de l'adverbe avec un verbe (→ GH, p. 44)

Elle aime **beaucoup** la Tunisie.	*présent*
Je retournerai **bientôt** en Algérie.	*futur simple*
Il connaissait **bien** Marrakech.	*imparfait*
Elle a **beaucoup** aimé la Tunisie.	*passé composé*
Je vais **bientôt** retourner en Algérie.	*futur composé*

Elle a **énormément** travaillé.
oder:
Elle a travaillé **énormément**.

⚠ Elle est rentrée **tard/tôt.**
Il a habité **ici.**
Il est arrivé **hier.**
Il va arriver **demain.**

a *Beschreibe die Stellung der Adverbien:*

Bei einfachen Zeiten steht das Adverb ___ .
Bei zusammengesetzten Zeiten stehen die meisten Adverbien ___ . Längere Adverbien können ___ oder ___ stehen. Adverbien, die einen Ort oder einen Zeitpunkt angeben, stehen in der Regel ___ .

b *Traduis.*

1. Ich verstehe dich gut.
2. Damien hat mich gut verstanden.
3. Nadia schreibt mir oft.
4. Max hat mir oft geschrieben.
5. Leila ist immer zu Fuß zur Schule gegangen.
6. Nicolas will noch das Museum besuchen.

3 📖 Das „passé simple“ (rezeptiv) Le passé simple (→ GH, p. 45)

Un soir, Nasreddine Hodja **entendit** chanter et rire et il **comprit** qu'il y avait une fête dans les environs*. Il **s'approcha et ouvrit** donc la porte de la maison. Il **sourit** de bonheur: une bonne odeur de couscous sortait de la cuisine. Mais il ne **put** pas aller plus loin: il était si mal habillé qu'on le **mit** dehors sans un mot.

Un soir, Nasreddine Hodja **a entendu** des gens qui chantaient et riaient et il **a compris** qu'il y avait une fête dans une maison. Il **s'est approché** et il **a ouvert** la porte de la maison. Il **a souri** de bonheur parce qu'une bonne odeur de couscous sortait de la cuisine. Mais il n'**a** pas **pu** aller plus loin: il était si mal habillé qu'on l'**a mis** dehors sans un mot.

* **dans les environs** in der Nähe

Wann wird das „passé simple“ verwendet und wann das „passé composé“?

4 📖 Die Verneinung mit „ne … ni … ni“ und mit „ni … ni … ne“ (→ GH, p. 46)

La négation avec «ne … ni … ni» et avec «ni … ni … ne»

En Europe, les gens **n'**ont **ni** la même culture **ni** la même mentalité.
Ce type **n'**est **ni** généreux **ni** sincère.

Ni Élise **ni** Julien **ne** connaissent l'Afrique.
Ni mes copains **ni** moi **n'**avons aimé ce livre.

a *Traduis les exemples.*

b *Traduis.*

1. Das Buch ist weder lustig noch interessant.
2. Sophie ist weder bei Philippe noch bei Valentin.
3. Sie ist weder um 6 Uhr noch um 7 Uhr gekommen.
4. Weder Pierre noch Lucas sind gekommen.
5. Sie gehen weder ins Theater noch ins Kino. Sie bleiben zu Hause.
6. Myriam spielt weder Klavier noch Gitarre.

5 📖 Der Infinitivsatz La phrase infinitive (→ GH, p. 47)

Après avoir pris le petit déjeuner, elle met ses vêtements de sport.
Après être allée chez sa copine, Naziha a retrouvé sa sœur en ville.

Avant d'aller au lit, elle travaille encore un peu.
Avant de sortir, elle a fini ses devoirs.

Traduis et compare à l'allemand.

S'entraîner

1 *Choisissez un personnage, imaginez ce qu'il a fait et ce qu'il va faire. Imaginez au moins six activités. Utilisez* avant de + *infinitif et* après + *infinitif passé.*

Exemple:
Avant de demander le chemin à quelqu'un, la fille au pull blanc s'est perdue dans la médina.
Après avoir retrouvé le chemin, elle ___ .

2 *Ce n'est pas vrai. Dites le contraire et utilisez des négations* ne … jamais, ne … ni … ni, ne … personne, ne … que, ne … rien, ni … ni … ne.

Exemple: Yasmina n'aime ni le dessin ni la musique.

1. Yasmina aime **le dessin** et **la musique**.
2. Sana sort **toujours** dans la médina après les cours.
3. Amel a acheté **quelque chose** pour l'anniversaire d'Ali.
4. Ali va inviter **tout le monde**.
5. Mariyam fait **toujours** ses devoirs dans le bus.
6. Mounia et Hakim veulent apprendre l'espagnol **et aussi** l'anglais.
7. **Rachid** et **Sabrina** connaissent la France.
8. Redwane a dessiné **quelque chose** dans mon cahier.
9. Omar connaît **quelqu'un** qui parle dix langues différentes.

Vocabulaire et expression

3 **a** *Vous allez entendre des expressions. Notez-les et traduisez-les en allemand.*

Exemple: la mère de Naziha – la mer du Nord

b *À vous. Trouvez des mots qui se prononcent de la même façon que les mots soulignés.*

il a pris   le vin   un an   sept ans   vous faites
c'est bien   je vois   un pull vert   cent villes

4 *Écoutez le dialogue entre Pierre et Paul. Quels mots est-ce que Paul comprend mal?*

Réviser les accords

5 *Révisez les accords. Réécrivez le texte suivant. Commencez par: «Laure et Anna» à la place de «Richard».*

Exemple:
Pour la première fois de **leur** vie, Laure et Anna **sont** …

Pour la première fois de sa vie, Richard est allé au Maroc. Il s'est bien préparé à son voyage et un copain marocain lui a même appris quelques mots d'arabe. Ce copain l'a aussi convaincu de passer plusieurs jours à Marrakech, sa ville natale. Richard est arrivé à Marrakech en avion. Après être allé à l'hôtel, il est aussitôt parti se promener au centre ville. Il est entré dans un des jardins magnifiques de Marrakech et comme il était assez fatigué, il s'est reposé sur un des bancs dans le jardin. Plus tard, Richard s'est promené dans la médina et là, il s'est vite perdu. Un jeune homme l'a aidé à retrouver son hôtel.
Ce qui l'a le plus frappé, c'est la vie sur la place Djemaa el-Fna le soir. Il y est resté longtemps, il a mangé, bu des jus de fruits, acheté des bijoux, écouté les conteurs et un marchand lui a offert des fruits secs.
Richard a été très content de son séjour à Marrakech.

6 *Révisez les pronoms. Posez des questions à vos camarades qui répondent.*

Exemple 1:
– Tu téléphones à Redwane?
– Oui, je **lui** téléphone souvent.
– Tu fais ta recherche sur Tunis ce soir?
– Non, je **la** ferai demain.

Exemple 2:
– Tu vas en Algérie cet été?
– Non, je n'**y** vais pas.
– Tu te souviens de notre excursion à Rabat?
– Oui, je m'**en** souviens.

le la les l' lui leur
téléphoner à Redwane / à Sabrina / à tes parents / ___
faire ta recherche sur Tunis / tes devoirs / ton exposé sur le Maroc / ___
aider tes parents / ton frère / ton amie / ___
écrire à Mariyam / à Mohamed / à tes copains / ___

y en
aller en Algérie / à Agadir / au Maroc / ___
se souvenir de notre excursion / du marché d'Agadir / des fêtes arabes / ___
penser à ton exposé / à ta recherche sur Agadir / à tes exercices / ___
rêver d'un voyage au Maroc / des vacances en Algérie ___

Le Maghreb en direct: Le taboulé

7 *Lisez la recette et préparez un taboulé.*

Taboulé

Difficulté facile
Préparation 30 min
Attente 2 heures

Ingrédients pour 6 personnes
200 g de couscous
4 tomates
3 citrons
6 petits oignons frais
un verre de persil haché
3 branches de menthe fraîche
3/4 de verre d'huile d'olive
sel
poivre

Préparation
1 Couvrir le couscous d'une tasse d'eau chaude un peu salée et laisser reposer 10 minutes au réfrigérateur. 2 Ajouter le jus de citron. Mélanger avec les autres ingrédients. Ajouter l'huile, le sel et le poivre. 3 Laisser reposer au frais pendant au moins 2 heures.

8

1. Utiliser un dictionnaire français-allemand

Un mot peut avoir plusieurs traductions. Lis les entrées de ton dictionnaire toujours jusqu'au bout.

Traduis les phrases suivantes:

Finis ton taboulé, s'il te plaît.
J'ai fini mon exposé.

> **finir** [finiʀ] **1.** aufhören, Schluss machen **2.** beenden; ***finir de parler*** aufhören zu reden; ***il a fini son devoir*** er ist mit seinen Aufgaben fertig **3.** aufessen *(Brot usw.)*; leer essen *(Teller)*; austrinken *(Glas, Getränk)* **4.** zu Ende gehen, aufhören **5.** ***Il***

2. Utiliser un dictionnaire allemand-français

Tu veux écrire: «Marrakech wurde 1062 gegründet.» Comment dit-on «gründen» en français? Cherche dans ton dictionnaire. Tu vas certainement trouver plusieurs traductions du mot allemand. Choisis la traduction qui correspond le mieux au contexte de ta phrase.

> **gründen** ['gryndən] v. tr. [den Grund legen] fonder; jeter les fondements de; établir; créer. || FIG. fonder; bâtir; créer; établir. | *eine Stadt gründen,* fonder une ville.
> ◇ v. pr. **sich gründen,** se fonder; se baser, s'appuyer, reposer sur. | *sich auf die Erfahrung gründen,* se fonder sur l'expérience.

tr. = transitif: bedeutet, dass das Verb ein direktes Objekt hat

FIG. = figuré: bildlich

v. pr. = verbe pronominal: reflexives Verb

3. Utiliser un dictionnaire monolingue[1]

Un dictionnaire monolingue:
- t'aide à écrire et prononcer correctement un mot.
- te donne des exemples de l'emploi[2] d'un mot.
- te donne des synonymes[3] et des antonymes[4].

1 **monolingue** *m./f. adj.* einsprachig
2 **l'emploi** *m.* der Gebrauch 3 **le synonyme** das gleichbedeutende Wort
4 **l'antonyme** *m.* das Gegenwort

genre:
m. = masculin
f. = féminin

> **couchant** [kuʃɑ̃] adj. m. **Chien chouchant,** dressé à se tenir en arrêt quand il sent le gibier (par oppos. à chien courant). ◇ *Soleil couchant,* prêt à disparaître à l'horizon; moment correspondant de la journée: *Elle est arrivée au soleil couchant.* ■ n. m. **1.** Litt. Aspect du ciel au moment où le soleil se couche: *Ce soir, le couchant est rose.* **2.** Litt. Côté de l'horizon où le soleil se couche (SYN. usuels occident, ouest; CONTR. levant)

catégorie grammaticale:
n. = nom/substantif
v. intr. = verbe intransitif
v. trans. = verbe transitif
adj. = adjectif
adv. = adverbe
prép. = préposition

syn. = synonyme
contr. = contraire

Trouve dans le dictionnaire monolingue:

1. *un synonym de* peur, battre
2. *le contraire de* lever, espoir
3. *le genre de* torse, sacrifice, haine.

Chansons

Faudel: Tellement n'brick	**Tellement je t'aime**
Ro'ya maah chafouni nebghiha	Un seul regard d'elle et ils ont vu que je l'aimais
Ndirha raï, wah	Avec elle mon raï est parfait
Ro'ya maah, nass gharou menna	Un seul regard d'elle et les gens étaient jaloux
Ldirou kifna wah, wah	Ils n'ont qu'à faire comme nous, alors!
Refrain:	Refrain:
Tellement je t'aime, je pense à toi	Tellement je t'aime, je pense à toi
Tellement je t'aime, je rêve de toi	Tellement je t'aime, je rêve de toi
Tellement je t'aime, passionnément	Tellement je t'aime, passionnément
Tellement je t'aime, à la folie	Tellement je t'aime, à la folie
Tellement nebghik, nmout aalik	Tellement je t'aime, je me meurs pour toi
Tellement nebghik, nsaqssi aalik	Tellement je t'aime, je demande après toi
Tellement nebghiha, nmout aaliha	Tellement je l'aime et je l'adore
Raï ah yah yah	Un seul regard d'elle
Ro'ya maah, takin bi mahanti	Et me voilà dans la douleur
Mehna msofja wah	Une douleur sauvage oh!
Ro'ya maah	Un seul regard d'elle
La llaha illa Allah, biha blaouni wah	Et il n'y a de dieu qu'Allah, me voilà accroché
Refrain	Refrain
Nebghiha, ah wah	Je l'aime c'est vrai
Wallafetha rani ngoul lik	Je ne peux me passer d'elle
Dima maaha, ah wah	Je vous dis
La vérité lhaq, ngoul lik essah	je suis avec elle tout le temps
Wa ah ah ah, wa ya laïli ah	Pour vous dire la vérité
Refrain	Refrain

Sawt el Atlas : Ne me jugez pas

Refrain:
Ne me jugez pas si je l'aime autant
C'est un amour, un feu brûlant
Ne me jugez pas si je l'aime autant
C'est ma raison d'être, c'est mon tourment

Ah! Vous mes amis, dites-moi comment faire
J'ai perdu mon amour, j'ai perdu ma lumière
Elle était toute ma vie, c'était mon seul bonheur
Depuis qu'elle est partie, plus rien n'a de saveur

Refrain

Oh! vous mes amis, donnez-moi des nouvelles
Dites-moi où elle est, j'ai tellement besoin d'elle
Je veux la retrouver, lui crier mon amour
J'ne peux pas l'oublier, je l'aime pour toujours

Je ne sais plus quoi faire, je ne sais plus où aller
C'était mon univers, ma raison d'exister
Je revois son image qui danse dans mes nuits
Son sourire, son visage, reviennent à l'infini

Refrain

Oui, pour elle, j'attendrai le temps qu'il faudra
Peut-être bien qu'un jour elle reviendra
Je ne veux plus pleurer, je veux garder l'espoir
Car je sais qu'en amour, il n'est jamais trop tard

Refrain

Les nombres en français **Die französischen Zahlen**

1. Les nombres cardinaux **Die Grundzahlen**

0	zéro	[zeʀo]	
1	un/une	[ɛ̃] *(männlich)* / [yn] *(weiblich)*	
2	deux	[dø]	[døz] *in der Bindung:* deux enfants [døzɑ̃fɑ̃]
3	trois	[tʀwa]	[tʀwaz] *in der Bindung:* trois enfants [tʀwazɑ̃fɑ̃]
4	quatre	[katʀ]	
5	cinq	[sɛ̃k]	[sɛ̃] *vor Konsonanten:* cinq romans [sɛ̃ʀomɑ̃]
6	six	[sis]	[si] *vor Konsonanten:* six livres [silivʀ] [siz] *in der Bindung:* six heures [sizœʀ]
7	sept	[sɛt]	
8	huit	[ɥit]	[ɥi] *vor Konsonanten:* huit musées [ɥimyze]
9	neuf	[nœf]	*aber:* neuf ans [nœvɑ̃] und neuf heures [nœvœʀ]
10	dix	[dis]	[di] *vor Konsonanten:* dix livres [dilivʀ] [diz] *in der Bindung:* dix heures [dizœʀ]
11	onze	[ɔ̃z]	
12	douze	[duz]	
13	treize	[tʀɛz]	
14	quatorze	[katɔʀz]	
15	quinze	[kɛ̃z]	
16	seize	[sɛz]	
17	dix-sept	[disɛt]	
18	dix-huit	[dizɥit]	
19	dix-neuf	[diznœf]	*wie bei* neuf
20	vingt	[vɛ̃]	[vɛ̃t] *in der Bindung:* vingt heures [vɛ̃tœʀ]
21	vingt **et** un[1]	[vɛ̃teɛ̃] *(männlich)*	
	vingt **et** une	[vɛ̃teyn] *(weiblich)*	
22	vingt-deux	[vɛ̃tdø]	*wie bei* deux
30	trente	[tʀɑ̃t]	
40	quarante	[kaʀɑ̃t]	
50	cinquante	[sɛ̃kɑ̃t]	
60	soixante	[swasɑ̃t]	
70	soixante-dix[2]	[swasɑ̃tdis]	*wie bei* dix
71	soixante et onze	[swasɑ̃teɔ̃z]	
72	soixante-douze	[swasɑ̃tduz]	
73	soixante-treize	[swasɑ̃ttʀɛz]	
74	soixante-quatorze	[swasɑ̃tkatɔʀz]	
75	soixante-quinze	[swasɑ̃tkɛ̃z]	
76	soixante-seize	[swasɑ̃tsɛz]	
77	soixante-dix-sept	[swasɑ̃tdisɛt]	
78	soixante-dix-huit	[swasɑ̃tdizɥit]	*Bindung wie bei* huit
79	soixante-dix-neuf	[swasɑ̃tdiznœf]	*Bindung wie bei* neuf
80	quatre-vingt**s**[3]	[katʀəvɛ̃]	*Bindung wie bei* vingt
81	quatre-vingt-un[4]	[katʀəvɛ̃ɛ̃]	*(männlich)*
	quatre-vingt-une	[katʀəvɛ̃yn]	*(weiblich)*
82	quatre-vingt-deux	[katʀəvɛ̃dø]	*Bindung wie bei* deux
90	quatre-vingt-dix[5]	[katʀəvɛ̃dis]	*Bindung wie bei* dix
91	quatre-vingt-onze	[katʀəvɛ̃ɔ̃z]	
100	cent	[sɑ̃]	[sɑ̃t] *in der Bindung:* 100 ans [sɑ̃tɑ̃]

101	cent un[6]	[sɑ̃ɛ̃]	
102	cent deux	[sɑ̃dø]	[-døz] *in der Bindung*
110	cent dix	[sɑ̃dis]	[-di] *vor Konsonanten*
			[-diz] *in der Bindung*
200	deux cents[7]	[døsɑ̃]	[-sɑ̃z] *in der Bindung*
201	deux cent un[8]	[døsɑ̃ɛ̃]	
1.000	mille	[mil]	
1.001	mille un	[milɛ̃]	
2.000	deux mille[9]	[dømil]	
100.000	cent mille	[sɑ̃mil]	
200.000	deux cent mille	[døsɑ̃mil]	
1.000.000	un million	[ɛ̃miljɔ̃]	
2.000.000	deux millions	[dømiljɔ̃]	

1 *Bei* 21, 31, 41, 51, 61 *wird der Einer mit* et *an den Zehner gebunden. Die nachfolgenden Einer (z.B.* 22, 23, 24, ...) *werden jedoch mit Bindestrich angeschlossen.*
2 *Ein eigenes Zahlwort für* 70 *hat das Französische nicht. Diese Zahl wird durch Zusammensetzen von* 60 (+) 10 *gebildet.*
3 *Das Zahlwort* vingt *hat eine Pluralform:* quatre-vingts. *Die Zahl* 80 *ist eine Zusammensetzung aus:* 4 (x) 20.
4 *Wenn auf* vingt *eine weitere Zahl folgt, entfällt das Plural*-s.
5 *Auch bei* 90 *wird eine zusammengesetzte Form gebildet:* 4 (x) 20 (+) 10.
6 *Ab* 100 *werden die Einer und Zehner nicht mehr mit Bindestrich angeschlossen.*
7 *Das Zahlwort* cent *hat eine Pluralform:* deux cents, trois cents.
8 *Wenn noch eine Zahl folgt, hat* cent *kein* -s.
9 *Das Zahlwort* mille *ist unveränderlich:* deux mille, trois mille.

Die Schreibung mit Bindestrich ist nach den neuen Empfehlungen zur französischen Rechtschreibung möglich. Du kannst also schreiben: vingt-et-un, deux-cents, trois-mille-cinq-cents.
(www.orthographe-recommandee.info)

2. Les nombres ordinaux **Die Ordnungszahlen**

Ordnungszahlen		**Aussprache**
le 1er / la 1ère	le premier, la première	[pʀəmje]/[pʀəmjɛʀ]
le/la 2e	le/la deuxième *oder* le/la second/e	[døzjɛm] *oder:* [səgɔ̃]/[səgɔ̃d]
le/la 3e	le/la troisième	[tʀwazjɛm]
le/la 4e	le/la quatrième	[katʀjɛm]
le/la 5e	le/la cinquième	[sɛ̃kjɛm]
le/la 6e	le/la sixième	[sizjɛm]
le/la 7e	le/la septième	[sɛtjɛm]
le/la 8e	le/la huitième	[ɥitjɛm]
le/la 9e	le/la neuvième	[nœvjɛm]
le/la 10e	le/la dixième	[dizjɛm]
le/la 20e	le/la vingtième	[vɛ̃tjɛm]
le/la 21e	le/la vingt et unième	[vɛ̃teynjɛm]

Man sagt:	le 1er mai	le premier mai	[ləpʀəmjemɛ]
aber:	le 2 mai	le deux mai	[lədømɛ]

Bei Datumsangaben gebraucht man die Ordnungszahl nur beim ersten Tag eines Monats.

ANNEXE

Les verbes et leurs compléments **Die Verben und ihre Ergänzungen**

Einige Verben schließen das Objekt im Französischen anders als im Deutschen an:

confronter qn **à** qn/qc	jdn mit jdm/etw. konfrontieren
demander **à** qn	jdn fragen
téléphoner **à** qn	jdn anrufen
s'identifier **à** qn	sich mit jdm identifizieren
s'intéresser **à** qn/qc	sich für jdn/etw. interessieren
s'opposer **à** qn/qc	sich jdm/etw. widersetzen
comparer qn/qc **à** qn/qc	jdn/etw. mit jdm/etw. vergleichen
rappeler qn **à** qn/qc	jdn an jdn/etw. erinnern
avoir besoin **de** qn/qc	jdn/etw. brauchen
avoir envie **de** qc	auf etw. Lust haben
changer **de** qn/qc	jdn/etw. wechseln
discuter **de** qc	sich über etw. unterhalten
se moquer **de** qn/qc	sich über jdn/etw. lustig machen
se passer **de** qn/qc	jdn/etw. entbehren
se plaindre **de** qn/qc	sich über jdn/etw. beschweren
se souvenir **de** qn/qc	sich an jdn/etw. erinnern
aider qn	jdm helfen
attendre qn	auf jdn warten
se disputer qc	sich über etw. streiten
écouter qn	jdm zuhören, auf jdn hören
rimer **avec** qc	sich auf etw. reimen
se spécialiser **en** qc	sich auf etw. spezialisieren
se voir + *Nomen/Adj.*	sich sehen als + *Nomen/Adj.*

Le complément avec l'infinitif **Die Infinitivergänzung**

aider qn à + *Inf.*
s'amuser à + *Inf.*
appeler qn à + *Inf.*
apprendre à + *Inf.*
arriver à + *Inf.*
commencer à + *Inf.*
continuer à + *Inf.*
hésiter à + *Inf.*
renoncer à + *Inf.*
réussir à + *Inf.*

accepter de + *Inf.*
arrêter de + *Inf.*
avoir besoin de + *Inf.*
avoir envie de + *Inf.*
avoir peur de + *Inf.*
avoir raison de + *Inf.*
ça me plaît de + *Inf.*
décider de + *Inf.*
demander (à qn) de + *Inf.*
empêcher qn de + *Inf.*
essayer de + *Inf.*
éviter de + *Inf.*
finir de + *Inf.*
oublier de + *Inf.*
permettre à qn de + *Inf.*
prendre l'habitude de + *Inf.*
(se) promettre de + *Inf.*
proposer de + *Inf.*
refuser de + *Inf.*
regretter de + *Inf.*
rêver de + *Inf.*

aimer + *Inf.*
avouer + *Inf.*
croire + *Inf.*
détester + *Inf.*
espérer + *Inf.*
faire + *Inf.* (jdn veranlassen etw. zu tun)
laisser + *Inf.* (jdn etw. tun lassen)
oser + *Inf.*
penser + *Inf.*
pouvoir + *Inf.*
préférer + *Inf.*
savoir + *Inf.*
souhaiter + *Inf.*
venir + *Inf.*
vouloir + *Inf.*

Les différents sens d'un verbe **Verben mit mehreren Bedeutungen**

descendre

(ê)Elle **est descendue du** train.	aus etw. aussteigen
Ils **ont descendu** la rue.	etw. heruntergehen
(ê)Elles ne **sont** pas **descendues**.	herunterkommen
Marie **a descendu** la poubelle.	etw. hinunterbringen

monter

(ê)Elle **est montée dans** la voiture.	in etw. einsteigen
(ê)Ils **sont montés sur** un abre.	auf etw. hinaufklettern
Il **a monté** l'escalier.	etw. hinaufgehen
Marc **a monté** sa valise.	etw. hinaufbringen

sortir

(ê)Hier soir, elle **est sortie** avec son copain.	ausgehen
(ê)Ils **sont sortis de** la maison à 17 heures.	aus etw. herauskommen
Pierre n'**a** pas encore **sorti** son chien aujourd'hui.	jdn ausführen

changer

Il faut **changer** à Lyon.	umsteigen
Elle n'**a** pas **changé**!	sich verändern
Il ne veut pas **changer** ses habitudes.	etw. ändern
Après le sport, il **change de** vêtements.	etw. wechseln

passer

Le temps **passe** vite!	vergehen
Tu dois encore **passer** un examen?	etw. ablegen
À la radio, ils **ont passé** une chanson de Diam's.	etw. spielen
La Star Ac **passe sur** TF1.	auf etw. laufen
(ê)Le chômage **est passé de** 8 % **à** 5 %.	*hier:* sinken; *auch:* ansteigen von … auf …
(ê)Louise n'**est** pas **passée en** première.	versetzt werden *in die nächste Klasse*

se passer

(ê)Cette histoire **s'est passée** en 1871.	sich ereignen, passieren
(ê)Elle ne peut pas **se passer de** ses copains.	jdn entbehren

Les différents sens d'un adjectif **Bedeutungsveränderung bei Adjektiven**

Einige Adjektive verändern ihre Bedeutung, je nachdem, ob sie voran- oder nachgestellt werden.

un **cher** ami	lieb	une voiture **chère**	teuer
une **pauvre** fille	bedauernswert	une fille **pauvre**	arm
un **grand** homme	groß, berühmt	un homme **grand**	groß
un **vrai** copain	echt, wirklich	une histoire **vraie**	wahr
une **jeune** fille	jung	un professeur **jeune**	jugendlich wirkend
un **long** moment	lang *zeitlich*	une rue **longue**	lang *örtlich*
mon **seul** ami	einzig	un homme **seul**	allein, einsam
le **dernier** jour	letzter	le mois **dernier**	vorig
les **différentes** solutions	verschieden, mehrere	des opinions **différentes**	unterschiedlich

Comment former des adverbes **Wie man Adverbien bildet**

Die meisten Adverbien werden von Adjektiven abgeleitet.

Um das Adverb zu bilden, hängt man häufig an die weibliche Singularform des Adjektivs die Endung **-ment** *an.*	lent/e → lente**ment** sérieux/-euse → sérieuse**ment** long/ue → longue**ment**
Adjektive, deren männliche Form auf einem Vokal endet, leiten das Adverb von dieser Form ab.	difficile → difficile**ment** vrai → vrai**ment** absolu → absolu**ment**
Einige Adverbien verfügen über besondere Formen.	-ant → **-amment** constant/e → const**amment** courant/e → cour**amment** méchant/e → méch**amment** -ent → **-emment** différent/e → différ**emment** évident/e → évid**emment**
Einige Adverbien enden auf **-ément**. *Diese muss man lernen.*	énorme → énorm**ément** intense → intens**ément**
Unregelmäßige Adverbien	gentil/le → **gentiment** bon/ne → **bien** mauvais/e → **mal** meilleur/e → **mieux**

Nicht von allen Adjektiven können Adverbien abgeleitet werden.
In diesem Fall kann man de manière + *weibliche Form des Adjektivs benutzen:*

de manière intéressante/impressionante/sportive/ridicule/vivante

Comment former le contraire d'un adjectif **Wie man ein Adjektiv gegenteiliger Bedeutung bildet**

Häufig bildet man von einem Adjektiv das Gegenteil, indem man das Präfix **in-** *voranstellt:*

tolérant/e – **in**tolérant/e	confortable – **in**confortable
sensible – **in**sensible	officiel/le – **in**officiel/le
intéressant/e – **in**intéressant/e	dépendant/e – **in**dépendante
intelligent/e – **in**intelligent/e	direct/e – **in**directe
humain/e – **in**humain/e	juste – **in**juste
utile – **in**utile	

Merke	**in** *wird zu*	**im-** *vor* b *und* p	**il-** *vor* l	**ir-** *vor* r
		possible – **im**possible prudent/e – **im**prudent/e	limité/e – **il**limité/e	responsable – **ir**responsable

Comment former les noms des arbres **Wie man die Namen von Bäumen bildet**

la pomme – le pomm**ier**	le citron – le citronn**ier**	⚠ l'orange → l'orang**er**	la pêche → le pêch**er**
la poire – le poir**ier**	la banane – le banan**ier**		
l'abricot – l'abricot**ier**	l'olive – l'oliv**ier**		

Comment corriger ses fautes

N'oublie pas de relire les textes que tu écris et de corriger tes fautes. Pour en trouver le plus possible, relis ton texte plusieurs fois et concentre-toi à chaque relecture sur un point de grammaire précis. Voici quelques conseils.

1. Sind die Begleiter und Adjektive dem Geschlecht und der Zahl des Nomens angepasst?

   les copains, cette cassette, une maison blanche, **des** copines québécoises

   Hast du an die Apostrophierung oder die Veränderung des Begleiters, des Pronomens oder Adjektivs vor Nomen mit Vokal oder stummem „h" gedacht?

   l'hôtel, beaucoup **d'**oranges, cet artisan, **mon** amie, un **vieil** imperméable, un **bel** arbre, Elle **l'**a vu.

2. Stimmen die Verbformen mit ihren Subjekten überein?

   Tu parles, ils parl**ent**, elles parl**aient**, ils **font**; elles sont venu**es**, mes copains se sont amusé**s**

3. Hast du an die richtige Stellung der Adjektive gedacht?

   une **nouvelle** chanteuse, un réalisateur **célèbre**

4. Stimmen die Pronomen in Geschlecht und Zahl mit den Wörtern überein, die sie ersetzen?

   Ces lunettes? Tu me **les** donnes? Tes parents? Tu **leur** as parlé?

5. Sieh dir den Aufbau deiner Sätze an. Hast du an die richtige Reihenfolge der Satzglieder gedacht? Subjekt-Verb-Ergänzung. Hast du an den richtigen Platz der Pronomen gedacht?

   Cet été, elle **n'**a **pas** passé ses vacances en France. Je **le** fais. Je peux **le** faire. Je vais **le** faire. Je **l'**ai fait. Il **me le** donne.

6. Hast du Zeitangaben verwendet, die das „passé composé" (z.B. „tout à coup") oder das „imparfait" (z.B. „d'habitude") nach sich ziehen?

   Comme d'habitude, elle **lisait**. Tout à coup, son frère **est entré**.

7. Hast du Auslöser für den „subjonctif" verwendet? Steht das Verb im „que"-Satz im „subjonctif"?

   Il faut que je **fasse** ___ .
   Notre prof veut que nous **apprenions** ___ .

Si tu ne te souviens plus des règles de grammaire utiles ici, consulte ta grammaire de ***À plus!* 4**.

ANNEXE

Expressions utiles

Discuter

Je pense / Je trouve / Je sais / Je crois / Je suis sûr/e | que ___.
À mon avis, ___.
Pour ma part, ___.

Je ne sais pas.
Je ne crois pas que + *subj.*
Je ne suis pas sûr/e que + *subj.*
Je n'en suis pas sûr/e.
J'en doute.

L'avantage, / L'inconvénient, c'est ___.
Le point le plus important[1], c'est ___.
Le plus intéressant, c'est ___.
Il paraît / Il semble | être ___.
Peut-être qu'il ___.
Il est peut-être ___.

Je n'ai pas compris ce que tu veux dire.
Est-ce que tu veux dire que ___?
Qu'est-ce que tu | en penses? / penses de ___?
Comment est-ce que tu trouves ___?
Ce n'est pas ce que je voulais dire.
Je ne sais pas comment vous expliquer.

Laisse-le/-la parler!
Laisse-moi finir ma phrase.

Tu es d'accord avec ce qu'elle/il a dit?
Je suis d'accord.
C'est (tout à fait) ça.
Je suis du même avis que toi/lui/ ___.
Je suis de votre/ton avis.
C'est exactement ce que je pense.
C'est exactement ce que je vous dis.
Tu as raison.
C'est exact/juste.
On peut voir ça comme ça.
Ça dépend des choses.

Tu as tort.
Je ne suis pas d'accord.
Je ne suis pas de cet avis.
Ce n'est pas ça.
Ce n'est pas vrai.
C'est faux.

C'est exactement le contraire.
Si! / Si justement!
Ce n'est pas une raison!
Ce n'est pas un argument!
On ne peut pas comparer.
Il ne faut pas généraliser.
Il ne s'agit pas de ça.
Il ne suffit pas de ___.
Il faut aussi ___.

Vous compliquez les choses.
On s'écarte du sujet[2].
On parle de tout autre chose.
Ça ne sert à rien de discuter!

1 **le point le plus important** der wichtigste Punkt 2 **s'écarter du sujet** vom Thema abweichen

Présenter un sujet

Introduction

Aujourd'hui, | je vais vous parler de ___. / je vais vous présenter un auteur / un livre / un sujet | que j'aime. / qui m'intéresse.

J'ai choisi ___ parce que ___.

Je vais vous faire écouter une chanson / une interview.
Je vais vous montrer un transparent / un extrait d'émission / des photos.
Je vais vous lire ___.

Présentation

(Tout) d'abord, ___ . / Pour commencer ___ / Commençons par ___ .
Premièrement, ___ . / Deuxièmement, ___ . / Troisièmement, ___ .

D'ailleurs, ___ .
De plus, ___ .

Il faut dire / ajouter / avouer que ___ .

Conclusion

Pour terminer/finir/conclure[1] ___ .
Finalement, ___ .
En résumé, ___ .
En un mot, ___ .

Est-ce que vous avez des questions?

1 **pour conclure** zum Abschluss

Présenter la biographie de quelqu'un

Präsens verwenden!

Il/Elle ___ est né/e en ___ / à ___ .
Il/Elle passe son enfance à/en ___ .
Il/Elle fait des études de ___ / un apprentissage de ___ .

Très tôt, il/elle s'intéresse à ___ .
Il/Elle commence à jouer au foot en ___ /___ .
Il/Elle gagne ___ en ___ .
Il/Elle est influencé/e[1] par ___ .
Ses idoles sont ___ .
Il/Elle écrit ___ / joue son premier rôle ___ / enregistre[2] son premier CD ___ .
Son premier livre/disque s'appelle « ___ ».
Son premier succès, c'est ___ .
En ___ , il/elle reçoit le prix ___ .
Il/Elle devient célèbre grâce à ___ .
Il/Elle arrête sa carrière en ___ / après ___ .
Il/Elle meurt en ___ .

1 **influencé/e** *adj.* beeinflusst 2 **enregistrer** aufnehmen

ANNEXE

Hier findest du die Konjugationen der Verben aus den obligatorischen Unités.
(ê) *So gekennzeichnete Verben bilden die zusammengesetzten Zeiten mit „être".*

***Les verbes auxiliaires** „avoir" et „être"* ***Die Hilfsverben** „avoir" **und** „être"*

infinitif	**avoir**		**être**	
présent	j'	ai	je	suis
	tu	as	tu	es
	il/elle/on	a	il/elle/on	est
	nous	avons	nous	sommes
	vous	avez	vous	êtes
	ils/elles	ont	ils/elles	sont
imparfait	j'	avais	j'	étais
futur simple	j'	aurai	je	serai
conditionnel	j'	aurais	je	serais
subjonctif	que j'	aie	que je	sois
	que tu	aies	que tu	sois
	qu'il/elle/on	ait	qu'il/elle/on	soit
	que nous	ayons	que nous	soyons
	que vous	ayez	que vous	soyez
	qu'ils/elles	aient	qu'ils/elles	soient
passé simple	j'eus, il eut, nous eûmes		je fus, il fut, nous fûment	
impératif	Aie. Ayons. Ayez.		Sois. Soyons. Soyez.	
participe passé	eu		été	

***Les verbes réguliers en** -er/-ir/-(d)re* ***Die regelmäßigen Verben auf** -er/-ir/-(d)re*

infinitif	**parler**	
présent	je	parle
	tu	parl**es**
	il/elle/on	parl**e**
	nous	parl**ons**
	vous	parl**ez**
	ils/elles	parl**ent**
imparfait	je	parl**ais**
futur simple	je	parler**ai**
conditionnel	je	parler**ais**
subjonctif	que je	parle
passé simple	je	parl**ai**
impératif	Parle. Parl**ons**. Parl**ez**.	
participe passé	parlé	

Diese Verben auf -er *bilden das* passé composé *mit* être: (ê)arriver, (ê)entrer, (ê)monter, (ê)passer en, (ê)rentrer, (ê)rester, (ê)retourner, (ê)tomber

⚠ *Diese Verben haben jeweils eine Besonderheit in der Schreibung:*

acheter	j'achète, tu achètes, il/elle/on achète, nous achetons, vous achetez, ils achètent
amener	amener: j'amène, tu amènes, il/elle/on amène, nous amenons, vous amenez, ils/elles amènent; *ebenso:* emmener, mener, (ê)se promener
(ê)s'appeler	je m'appelle, tu t'appelles, il/elle/on s'appelle, nous nous appelons, vous vous appelez, ils/elles s'appellent
avancer	nous avançons; *ebenso:* commencer, dénoncer, lancer, remplacer, renoncer
bouger	nous bougeons; *ebenso:* changer, déranger, (ê)se diriger, échanger, encourager, manger, nager, partager, plonger, ranger, télécharger, voyager
espérer	j'espère, tu espères, il/elle/on espère, nous espérons, vous espérez, ils/elles espèrent; *ebenso:* exagérer, interpréter, préférer, prospérer, (ê)se refléter, régler, répéter
jeter	je jette, tu jettes, il/elle/on jette, nous jetons, vous jetez, ils/elles jettent
payer	je paie, tu paies, il/elle/on paie, nous payons, vous payez, ils/elles paient; *ebenso:* employer, (ê)s'ennuyer, essayer, nettoyer
peser	je pèse, tu pèses, il/elle/on pèse, nous pesons, vous pesez, ils/elles pèsent; *ebenso:* enlever, épeler, lever, (ê)se lever, peler
(ê)se protéger	je me protège, tu te protèges, il/elle/on se protège, nous nous protégeons, vous vous protégez, ils/elles se protègent

infinitif	**réagir**		**attendre**	
présent	je	réagi**s**	j'	attend**s**
	tu	réagi**s**	tu	attend**s**
	il/elle/on	réagi**t**	il/elle/on	attend
	nous	réagi**ssons**	nous	attend**ons**
	vous	réagi**ssez**	vous	attend**ez**
	ils/elles	réagi**ssent**	ils/elles	attend**ent**
imparfait	je	réagi**ssais**	j'	attend**ais**
futur simple	je	réagir**ai**	j'	attendr**ai**
conditionnel	je	réagir**ais**	j'	attendr**ais**
subjonctif	que je	réagi**sse**	que j'	attend**e**
passé simple	je	réagi**s**	j'	attend**is**
impératif	Réagis. Réagi**ssons**. Réagi**ssez**.		Attends. Attend**ons**. Attend**ez**.	
participe passé	réagi *ebenso:* agir, applaudir, choisir, envahir, finir, franchir, grandir, réfléchir, réunir, réussir, subir		attend**u** *ebenso:* correspondre, défendre, dépendre, (ê)se détendre, entendre, (ê)s'entendre, perdre, rendre, (ê)(re)descendre, répondre	

infinitif	**accueillir**		**(ê)aller**		**battre**	
présent	j'	accueille	je	vais	je	bats
	tu	accueilles	tu	vas	tu	bats
	il/elle/on	accueille	il/elle/on	va	il/elle/on	bat
	nous	accueillons	nous	allons	nous	battons
	vous	accueillez	vous	allez	vous	battez
	ils/elles	accueillent	ils/elles	vont	ils/elles	battent
imparfait	j'	accueillais	j'	allais	je	battais
futur simple	j'	accueillerai	j'	irai	je	battrai
conditionnel	j'	accueillerais	j'	irais	je	battrais
subjonctif	que j'	accueille	que j'	aille [aj]	que je	batte
			⚠ *aber:* que nous allions, que vous alliez			
passé simple	j'	accueillis	j'	allais	je	battis
impératif	Accueille. Accueillons. Accueillez.		Va. Allons. Allez.		Bats. Battons. Battez.	
participe passé	accueilli		allé/e		batt**u**	
					ebenso: abattre	

infinitif	**boire**		**connaître**		**conquérir**	
présent	je	bois	je	connais	je	conquiers
	tu	bois	tu	connais	tu	conquiers
	il/elle/on	boit	il/elle/on	connaît	il/elle/on	conquiert
	nous	buvons	nous	connaissons	nous	conquérons
	vous	buvez	vous	connaissez	vous	conquérez
	ils/elles	boivent	ils/elles	connaissent	ils/elles	conquièrent
imparfait	je	buvais	je	connaissais	je	conquérais
futur simple	je	boirai	je	connaîtrai	je	conquerrai
conditionnel	je	boirais	je	connaîtrais	je	conquerrais
subjonctif	que je	boive	que je	connaisse	que je	conquière
	⚠ *aber:* que nous buvions, que vous buviez					
passé simple	je	bus	je	connus	je	conquis
	il	but	il	connut		
	nous	bûmes	nous	connûmes		
impératif	Bois. Buvons. Buvez.		Connais. Connaissons. Connaissez.		Conquiers. Conquérons. Conquérez.	
participe passé	bu		connu		conquis	

infinitif	**construire**		**convaincre**		**courir**	
présent	je tu il/elle/on nous vous ils/elles	construis construis construit construisons construisez construisent	je tu il/elle/on nous vous ils/elles	convaincs convaincs convainc convainquons convainquez convainquent	je tu il/elle/on nous vous ils/elles	cours cours court courons courez courent
imparfait	je	construisais	je	convainquais	je	courais
futur simple	je	construirai	je	convaincrai	je	courrai
conditionnel	je	construirais	je	convaincrais	je	courrais
subjonctif	que je	construise	que je	convainque	que je	coure
passé simple	je	construisis	je	convainquis	je il nous	courus courut courûment
impératif	Construis. Construisons. Construisez.		Convaincs. Convainquons. Convainquez.		Cours. Courons. Courez.	
participe passé	construit *ebenso:* conduire, traduire		convaincu		couru	

infinitif	**croire**		**devoir**		**dire**	
présent	je tu il/elle/on nous vous ils/elles	crois crois croit croyons croyez croient	je tu il/elle/on nous vous ils/elles	dois dois doit devons devez doivent	je tu il/elle/on nous vous ils/elles	dis dis dit disons dites disent
imparfait	je	croyais	je	devais	je	disais
futur simple	je	croirai	je	devrai	je	dirai
conditionnel	je	croirais	je	devrais	je	dirais
subjonctif	que je ⚠ *aber:* que nous croyions, que vous croyiez	croie	que je ⚠ *aber:* que nous devions, que vous deviez	doive	que je	dise
passé simple	je il nous	crus crut crûment	je il nous	dus dut dûmes	je	dis
impératif	Crois. Croyons. Croyez.		*(selten verwendet)*		Dis. Disons. Dites.	
participe passé	cru		dû		dit *ebenso:* interdire qc *aber:* vous interdisez	

infinitif	**écrire**		**exclure**		**envoyer**	
présent	j' tu il/elle/on nous vous ils/elles	écris écris écrit écrivons écrivez écrivent	j' tu il/elle/on nous vous ils/elles	exclus exclus exclut excluons excluez excluent	j' tu il/elle/on nous vous ils/elles	envoie envoies envoie envoyons envoyez envoient
imparfait	j'	écrivais	j'	excluais	j'	envoyais
futur simple	j'	écrirai	j'	exclurai	j'	enverrai
conditionnel	j'	écrirais	j'	exclurais	j'	enverrais
subjonctif	que j'	écrive	que j'	exclue	que j' ⚠ *aber:* que nous envoyions, que vous envoyiez	envoie
passé simple	j'	écrivis	j'	exclus	j'	envoyai
impératif	Écris. Écrivons. Écrivez.		Exclus. Excluons. Excluez.		Envoie. Envoyons. Envoyez.	
participe passé	écrit *ebenso:* décrire		exclu		envoyé	

infinitif	**faire**		**falloir**		**lire**	
présent	je tu il/elle/on nous vous ils/elles	fais fais fait faisons [nufəzɔ̃] **faites** font	il	faut	je tu il/elle/on nous vous ils/elles	lis lis lit lisons lisez lisent
imparfait	je	faisais [ʒəfəzɛ]	il	fallait	je	lisais
futur simple	je	ferai	il	faudra	je	lirai
conditionnel	je	ferais	il	faudrait	je	lirais
subjonctif	que je	fasse	qu'il	faille [kilfaj]	que je	lise
passé simple	je il nous	fis fit fîmes	il	fallut	je il nous	lus lut lûmes
impératif	Fais. Faisons. Faites.		*(kein Imperativ)*		Lis. Lisons. Lisez.	
participe passé	fait		fallu		lu	

infinitif	**mettre**		**(ê)mourir**		**ouvrir**	
présent	je	mets	je	meurs	j'	ouvre
	tu	mets	tu	meurs	tu	ouvres
	il/elle/on	met	il/elle/on	meurt	il/elle/on	ouvre
	nous	mettons	nous	mourons	nous	ouvrons
	vous	mettez	vous	mourez	vous	ouvrez
	ils/elles	mettent	ils/elles	meurent	ils/elles	ouvrent
imparfait	je	mettais	il	mourait	j'	ouvrais
futur simple	je	mettrai	je	mourrai	j'	ouvrirai
conditionnel	je	mettrais	je	mourrais	j'	ouvrirais
subjonctif	que je	mette	que je	meure	que j'	ouvre
			⚠ *aber:* que nous mourions, que vous mouriez			
passé simple	je	mis	il mourut		j'	ouvris
	il	mit				
	nous	mîmes				
impératif	Mets. Mettons. Mettez.		Meurs. Mourons. Mourez.		Ouvre. Ouvrons. Ouvrez.	
participe passé	mis		mort		ouvert	
	ebenso: permettre, promettre				*ebenso:* couvrir, découvrir, offrir, souffrir	

infinitif	**plaindre**		**plaire**		**pleuvoir**	
présent	je	plains	je	plais		
	tu	plains	tu	plais		
	il/elle/on	plaint	il/elle/on	plaît	il	pleut
	nous	plaignons	nous	plaisons		
	vous	plaignez	vous	plaisez		
	ils/elles	plaignent	ils/elles	plaisent		
imparfait	je	plaignais	je	plaisais	il	pleuvait
futur simple	je	plaindrai	je	plairai	il	pleuvra
conditionnel	je	plaindrais	je	plairais	il	pleuvrait
subjonctif	que je	plaigne	que je	plaise	qu'il	pleuve
passé simple	je	plaignis	je	plus	il	plut
			il	plut		
			nous	plûmes		
impératif	Plains. Plaignons. Plaignez.		Plais. Plaisons. Plaisez.		*(kein Imperativ)*	
participe passé	plaint		plu		plu	
	ebenso: craindre, (ê)se plaindre					

ANNEXE

infinitif	**pouvoir**		**prendre**		**recevoir**	
présent	je	peux	je	prends	je	reçois
	tu	peux	tu	prends	tu	reçois
	il/elle/on	peut	il/elle/on	prend	il/elle/on	reçoit
	nous	pouvons	nous	prenons	nous	recevons
	vous	pouvez	vous	prenez	vous	recevez
	ils/elles	peuvent	ils/elles	prennent	ils/elles	reçoivent
imparfait	je	pouvais	je	prenais	je	recevais
futur simple	je	pourrai	je	prendrai	je	recevrai
conditionnel	je	pourrais	je	prendrais	je	recevrais
subjonctif	que je	puisse	que je	prenne	que je	reçoive
			⚠ *aber:* que nous prenions, que vous preniez		⚠ *aber:* que nous recevions, que vous receviez	
passé simple	je	pus	je	pris	je	reçus
	il	put	il	prit	il	reçut
	nous	pûmes	nous	prîmes	nous	reçûmes
impératif	*(kein Imperativ)*		Prends. Prenons. Prenez.		Reçois. Recevons. Recevez.	
participe passé	pu		pris *ebenso:* apprendre, comprendre, dépendre		reçu *ebenso:* décevoir	

infinitif	**rire**		**savoir**		**(ê)sortir**	
présent	je	ris	je	sais	je	sors
	tu	ris	tu	sais	tu	sors
	il/elle/on	rit	il/elle/on	sait	il/elle/on	sort
	nous	rions	nous	savons	nous	sortons
	vous	riez	vous	savez	vous	sortez
	ils/elles	rient	ils/elles	savent	ils/elles	sortent
imparfait	je	riais	je	savais	je	sortais
futur simple	je	rirai	je	saurai	je	sortirai
conditionnel	je	rirais	je	saurais	je	sortirais
subjonctif	que je	rie	que je	sache	que je	sorte
passé simple	je	ris	je	sus	je	sortis
	il	rit	il	sut		
	nous	rîmes	nous	sûmes		
impératif	Ris. Rions. Riez.		Sache. Sachons. Sachez.		Sors. Sortons. Sortez.	
participe passé	ri		su		sorti/e *ebenso:* dormir, (ê)s'endormir, (ê)partir, sentir, (ê)se sentir, servir	

infinitif	**suffire**		**suivre**		**(ê)venir**	
présent	 il	 suffit	je tu il/elle/on nous vous ils/elles	suis suis suit suivons suivez suivent	je tu il/elle/on nous vous ils/elles	viens viens vient venons venez viennent
imparfait	il	suffisait	je	suivais	je	venais
futur simple	il	suffira	je	suivrai	je	viendrai
conditionnel	il	suffirait	je	suivrais	je	viendrais
subjonctif	qu'il	suffise	que je	suive	que je ⚠ *aber:* que nous venions, que vous veniez	vienne
passé simple	il	suffit	je	suivis	je il nous	vins vint vînmes
impératif	*(kein Imperativ)*		Suis. Suivons. Suivez.		Viens. Venons. Venez.	
participe passé	suffit		suivi		venu/e *ebenso:* (ê)(re)devenir, (ê)revenir, (ê)se souvenir, tenir, (ê)se tenir au courant	

infinitif	**vivre**		**voir**		**vouloir**	
présent	je tu il/elle/on nous vous ils/elles	vis vis vit vivons vivez vivent	je tu il/elle/on nous vous ils/elles	vois vois voit voyons voyez voient	je tu il/elle/on nous vous ils/elles	veux veux veut voulons voulez veulent
imparfait	je	vivais	je	voyais	je	voulais
futur simple	je	vivrai	je	verrai	je	voudrai
conditionnel	je	vivrais	je	verrais	je	voudrais
subjonctif	que je	vive	que je ⚠ *aber:* que nous voyions, que vous voyiez	voie	que je	veuille
passé simple	je	vécus	je il nous	vis vit vîmes	je	voulus
impératif	Vis. Vivons. Vivez.		Vois. Voyons. Voyez.		*(selten verwendet)*	
participe passé	vécu *ebenso:* survivre		vu *ebenso:* prévoir, revoir		voulu	

ANNEXE

Merke
Alle reflexiven Verben haben in den zusammengesetzten Zeiten das Hilfsverb *être*.
Das Partizip der reflexiven Verben ist also veränderlich.

infinitif	(ê)**se doucher**			(ê)**s'intéresser**		
présent	je	me	douche	je	m'	intéresse
	tu	te	douches	tu	t'	intéresses
	il/elle/on	se	douche	il/elle/on	s'	intéresse
	nous	nous	douchons	nous	nous	intéressons
	vous	vous	douchez	vous	vous	intéressez
	ils/elles	se	douchent	ils/elles	s'	intéressent
imparfait	je	me	douchais	je	m'	intéressais
futur simple	je	me	doucherai	je	m'	intéresserai
conditionnel	je	me	doucherais	je	m'	intéresserais
subjonctif	que je	me	douche	que je	m'	intéresse
passé simple	je	me	douchai	je	m'	intéressai
impératif	Douche-toi. Douchons-nous. Douchez-vous.			Intéresse-toi. Intéressons-nous. Intéressez-vous.		
participe passé	douché/e			intéressé/e		

Solutions Lösungen

Questions pour des champions, p. 6

Civilisation 1. Montréal, Québec (ville) / 2. Il est arrivé à Gaspé en 1534. / 3. Vrai. Le collège va de la sixième à la troisième. / 4. le Rhône, la Saône, la Seine, la Loire (la Garonne, la Dordogne) / 5. «Les Choristes», par exemple. / 6. M6, TF1 (France 2, France 3, Canal +, TV5). / 7. Victor Hugo. Jules Verne. Molière. La Fontaine. / 8. Titeuf. Tintin. Astérix. Obélix. / 9. La tour Eiffel, la cathédrale Notre-Dame de Paris, l'Arc de triomphe, par exemple. / 10. le parc André Citroën, l'île Saint-Louis, la Cité des sciences de la Villette, par exemple.

Grammaire 1. Je vais en France. Il habite aux Pays-Bas. Il vient du Canada. / 2. Je bois, tu bois, il/elle/on boit, nous buvons, vous buvez, ils/elles boivent / 3. j'ai couru, vous avez fini, ils ont vécu, tu as cru, elles ne se sont pas connues. / 4. On était au salon et on regardait la télé quand ils sont arrivés. / 5. Nous nous endormions, elle écrivait, je recevais / 6. «Il faut que tu viennes.» «Il faut que vous sachiez ça.» / 7. Quand on sera à Paris, on fera plein de balades et on ira à l'opéra. / 8. Pour les crêpes, il faut des œufs, du lait, de la farine et du beurre. / 9. Oui j'en mange (beaucoup/souvent). Non, je n'en mange pas/jamais. / 10. Ma sœur est très bonne en français: elle parle clairement et sait bien expliquer les choses.

Expression 1. Lille est dans le nord de la France, au nord de Paris. / 2. Est-ce que tu as envie d'aller au cinéma avec moi? / 3. Paul a l'air gentil et drôle. / 4. Est-ce que je peux sortir de table? / 5. Les amis sont faits pour aider et écouter. / 6. Par exemple: J'ai bien aimé ce roman parce qu'il est bien écrit et qu'il est facile à lire. C'est une histoire qui touche et fait réfléchir. On peut s'identifier au personnage principal. / 7. (Et toi,) qu'est-ce que tu en penses? / 8. Je suis passé/e en (troisième). / 9. Je viens de rentrer (à la maison) et mes parents sont en train de préparer le repas. / 10. Il fait moins dix mais le soleil brille.

Les cinq copains, p. 7

a *Armand:* école d'ingénieurs à Paris. / *Justine:* veut devenir avocate. / *Jessica:* a voyagé en Espagne, fait des études d'espagnol à Toulouse. / *Rémi:* a fait un grand voyage en Afrique, a travaillé, est revenu en France. / *Paul:* est parti au Canada, vit maintenant à Paris, veut devenir acteur.

b Jessica et Rémi, Armand, Justine et Paul

S'entraîner, p. 64/3

1. – Est-ce que tu as vu le nouveau professeur de français? Il est vraiment sympathique.
   – Oui, moi aussi, je le trouve très bien.
2. Juliette, je t'aime.

Die Angabe in Klammern zeigt dir an, in welchem Dossier/Séquence der Begriff zum ersten Mal vorkommt: (→ D4/A) heißt z. B. Dossier 4 / Approches. Die unbekannten Wörter sind mit einem Sternchen versehen und mit ihrer Übersetzung auf S. 116 alphabetisch aufgelistet. Einige unbekannte Wörter kannst du dir selbst erschließen, da das deutsche Wort ähnlich ist.

Lieux

1. France

l'Alsace [lalsas] *f.*
1794 000 habitants
Région de l'est de la France, entre les Vosges* et le Rhin*. Capitale régionale: → Strasbourg. De 1871 à 1914 et de 1940 à 1945, l'Alsace a été allemande. Les spécialités* alsaciennes sont la choucroute*, la tarte flambée* et les vins. (→ D2/A)
www.region-alsace.fr

Aurillac [ɔʀijak] environ* 30 551 habitants
Ville historique* en → Auvergne. (→ D2/4)
www.iaurillac.com

l'Auvergne [lovɛʀɲ(ə)] *f.*
Région du centre de la France. Connue pour ses paysages verts, ses montagnes, ses volcans* et ses lacs. La ville principale est Clermont-Ferrand. (→ D2/4)
www.cr-auvergne.fr

la Bastille [labastij]
Ancienne prison à Paris, construite de 1370 à 1383. Le 14 juillet 1789, les révolutionnaires (→ Révolution française) la prennent. Aujourd'hui, la Bastille n'existe plus. Il y a un opéra et une place qui portent ce nom. (→ D2/2)

la Canebière [lakanbjɛʀ]
La plus célèbre avenue de Marseille, bordée* de nombreux magasins, restaurants et snacks. Elle va jusqu'au → Vieux-Port. (→ D3/A)

Cannes [kan] 71 000 habitants
Ville du sud-est de la France, sur la côte d'Azur, au bord de la Méditerranée, très célèbre pour son festival international du cinéma. (→ D3/1)
www.cannes.fr

Ferney-Voltaire [fɛʀnɛvɔltɛʀ]
7 000 habitants
Petite ville française à la frontière suisse au nord-ouest de Genève. Cette ville prend le nom de → Voltaire en 1878 pour rendre hommage* à ce célèbre philosophe du → siècle des Lumières qui y vit à partir de 1759. (→ D2/2)
www.ferney-voltaire.net

la Haute-Savoie [laotsavwa]
Département* de montagnes et de forêts à la frontière de la Suisse et de l'Italie. (→ D4/2)
www.savoiehautesavoie.com

le Jura [ləʒyʀa]
1. Nom d'un département français. 2. Chaîne de montagnes* de l'est de la France dont une partie est en Suisse. (→ D2/1)
www.jura-tourism.com

la Lorraine [lalɔʀɛn]
Région industrielle de l'est de la France sur la frontière avec la Belgique, le Luxembourg et l'Allemagne. Nancy et Metz sont les villes importantes. De 1871 à 1918, la Lorraine a été annexée par l'Allemagne. (→ D2/A)
www.crt-lorraine.fr

Marseille [maʀsɛj] environ* 800 000 habitants
Deuxième ville de France après Paris, dans le sud-est de la France, au bord de la Méditerranée. Son port est le premier port de France. La ville, la plus ancienne du pays, a été fondée par les Grecs*. (→ D3/A)
www.marseille-tourisme.com

ANNEXE

Nîmes [nim] environ* 150 000 habitants
Ville ancienne du sud-est de la France, entre Montpellier et Avignon, fondée par les Romains*. Ses arènes* antiques* sont très célèbres. (→ D2/1)
www.ot-nimes.fr

La Rochelle [larɔʃɛl] 77 000 habitants
Ville portuaire* de la côte ouest de la France, au bord de l'océan Atlantique. Lieu de refuge* important pour les Huguenots au XVIe siècle. Aujourd'hui, en été, y ont lieu les Francofolies, un festival de musique et de chansons francophones. La Rochelle est reliée* par un grand pont à l'île de Ré. (→ D4/2)
www.larochelle-tourisme.com

Strasbourg [stʀazbuʀ] environ* 273 000 habitants.
Capitale régionale de → l'Alsace. La ville est le siège* d'importantes institutions* européennes. Les touristes y apprécient beaucoup le marché de Noël et la cathédrale. (→ D3/2)
www.ot-strasbourg.fr

Toulouse [tuluz] 426 700 habitants
Ville du sud-ouest de la France, près des Pyrénées* et de l'Espagne. Toulouse est la ville de l'entreprise européenne Airbus. (→ D2/4)
www.toulousevisit.com

le Vieux-Port [ləvjøpɔʀ]
Port historique* de → Marseille, en bas de la → Canebière. Endroit très touristique avec de nombreux cafés et restaurants. (→ D3/A)

2. Étranger

Agadir [agadiʀ] environ* 700 000 habitants
Ville du sud-ouest du → Maroc, au bord de l'océan Atlantique, très appréciée des touristes pour ses plages. Premier port de pêche* du Maroc. Le commerce* de fruits (citrons, oranges) et de légumes y est très important. (→ D4/A)
www.agadir-info.com

Alger [alʒe] environ* 3 000 000 habitants
Capitale de → l'Algérie, située entre la → Tunisie et le → Maroc, au bord de la mer Méditerranée. La Casbah d'Alger, quartier très ancien, est classée au patrimoine* de l'Unesco. (→ D4/A)
http://www.cites.tv

l'Algérie [lalʒeʀi] *f.* 33 200 000 habitants
Pays de l'Afrique du Nord, au bord de la Méditerranée. Ancienne colonie française (1827–1962). La capitale est → Alger. Langues: l'arabe, le berbère*, le français. (→ D3/1)
www.tlfq.ulaval.ca/axl

l'Atlas [latlas] *m.*
Chaîne de montagnes*, dans le nord-ouest de l'Afrique, qui traverse le Maroc, l'Algérie et la Tunisie. Le plus haut sommet (4167 m) est au Maroc. Beaucoup de → Berbères y habitent. (→ D4/)

Essaouira [esawiʀa] environ* 70 000 habitants
Ville touristique du → Maroc au bord de l'océan Atlantique. La médina, ville historique, est classée au patrimoine* de l'Unesco. (→ D4/1)
www.essaouiranet.com

le Maghreb [ləmagʀɛb]
Mot arabe pour «occident»*. Le Maroc, l'Algérie et la Tunisie en font partie, depuis 1989 aussi la Libye* et la Mauritanie*. Habité à l'origine* par les → Berbères, le Maghreb a été conquis au VIIe siècle par les → Arabes. (→ D4/A)

le Maroc [ləmaʀɔk] 29 891 708 habitants
Pays du → Maghreb sur la côte ouest de l'Afrique au bord de l'océan Atlantique et de la mer Méditerranée. Ancienne colonie française (1912–1956). La capitale est → Rabat. Langues: l'arabe (langue officielle), le berbère, le français et l'espagnol. (→ D4/A)
www.tlfq.ulaval.ca/axl

Marrakech [maʀakɛʃ] 1 600 000 habitants
Ville du sud-ouest du Maroc, dans la région de → l'Atlas. Le tourisme, le commerce et l'artisanat* sont importants dans l'économie* de la ville. (→ D4/A)

Oran [ɔʀɑ̃] environ 800 000 habitants
Ville portuaire* du nord-ouest de → l'Algérie. Beaucoup de Français habitaient dans cette ville jusqu'en 1962, date de l'indépendance* de l'Algérie. (→ D3/3)

Rabat [ʀaba]
717 000 habitants
Capitale du → Maroc, au bord de l'océan Atlantique. Le roi Mohammed VI y habite. (→ D4/A)
www.rabatzoom.ma

la Suisse [lasɥis] 7 364 100 habitants
Pays d'Europe dont la capitale est Berne. Langues officielles: l'allemand, le français, l'italien et le romanche*. Genève est le siège* d'organisations internationales: ONU*, OCDE*, OIT*. (→ D2/1)
www.tourismesuisse.com

Tunis [tynis]
699 700 habitants
Capitale de → la Tunisie. La médina, partie historique de la capitale, est classée au patrimoine* de l'Unesco. (→ D4/A)
http://www.cites.tv

la Tunisie [latynizi] 10 031 100 habitants
Pays du Maghreb au bord de la mer Méditerranée. Ancienne colonie française (1881–1956). La capitale est → Tunis. Langues: l'arabe (langue officielle), le berbère et le français. (→ D4/A)
www.tlfq.ulaval.ca/axl

Personnes

Aznavour, Charles [aznavuʀ]
Né en 1924, d'origine arménienne*, chanteur et acteur français très célèbre. (→ D1/4)
www.c-aznavour.com

Bent, Amel [bent]
Née en 1985, chanteuse française, lancée* en 2005 par l'émission «La Nouvelle Star». (→ D3/3)
www.amelbent.com

César ou **Baldaccini, César** [sezaʀ] (1921–1998)
Sculpteur* français. Créateur* du trophée cinématographique qui porte son nom. Le «César» est donné chaque année aux meilleurs acteurs et actrices français. César installe* en 1965 un pouce énorme de 12 mètres de hauteur* à Paris et à Marseille. (→ D3/A)

Charlemagne [ʃaʀləmaɲ(ə)] (vers 742–814)
Roi des Francs de 768 à 814 et empereur* de 800 à 814. Sa tombe est dans la cathédrale d'Aix-la-Chapelle*. (→ D2/A)
http://fr.wikipedia.org/wiki/charlemagne

Diam's [diams]
Née en 1980 à Chypre*, elle grandit en France dans la banlieue parisienne où elle découvre sa passion: le rap. Son tube* de l'été 2003 «DJ» lui apporte le succès. (→ D3/3)
www.diams-lesite.com

Dion, Céline [djɔ̃]
Née en 1968 au Québec, chanteuse canadienne de langue française qui chante aussi en anglais. (→ D1/4)
www.celinedion.com

Hallyday, Johnny [alidɛj]
Né en 1943, très célèbre chanteur français de rock. (→ D1/4)
www.johnnypassion.com

Louis XIV [lwikatɔʀz] ou le **«Roi-Soleil»** (1638–1715)
Roi de France de 1643 à 1715. Il dirige* le pays en maître absolu*. Il s'intéresse beaucoup à la culture et favorise* les arts*. Il fait construire le château de Versailles près de Paris où il s'installe* avec la Cour en 1682. En 1685, il révoque* → l'Édit de Nantes. (→ D2/A)

Louis XVI [lwisɛz] (1754–1793)
Roi de France de 1774 à 1792. Il est guillotiné* pendant la → Révolution française. (→ D2/A)

Marie-Antoinette [maʀiɑ̃twanɛt] (1755–1793)
Reine de France, femme de → Louis XVI, née à Vienne* dans la famille Habsbourg. Elle aimait les fêtes et les jeux. Les Français ne l'aimaient pas beaucoup et l'appelaient «l'Autrichienne»*. Elle est guillotinée* pendant la → Révolution française. (→ D2/A)
www.chateauversailles.fr
www.marieantoinette-lefilm.com

Molière [mɔljɛʀ] (1622–1673)
Auteur et acteur français de théâtre, très admiré de → Louis XIV. Dans ses pièces, («L'Avare»*, «Tartuffe», «L'École des femmes» il se moque de la société et des hommes de son époque. (→ D/2/PR)
www.site-moliere.com

Monte Cristo [mɔ̃tekʀisto]
Personnage du roman d'aventures «Le comte* de Monte Cristo» d'Alexandre Dumas (1802–1870). L'histoire se passe après la → Révolution française entre 1814 et 1838. Le héros* Edmond Dantès est enfermé* injustement dans la prison du Château d'If. Le livre raconte comment il s'enfuit*, devient le comte de Monte Cristo et comment il décide de se venger*. (→ D3/A)
www.dumaspere.com

Napoléon [napɔleɔ̃] ou **Napoléon Bonaparte** ou **Napoléon I**^{er} (1769–1821)

Empereur* des Français de 1804 à 1815, né en Corse*. Il devient général à vingt ans. Il veut conquérir* l'Europe. En 1815, après la défaite* de Waterloo contre les Prussiens* et les Anglais, il est emprisonné sur l'île de Sainte-Hélène où il écrit ses mémoires* jusqu'à sa mort. (→ D2/A)
ameliefr.club.fr

Napoléon III [napɔleɔ̃tʀwa] ou **Louis-Napoléon Bonaparte** (1808–1873)
Premier président de la République française de 1848 à 1852 puis deuxième empereur* des Français de 1852 à 1870. Il déclare la guerre à la Prusse en 1870. Après sa défaite* en 1871, il s'exile en Angleterre.

Sauzay, Brigitte [sozɛ] (1947–2003)
Interprète* française, puis conseillère* du chancelier* allemand Gerhard Schröder (1998–2005) pour les relations franco-allemandes de 1998 à 2003. (→ D2/3)

Voltaire [vɔltɛʀ] (1694–1778)
Écrivain et philosophe français du → siècle des Lumières. Il critique le roi, la religion et la société dans ses contes dont les plus connus sont «Zadig», «Micromégas» et «Candide». Il a été ami du roi de Prusse Frédéric II. (→ D2/A)

Zidane, Zinédine [zidan]
Né en 1972, joueur de football français d'origine algérienne. Avec l'équipe de France, il remporte* la Coupe du monde de football en 1998 et le championnat* d'Europe en 2000. Il arrête le football après la Coupe du monde en 2006 mais il reste une légende dans l'histoire du football. (→ D3/1)
www.zidane.fr

Histoire et civilisation

les Arabes [lezaʀab] *m./f. pl.*
Peuple* d'origine de la péninsule arabique et du désert* arabe. Au VIIe et VIIIe siècles, ils ont conquis* l'Afrique du Nord et les régions voisines du Proche-Orient*, puis des régions en Europe centrale, comme p. ex. en Espagne où on trouve encore leurs traces*. Nos chiffres*, p. ex., sont des chiffres arabes. Les Arabes vivent aujourd'hui surtout au Moyen-Orient* et en Afrique du Nord, comme au → Maroc, en → Tunisie, en → Algérie et en Égypte*. (→ D3/2)

les Berbères [lebɛʀbɛʀ] *m./f. pl.*
Premier peuple d'Afrique du Nord. La plupart vivent aujourd'hui au → Maroc, en → Algérie et en → Tunisie mais on en trouve aussi dans d'autres pays d'Afrique, comme le Niger et le Mali. Ils essaient toujours de garder leur culture et leur identité, par exemple dans les montagnes de → l'Atlas. → Zinédine Zidane a des origines berbères. (→ D4/

l'Édit de Nantes [ledidənɑ̃t]
Signée par le roi Henri IV en 1598, l'Édit donne aux protestants la liberté de culte* et met fin aux guerres de religion (→ Saint-Barthélemy). En 1685, → Louis XIV révoque* l'Édit de Nantes. (→ D2/A)

les Jésuites [leʒezɥit] *m. pl.*
Ordre* catholique, fondé en 1534, fidèle* au pape* et spécialisé dans l'enseignement*. Autrefois, le collège jésuite était l'école des élites. (→ D2/4)

l'OM [lɔɛm] ou **l'Olympique de Marseille** [lɔlɛ̃pikd(ə)maʀsɛj] *m.*
Club de football marseillais, créé en 1899, très populaire* dans toute la France. (→ D1/A)
www.om.net

la Révolution française [laʀevɔlysjɔ̃fʀɑ̃sɛz] (1789–1795)
Révolution du peuple* français contre l'autorité* du roi. Le 14 juillet 1789, le peuple attaque* la prison de la → Bastille à Paris. Les révolutionnaires* veulent limiter* le pouvoir* du roi et abolir* les privilèges des nobles*. Dans les campagnes, les paysans qui paient de très lourds* impôts*, attaquent les châteaux. Après des années de guerre, la France devient une République démocratique. Adoptée* en 1789, la Déclaration des droits de l'homme* énonce* les principes de cette démocratie moderne: liberté*, égalité* des droits pour tous les hommes et souveraineté* nationale. (→ D2/A)

la Saint-Barthélemy [lasɛ̃baʀteləmi]
Massacre* des protestants par les catholiques qui a lieu à Paris dans la nuit du 23 au 24 août 1572. Beaucoup de protestants sont tués* mais la résistance* continue dans l'ouest de France, centre important de la résistance protestante (→ La Rochelle). (→ D2/A)

Saint-Cyr [sɛ̃siʀ]
Ancienne maison d'éducation* de jeunes filles, créée en 1686 près de Versailles. Depuis 1808 École spéciale militaire. On y forme* des officiers. (→ D2/4)

le siècle des Lumières [ləsjɛklədelymjɛʀ]
XVIIIe siècle, époque des philosophes français → Voltaire, Montesquieu, Diderot et Rousseau qui donnent une place très importante à la science* et à la raison*. Ils critiquent le roi et la religion. Les idées des philosophes des Lumières apportent les principes* d'égalité et de liberté* à la → Révolution française. (→ D2/A)

le traité de Verdun [lətʀetedəvɛʀdɛ̃] (8 août 843)
Le traité de Verdun partage l'empire de → Charlemagne en trois parties: la Francie occidentale (la future* France), la Francie orientale (la future Allemagne) et la Lotharingie (la future Lorraine). (→ D2/A)

ANNEXE

A

à l'origine ursprünglich **abolir qc** etw. abschaffen **adopter qc** *hier:* zulassen, anerkennen **Aix-la-Chapelle** Aachen **antique** *m./f. adj.* antik, uralt **l'arène** *f.* die Arena, das Amphitheater **arménien/ne** *adj.* armenisch **l'art** *m.* die Kunst **attaquer qc** etw. stürmen **l'Autrichien/ne** der/die Österreicher/in **l'avare** *m./f.* der/die Geizige

B

le berbère Berberisch **border qc** etw. säumen

C

la chaîne de montagnes die Bergkette **le championnat** die Meisterschaft **le chef-lieu** der Hauptort **le chiffre** die Zahl **la choucroute** das Sauerkraut **Chypre** Zypern **le commerce** der Handel **le/la comte/-esse** der Graf / die Gräfin **conquérir qn/qc** jdn/etw. erobern **le/la conseiller/-ère** der/die Berater/in **la Corse** Korsika **la côte d'Azur** Mittelmeerküste zwischen Marseille und der italienischen Grenze **le/la créateur/-trice** der/die Schöpfer/in

D

la Déclaration des droits de l'homme die Menschenrechtserklärung **la défaite** die Niederlage **le département** Verwaltungseinheit in Frankreich (Bezirk) **le désert** die Wüste **diriger qn/qc** jdn/etw. leiten, führen **le divertissement** die Unterhaltung

E

l'éducation *f.* die Erziehung, *hier:* die Ausbildung **l'égalité** *f.* die Gleichheit **l'empereur/l'impératrice** der/die Kaiser/in **emprisonner qn** jdn einsperren **enfermer qn** jdn einsperren **(ê)s'enfuir** fliehen **énoncer qc** etw. ausdrücken **l'enseignement** *m.* der Unterricht **l'entreprise** *f.* das Unternehmen **environ** ungefähr

F

favoriser qn/qc jdn/etw. begünstigen **être fidèle à qn** jdm treu sein **former qn** jdn ausbilden **futur/e** *adj.* zukünftiger/-e

G

le Grec / la Grecque der/die Grieche/-in **guillotiner qn** jdn enthaupten

H

l'hauteur *f.* die Höhe **le héros / l'heroïne** der/die Held/in **historique** *m./f. adj.* historisch **l'homme politique / la femme politique** der/die Politiker/in

I

l'impôt *m.* die Steuer **l'indépendance** *f.* die Unabhängigkeit **installer qc** etw. errichten **(ê)s'installer** sich niederlassen

L

lancer qn *hier:* jdn bekanntmachen **la liberté** die Freiheit **la liberté de culte** die Glaubensfreiheit **la Libye** Libyen **le lieu** der Ort **limiter qc** etw. begrenzen, beschränken **lourd/e** schwer, belastend

M

le maître absolu der absolutistische Herrscher **le Maroc** Marokko **le massacre** das Massaker **la Maurétanie** Mauretanien **les mémoires** *f. pl.* die Lebenserinnerungen **le Moyen-Orient** der Mittlere Osten

N

le/la noble der/die Adlige

O

l'occident der Westen **l'OCDE** *f.* die OECD (Organisation für wirtschaftliche Zusammenarbeit und Entwicklung) **l'OIT** *f.* die IAO (Internationale Arbeitsorganisation) **l'ONU** *f.* die UNO **l'ordre** *m.* der Orden

P

le pape der Papst **le patrimoine** das Kulturerbe **le peuple** das Volk **populaire** *m./f. adj.* bekannt **le port de pêche** der Fischereihafen **portuaire** *m./f. adj.* Hafen- + *Nomen* **le pouvoir** die Macht **le principe** das Prinzip **le Proche-Orient** der Nahe Osten **le/la Prussien/ne** der/die Preuße/-in **les Pyrénées** die Pyrenäen

R

la raison *hier:* die Vernunft **le refuge** die Zuflucht **relier qc** etw. verbinden **remporter qc** *hier:* etw. gewinnen **rendre hommage à qn** jdm Ehre erweisen **la résistance** der Widerstand **le/la révolutionnaire** der/die Revolutionär/in **révoquer qc** etw. aufheben, widerrufen **le Rhin** der Rhein **le/la Romain/e** der/die Römer/in **le romanche** Rätoromanisch

S

la science die Wissenschaft **le sculpteur** der Bildhauer **le siège** der Sitz **la souveraineté** die Souveränität

T

la tarte flambée der Flammkuchen **la trace** die Spur **le trophée cinématographique** die Kinotrophäe **le tube** der Hit **tuer qn** jdn töten **(ê)se venger** sich rächen

V

Vienne Wien **le volcan** der Vulkan **les Vosges** die Vogesen

Grundschrift: obligatorischer Wortschatz
kursiv: fakultativer Wortschatz

Symbole und Abkürzungen

~ bezeichnet die Lücke, in die das neue Wort einzusetzen ist.
~[1] Die Fußnote zeigt dir an, dass du auf die Angleichung des Wortes achten musst. Die richtige Lösung findest du auf einem grauen Streifen **am Ende jeder Séquence**.
⚠ Hier musst du besonders gut aufpassen.
le ~ die ~ Vergleiche mit deutschem Artikel.
≠ Gegenteil von
▶ Vergleiche mit bereits bekannten Wörtern.
Vergleiche mit dem Englischen.

→ Civilisation zeigt dir an, dass du im Petit dictionnaire de civilisation, S. 111–115, weitere Informationen zu dem Begriff findest.
→ Verbes zeigt dir an, dass du in der Liste des verbes, S. 102–110, die Konjugation des Verbs findest.

etw. etwas	*Pron.* Pronomen	*fam.* familier (umgangssprachlich)
jdm/jdn jemandem/jemanden	*Inf.* Infinitiv	*f.* féminin (weiblich)
f. feminin (weiblich)	*adj.* adjectif (Adjektiv)	*m.* masculin (männlich)
m. maskulin (männlich)	*adv.* adverbe (Adverb)	*pl.* pluriel (Plural)
umg. umgangssprachlich	*conj.* conjonction (Bindewort)	*qc* quelque chose (etwas)
Pers. Person	*prép.* préposition (Präposition)	*qn* quelqu'un (jemand)
Sg. Singular (Einzahl)		
Pl. Plural (Mehrzahl)		

Lerntipp

Viele Wörter kannst du verstehen, wenn du dir überlegst, ob du ein ähnlich lautendes deutsches oder englisches Wort kennst. Lege dir deshalb ein Vokabelheft (Französisch–Englisch–Deutsch) an, in dem du solche ähnlich lautenden Wörter sammelst. Manchmal schreiben sich diese Wörter aber anders oder sie sprechen sich anders aus. Markiere in deinem Vokabelheft also auch immer die Unterschiede, die du beachten musst.
Überall, wo dir diese Lupe begegnet, solltest du nach dem entsprechenden englischen Wort suchen. (→ Lösungen, S. 191)

DOSSIER 1, Approches

le/la fan [ləfan/lafan]	der Fan	Bob Marley? J'en suis ~!
l'OM [lɔɛm] ou **l'Olympique de Marseille** [lɔlɛ̃pikd(ə)-maʀsɛj] *m.*	*französischer Fußballverein aus Marseille* → Civilisation, p. 115	
le jeu vidéo / les jeux vidéo [ləʒøvideo/leʒøvideo]	das Computerspiel	Quel est ton ~ préféré?
participer à qc [paʀtisipea]	an etw. teilnehmen	Nous ~[1] un grand dîner demain.
[(ê)]**se bouger** [səbuʒe] *fam.*	sich bewegen, aktiv werden *wird wie* bouger *konjugiert* → Verbes, p. 103	Il faut ~, on est en retard!
le/la tuteur/-trice [latytœʀ/latytʀis]	der/die Tutor/in *in der Schule*	Mon ~ m'aide à faire mes devoirs.

l'objet [lɔbʒɛ] *m.*	das Objekt, der Gegenstand	Attention! C'est un ~ dangereux!
la société [lasɔsjete]	die Gesellschaft	Dans la ~, on doit respecter les autres.
donc [dɔ̃k] *conj.*	also, folglich	Je pense, ~ je suis.
admirer qn/qc [admiʀe]	jdn/etw. bewundern	J'~[2] mon frère. Il est très généreux.
la Star Academy [lastaʀakadəmi]	*Castingshow im französischen Fernsehen, vergleichbar mit „Deutschland sucht den Superstar"*	
le lecteur mp3 [ləlɛktœʀɛmpetʀwa]	der MP3-Player	Le ~ de Martine est génial! Mais il coûte cher.
le groupe [ləgʀup]	*hier:* die Band	Le ~ de Yann donne un concert au collège.
moi-même [mwamɛm]	ich selbst	J'aime bien faire le pain ~.

moi-même lui-même nous-mêmes eux-mêmes
toi-même elle-même vous-mêmes elles-mêmes

la basse [labɑs]	*hier:* die Bassgitarre	Dans son groupe, il joue de la ~.
l'Europe [løʀɔp] *f.*	Europa	En ~, il y a des villes très anciennes.
prendre sa vie en main [pʀɑ̃dʀsaviɑ̃mɛ̃]	sein Leben in die Hand nehmen	À son âge, il doit ~.
l'origine [lɔʀiʒin] *f.*	die Herkunft, die Abstammung	Mario est d'~ italienne.

d'origine française = französischer Herkunft

portugais/e [pɔʀtygɛ/pɔʀtygɛz] *adj.*	portugiesisch	Mon voisin est ~.
les échecs [lezeʃɛk] *m. pl.*	das Schachspiel	J'apprends les ~ dans un club.

jouer aux échecs = Schach spielen

l'univers [lynivɛʀ] *m.*	das Universum	Il croit qu'il est le chef de l'~!
le/la médiateur/-trice [ləmedjatœʀ/lamedjatʀis]	der/die (Streit)Schlichter/in	Les ~[3] parlent aux jeunes.
régler qc [ʀegle]	etw. regeln, etw. in Ordnung bringen *wird wie* espérer *konjugiert* → Verbes, p. 103	Mon grand frère ~[4] toujours les problèmes des autres.
le conflit [ləkɔ̃fli]	der Konflikt	Je déteste les ~[5] avec mes copains!
la passion [lapasjɔ̃]	die Leidenschaft	J'ai une grande ~ pour les voyages.
l'escalade urbaine [lɛskaladyʀbɛn] *f.*	Urban climbing	Anne aime faire de l'~ le week-end.
communiquer [kɔmynike]	kommunizieren, in Verbindung sein	Ils ~[6] par e-mail tous les jours.

1 participons à 2 admire 3 médiateurs 4 règle 5 conflits 6 communiquent

l'objet-culte [lɔbʒɛkylt] *m.*	das Kultobjekt	Ce ballon est un ~! C'est le ballon de Zidane!
l'appareil [lapaʀɛj] *m.*	das Gerät, der Apparat	C'est un ~ bizarre. Comment ça marche?
numérique [nymeʀik] *m./f. adj.*	digital	Pour Noël, je veux un appareil photo ~.
stocker qc [stɔke]	etw. speichern	Tu peux me ~ ces chansons?
tellement [tɛlmɑ̃] *adv.*	dermaßen, so	J'ai ~ peur de prendre l'avion!
présent/e [pʀezɑ̃/pʀezɑ̃t] *adj.*	da, anwesend	À la fête du lycée, il faut être ~.
domestique [dɔmɛstik] *m./f. adj.*	Haus- + *Nomen*	J'ai un animal ~. Une vieille tortue!
(ê)**se passer de qn/qc** [səpɑsedə]	jdn/etw. entbehren	Je ne peux pas ~[1] chocolat.
le calcul [ləkalkyl]	das Rechnen, die Berechnung	Tu aimes le ~?

faire des calculs = rechnen

taper (sur) qc [tape]	etw. drücken, etw. (ein)tippen	Les élèves ~[2] leurs devoirs à l'ordinateur.
la touche [latuʃ]	die Taste	Tape sur la ~ rouge!
s'évader (dans) [sevade(dɑ̃)]	entfliehen, flüchten	
télécharger qc [teleʃaʀʒe]	etw. herunterladen *wird wie* bouger *konjugiert* → Verbes, p. 103	Marc adore ~ des chansons!
(ê)**se tenir au courant** [sətɔniʀokuʀɑ̃]	sich auf dem Laufenden halten *wird wie* venir *konjugiert* → Verbes, p. 109	Et toi, comment tu ~[3]?
quoi [kwa] *fam.*	halt, eben *Füllwort am Ende eines Satzes*	Il ne vient pas avec nous? On ne peut rien faire, ~.
surfer [sœʀfe]	surfen *im Internet*	Pour préparer ses exposés, Matthieu aime bien ~ sur Internet.
n'importe quel/le [nɛ̃pɔʀtəkɛl] *adj.*	irgendein/e	Allez! Chante ~[4] chanson!
avouer + *Inf.* / **avouer qc (à qn)** [awue]	zugeben etw. zu tun / (jdm) etw. zugeben	Il est romantique. Il a ~[5] son amour à Marie.
réclamer qc [ʀeklame]	etw. verlangen	Toi aussi, tu ~[6] des fringues de marque?
la contradiction [lakɔ̃tʀadiksjɔ̃]	der Widerspruch	C'est une ~, je ne comprends pas.
jaloux/jalouse [ʒalu/ʒaluz] *adj.*	eifersüchtig	Sa copine a parlé avec Daniel. Il est ~.
(ê)**s'ennuyer** [sɑ̃nɥije] s'ennuyer ≠ s'amuser	sich langweilen *wird wie* payer *konjugiert* → Verbes, p. 103	Je ~[7] en cours de mathématiques! Je préfère le français!
le cafard [ləkafaʀ]	die Schabe, die Kakerlake	Tu n'as jamais vu de ~?

avoir le cafard [avwaʀlə-kafaʀ]	deprimiert sein	

le cafard   avoir le cafard

faire partie de qc [fɛʀpaʀ-tidə]	zu etw. dazugehören	Je ~[8] d'un groupe de danse depuis deux semaines.
moderne [mɔdɛʀn] *m./f. adj.*	modern	C'est un appareil très ~.
dépendant/e [depɑ̃dɑ̃/depɑ̃dɑ̃t] *adj.*	abhängig	Arthur ne veut plus être ~ de ses parents. Il travaille dans un théâtre.

1 me passer de 2 tapent 3 te tiens au courant 4 n'importe quelle 5 avoué 6 réclames 7 m'ennuie 8 fais partie

DOSSIER 1, SÉQUENCE 2

rassurer qn [rasyʀe]	jdn beruhigen, ermutigen	Je peux te ~, la prof de mathématiques est très gentille.
si seulement + *Imparfait* [sisœlmɑ̃]	wenn doch nur	Ah, ~ il m'aimait!
la poubelle [lapubɛl]	der Mülleimer	Ce fruit est pourri! Jette-le dans la ~.
la famille nombreuse [lafamijnɔ̃bʀøz]	die kinderreiche Familie	Matthieu a cinq frères. C'est une ~.
unique [ynik] *m./f. adj.*	einzig, Einzel- + *Nomen*	Benjamin est fils ~.
l'expérience [lɛkspeʀjɑ̃s] *f.*	die Erfahrung	Pour devenir champion, il faut avoir une grande ~ sportive.
en fait [ɑ̃fɛt]	eigentlich	
le mobbing [ləmɔbiŋ]	das Mobbing	Il est victime de ~ dans sa classe. Le médiateur doit l'aider.
permanent/e [pɛʀmanɑ̃/pɛʀmanɑ̃t] *adj.*	permanent, ständig	Il y a un problème ~ chez nous: les voisins font trop de bruit.
classique [klasik] *m./f. adj.*	klassisch	Camille joue de la guitare ~.
rigoler dans le dos de qn [ʀigɔledɑ̃lədo]	sich hinter dem Rücken über jdn lustig machen	~, ce n'est pas très gentil.
la jalousie [laʒaluzi] ▶ jaloux/-se	die Eifersucht	La ~, c'est normal quand on est amoureux.

par jalousie = aus Eifersucht

le goût [ləgu]	der Geschmack	Il est joli, ton pantalon. Tu as bon ~.

⚠ avoir bon/mauvais goût

d'ailleurs [dajœʀ]	*hier:* übrigens *auch:* anderswoher, von woanders	~, tu as toujours des fringues sympa.
prendre l'habitude (de + *Inf.*) [pʀɑ̃dʀəlabityd] ▶ l'habitude, d'habitude	die Gewohnheit annehmen etw. zu tun, sich etw. angewöhnen	Ludivine a ~[1] de faire du sport le matin.

classer qn/qc [klɑse]	jdn/etw. einordnen, klassifizieren	Tu dois toujours ~ tes affaires si tu ne veux pas les perdre.
travailler de ses mains [tʀavajedəsemɛ̃]	mit seinen Händen arbeiten	Mon grand-père aime ~.
opposer qn/qc et qn/qc [ɔpoze]	jdn/etw. jdm/etw. gegenüberstellen	Au festival d'échecs, on ~[2] les filles aux garçons.
mépriser qn/qc [mepʀize]	jdn/etw. missachten	Même si tu ne l'aimes pas, tu ne dois pas le ~.

se mépriser les uns les autres = sich gegenseitig verachten

humain/e [ymɛ̃/ymɛn] *adj.*	menschlich	Il n'est pas très ~, ce prof!
le type [lətip]	*hier:* die Art, der Typ	Tu aimes ce ~ de personne?
Tout le monde il est beau, tout le monde il est gentil. [tuləmɔ̃dilɛbotuləmɔ̃dilɛʒɑ̃ti]	*etwa:* Friede, Freude, Eierkuchen.	
le/la gagnant/e [ləgaɲɑ̃/lagaɲɑ̃t] ▶ gagner	der/die Gewinner/in	Et le ~, c'est ... JULIEN!!
le/la perdant/e [ləpɛʀdɑ̃/lapɛʀdɑ̃t] ▶ perdre	der/die Verlierer/in	Dommage, tu es le ~ du jeu.

1 pris l'habitude 2 oppose

DOSSIER 1, SÉQUENCE 3

traîner [tʀɛne]	herumtrödeln	~ dans les rues de Paris, c'est super!
le self [ləsɛlf] *fam.*	*hier:* die Schulkantine	C'est super! On a un ~ dans notre collège.
empêcher qn de + *Inf.* [ɑ̃pɛʃedə]	jdn daran hindern etw. zu tun	Tu ne peux pas m'~ d'aller voir ce film!
bavarder [bavaʀde]	schwatzen, plaudern, quatschen	Arrêtez de ~, on est en cours.
la partie [lapaʀti]	das Spiel, die Partie	La ~ est finie! Tu es le roi des échecs!
intensif/-ive [ɛ̃tɑ̃sif/ɛ̃tɑ̃siv] *adj.*	intensiv	J'ai des cours ~[1] de français cet été.
le tutorat [lətytɔʀa] ▶ le/la tuteur/-trice	die Lernpatenschaft	Le ~, c'est pratique quand on a des problèmes à l'école.
volontaire [vɔlɔ̃tɛʀ] *m./f. adj.*	freiwillig	Un élève ~ a nettoyé la salle de classe.
l'acte [lakt] *m.*	die Tat, der Akt	Sauver la vie de quelqu'un, c'est un ~ très courageux!
la solidarité [lasɔlidaʀite]	die Solidarität, der Gemeinschaftsgeist	La ~ entre copains est très importante.
réviser qc [ʀevize]	etw. wiederholen *Lernstoff*	On peut ~ l'anglais, si tu veux.
la notion [lanɔsjɔ̃]	die Kenntnis	Tu as des ~[2] d'histoire allemande?
la difficulté [ladifikylte]	die Schwierigkeit	Philippe a beaucoup de ~[3] en maths.

redoubler [rəduble]	sitzenbleiben	Tu dois faire un effort si tu ne veux pas ~!
le tour [lətuʀ]	*hier:* die Reihe(nfolge)	Fais attention! C'est ton ~!
C'est mon tour. [sɛmɔ̃tuʀ]	Ich bin dran.	

la tour 

C'est le tour de qn.

rendre service à qn [ʀɑ̃dʀ-sɛʀvisa]	jdm dienen, behilflich sein *wird wie* attendre *konjugiert* → Verbes, p. 103	Tu peux me ~?
ajouter qc [aʒute]	etw. hinzufügen	J'ai fini mon exposé. Quelqu'un veut ~ quelque chose?
depuis que [dəpɥikə]	seitdem	~ Thierry a le cafard, il ne parle plus aux autres.
l'énergie [lenɛʀʒi] *f.*	die Energie	Pour avoir de l'~, il faut manger du chocolat.
le pouce [ləpus]	der Daumen	
donner un coup de pouce à qn [donɛ̃kudpus] *fam.*	jdm helfen, jdm zur Hand gehen	Je dois finir ce travail. Est-ce que tu peux me ~?

le pouce 

donner un coup de pouce à qn

(ê)**se concentrer** [səkɔ̃sɑ̃tʀe]	sich konzentrieren	Mathilde ne peut pas ~ en classe.
la règle de trois [laʀɛgldətʀwa]	der Dreisatz *Prozentrechnung*	La ~? Facile!

1 intensifs 2 notions 3 difficultés

DOSSIER 1, SÉQUENCE 4

le casting [ləkastiŋ]	das Casting	Pour jouer dans ce film, tu dois réussir le ~.
la limite [lalimit]	die Grenze, die Beschränkung	Est-ce qu'il faut mettre des ~[1] aux élèves?
la lettre de motivation [lalɛtʀədəmɔtivasjɔ̃]	das Bewerbungsschreiben	Pour participer à cette émission, tu dois écrire une ~.
(ê)**se présenter** [səpʀezɑ̃te]	sich vorstellen	Tu peux ~[2], s'il te plaît?
la seconde [las(ə)kɔ̃d]	die Sekunde	Une ~! J'arrive!

Diese Zeiteinheiten kennst du schon:
l'heure *f.*
la minute
la seconde

le jour / la journée
la semaine
le mois

l'an *m.* / l'année *f.*
le siècle

interpréter qc [ɛ̃tɛʀpʀete]	etw. interpretieren *wird wie* espérer *konjugiert* → Verbes, p. 103	Tu sais ~ ce poème?
seul/e [sœl]	*hier:* bloß, nur	~ ce garçon a vu l'accident.
le/la chanteur/-euse [ləʃɑ̃tœʀ/laʃɑ̃tøz] ▶ chanter	der/die Sänger/in	Nicolas a une belle voix. Il veut devenir ~.
Dammarie-lès-Lys [damaʀilɛlis]	*kleine Stadt bei Paris*	
le chant [ləʃɑ̃] ▶ chanter, le/la chanteur/-euse	der Gesang	Magalie veut apprendre le ~ pour devenir célèbre.
en direct [ɑ̃diʀɛkt] *adj.*	live, direkt *bei Radio- und Fernsehsendungen*	Le foot à la télé, c'est mieux quand c'est ~.
TF1 [teɛfɛ̃]	*französischer Fernsehsender*	
Johnny Hallyday [dʒɔnialidɛj]	*französischer Sänger* → Civilisation, p. 113	
Charles Aznavour [ʃaʀlaznavuʀ]	*französischer Sänger* → Civilisation, p. 113	
Céline Dion [selindjɔ̃]	*kanadische Sängerin* → Civilisation, p. 113	
le bonheur [ləbɔnœʀ]	das Glück	L'argent ne fait pas toujours le ~.
permettre à qn de + *Inf.* [pɛʀmɛtʀ] permettre ≠ interdire	jdm erlauben etw. zu tun *wird wie* mettre *konjugiert,* › Verbes p. 107	Tu me ~[3] voir le film d'horreur ce soir?
[(ê)]**se faire un nom** [səfɛʀɛ̃nɔ̃]	sich einen Namen machen	Mathilde veut devenir célèbre. Elle veut ~ à la télé.
risquer qc [ʀiske]	etw. riskieren, aufs Spiel setzen	Ne ~[4] pas ta vie! Prends mon casque.
l'élimination [leliminasjɔ̃] *f.*	*hier:* der Ausschluss, das Ausscheiden	Ce n'est pas drôle, les ~[5] à Star Academy!

Ils risquent l'élimination. = Ihnen droht der Ausschluss.

le/la téléspectateur/-trice [lətelespɛktatœʀ/latelespɛktatʀis]	der/die Fernsehzuschauer/in	Les ~[6] sont fans de cette émission.
le contrat [ləkɔ̃tʀa]	der Vertrag	Ce ~ est très important pour moi.
le disque [lədisk]	die Platte *CD und Schallplatte*	J'ai acheté le ~ de la gagnante de la Star Academy.
surtout [syʀtu] *adv.*	vor allem	Tim aime ~ lire des romans policiers.
voter pour/contre qn/qc [vɔtepuʀ/kɔ̃tʀ]	für/gegen jdn stimmen	Tu vas ~ pour qui?
croire qn + *adj.* [kʀwaʀ]	jdn für etw. halten	Je te ~[7] solidaire. Tu me déçois.
la demi-finale [ladəmifinal]	das Halbfinale	Je prends les billets pour la ~ du match.

éliminer qn/qc [elimine] ▶ l'élimination	jdn ausschließen, durchfallen lassen	On ne peut pas l'~! Il chante super bien!
cruel/le [kʀyɛl] *adj.*	grausam	Parfois les téléspectateurs sont ~[8] avec les candidats.
professionnel/le [pʀɔfesjɔnɛl] *adj.*	professionell	Paul a trouvé une solution ~[9] à ce problème.
injuste [ɛ̃ʒyst] *adj.* injuste ≠ juste	ungerecht	C'est ~! Je suis la meilleure!
la peau [lapo]	die Haut	Les enfants ont une ~ très sensible.

avoir la musique dans la peau = Musik im Blut haben

motiver qn [mɔtive]	jdn motivieren	Tu dois ~ Grégoire! Il doit venir à ta fête!
le talent [lətalɑ̃]	das Talent	Tu aimes le chant et tu as du ~? Va au casting!
fou/folle [fu/fɔl] *adj.*	verrückt	Faire de la mobylette sans casque – tu es ~?! C'est trop dangereux!

être fou/folle de qn/qc = nach jdm/etw. verrückt sein

passer par la tête [pasepaʀlatɛt]	durch den Kopf gehen	Qu'est-ce qui te ~[10]?
dégoûter qn [degute]	jdn nerven, anwidern	La télé, parfois ça me ~[11]!
la candidature [lakɑ̃didatyʀ] ▶ le/la candidat/e	die Bewerbung	

poser sa candidature = sich bewerben

1 limites 2 te présenter 3 permets de 4 risque 5 éliminations 6 téléspectateurs 7 croyais 8 cruels 9 professionnelle 10 passe par la tête 11 dégoûte

DOSSIER 2, Approches

le regard [ləʀəgaʀ]	der Blick	
le petit-fils / la petite-fille [ləptifis/laptitfij]	der/die Enkel/in	Mes grands-parents ont cinq ~[1]!
Charlemagne [ʃaʀləmaɲ]	Karl der Große → Civilisation, p. 113	
signer qc [siɲe]	etw. unterschreiben	Fais attention avant de ~ un contrat!
le traité [lətʀɛte]	das Abkommen, der Vertrag	Les deux pays ont signé un ~ sur les échanges des jeunes.
le traité de Verdun [lətʀɛtedəvɛʀdɛ̃]	der Vertrag von Verdun → Civilisation, p. 115	
l'empire [lɑ̃piʀ] *m.*	das Reich	L'~ allemand est né en 1871 après la guerre franco-allemande.

la Francie occidentale [lafʀɑ̃siɔksidɑ̃tal]	das Westfrankenreich	
la Francie orientale [lafʀɑ̃siɔʀjɑ̃tal]	das Ostfrankenreich	
la Lotharingie [lalotaʀɛ̃ʒi]	Lotharingen	
la partie [lapaʀti]	*hier:* der Teil	Une ~ des élèves n'a pas compris l'exercice.
la Lorraine [lalɔʀɛn]	Lothringen → Civilisation, p. 111	
[(ê)]**se disputer qc** [sədispyte]	sich um etw. streiten	Les chiens ~[2] la viande dans le plat.
la Réforme [laʀefɔʀm]	die Reformation	La ~ de Luther est très importante dans l'histoire allemande.
la religion [laʀəliʒjɔ̃]	die Religion	En France, il n'y a pas de cours de ~ à l'école.
avoir lieu [avwaʀljø]	stattfinden	Le concert ~[3] dans le jardin des Tuileries.
le/la protestant/e [ləpʀɔtɛstɑ̃/lapʀɔtɛstɑ̃t]	der/die Protestant/in	
les Huguenots [leygno]	die Hugenotten *Bezeichnung für französische Protestanten vom 16. bis zum 18. Jahrhundert*	
l'Édit de Nantes [ledidənɑ̃t]	das Edikt von Nantes → Civilisation, p. 115	
Louis XIII [lwitʀɛz]	Ludwig XIII. *1610–1643 König von Frankreich*	
annexer qc [anɛkse]	etw. annektieren, sich etw. einverleiben *Land*	L'Allemagne a ~[4] une partie de la France en juin 1871.
l'Alsace [lalzas] *f.*	das Elsass → Civilisation, p. 111	
la révocation [laʀevɔkasjɔ̃]	die Aufhebung, die Widerrufung	La ~ de ce traité a été une catastrophe!
causer qc [koze]	etw. bewirken, verursachen	Souvent, les religions ont ~[5] des guerres.
l'émigration [lemigʀasjɔ̃] *f.*	die Auswanderung	
le/la réfugié/e [ləʀefyʒje/laʀefyʒje]	der Flüchtling *m./f.*	De nombreux ~[6] sont arrivés en Espagne.
prospérer [pʀɔspeʀe]	gedeihen, vorwärtskommen *wird wie* espérer *konjugiert* → Verbes, p. 103	Ce pays ~[7] très vite!

faire prospérer qc = etw. zum Blühen bringen

Louis XIV [lwikatɔʀz]	Ludwig XIV. → Civilisation, p. 114	
envahir qc [ɑ̃vaiʀ]	etw. überfallen *ein Land*, einfallen *in ein Land* *wird wie* réagir *konjugiert* → Verbes, p. 103	Cet été, les touristes ont ~[8] l'Allemagne.
le Palatinat [ləpalatina]	die Pfalz	

la belle-sœur [labɛlsœʀ]	*hier:* die Schwägerin, *auch:* die Stiefschwester	La femme de mon frère, c'est ma ~.

Diese Wörter drücken Verwandschaftsbeziehungen aus:	la mère / le père la fille / le fils la sœur / le frère	la grand-mère / le grand-père la petite-fille / le petit-fils la tante / l'oncle	la cousine / le cousin la belle-sœur / le beau-frère la belle-mère / le beau-père

le siècle des Lumières [ləsjɛkləd elymjɛʀ]	das Jahrhundert der Aufklärung → Civilisation, p. 115	
le/la philosophe [ləfilɔzɔf/lafilɔzɔf] *m./f.*	der/die Philosoph/in	Un ~ réfléchit sur le sens de la vie.
Voltaire [vɔltɛʀ]	*französischer Philosoph der Aufklärung* → Civilisation, p. 114	
la Prusse [lapʀys]	Preußen	
Frédéric II [fʀedeʀikdø]	Friedrich II. *1772–1786 König von Preußen*	
la révolution [laʀevɔlysjɔ̃]	die Revolution	
la Révolution française [laʀevɔlysjɔ̃fʀɑ̃sɛz]	die französische Revolution → Civilisation, p. 115	La ~ a commencé en 1789.
Louis XVI [lwisɛz]	Ludwig XVI. → Civilisation, p. 114	
Marie-Antoinette [maʀiɑ̃twanɛt]	*Königin von Frankreich, Ehefrau von Ludwig XVI.* → Civilisation, p. 114	
mourir [muʀiʀ]	sterben → Verbes, p. 107	Louis XIV est ~[9] en 1715.
l'échafaud [leʃafo] *m.*	das Schafott	Louis XVI meurt sur l'~.
parmi [paʀmi] *prép.*	zwischen, darunter	
déclarer qc [deklaʀe]	etw. verkünden, deklarieren, erklären *Krieg*	En 1792 plusieurs pays ~[10] la guerre à la France.
révolutionnaire [ʀevɔlysjɔnɛʀ] *m./f. adj.* ▶ la révolution	revolutionär	Tu connais des gens qui ont des idées ~[11]?
Napoléon [napɔleɔ̃]	*Kaiser von Frankreich* → Civilisation, p. 114	
l'Autriche [lotʀiʃ] *f.*	Österreich	
la Suède [lasɥɛd]	Schweden	
la Russie [laʀysi]	Russland	
l'unité [lynite] *f.*	die Einheit	On fête l'~ allemande le 3 octobre.
national/e [nasjɔnal], **nationaux** [nasjɔno] *m. pl. adj.*	national	La fête ~ de la France est le 14 juillet.
Bismarck [bismark]	*deutscher Reichskanzler (1815–1898)*	
Napoléon III [napɔleɔ̃tʀwa]	*Kaiser von Frankreich* → Civilisation, p. 114	
franco-allemand/e [fʀɑ̃kɔalmɑ̃/fʀɑ̃kɔalmɑ̃d]	deutsch-französisch	

suivant/e [sɥivɑ̃/sɥivɑ̃t] *adj.* ▶ suivre	folgender/-es/-e, nächster/-es/-e	Tu ne trouves pas la solution? Regarde à la page ~[12]!
programmer qc [pʀɔgʀame] ▶ le programme	*hier:* etw. vorprogrammieren, *auch:* etw. programmieren	Marc a eu une mauvaise note en maths. Des problèmes avec ses parents étaient ~[13].

1 petits-fils 2 se disputent 3 a lieu 4 annexé 5 ont causé 6 réfugiés 7 prospère 8 envahi 9 mort 10 déclarent 11 révolutionnaires 12 suivante 13 programmés

2

DOSSIER 2, SÉQUENCE 1

l'exil [lɛgzil] *m.*	das Exil	Voltaire a vécu parfois en ~.
subir qc [sybiʀ]	etw. ertragen, erleiden *wird wie* réagir *konjugiert* → Verbes, p. 103	Émilie ne veut plus ~ la jalousie de Flavien.
craindre qn/qc / craindre que + *subj.* [kʀɛ̃dʀkə]	jdn/etw. fürchten / fürchten, dass *wird wie* plaindre *konjugiert* → Verbes, p. 145	Je ~[1] que Léa ne puisse pas venir à ta fête.
sauvage [sovaʒ] *m./f. adj.*	wild	Mathilde a trouvé un chat ~.
le malheur [ləmalœʀ] le malheur ≠ le bonheur ▶ malheureux/-euse *adj.*	das Unglück	Il a perdu son travail. C'est un ~ pour lui et sa famille!
ne … que [nə…kə] *adv.*	nur, erst	Mon petit frère ~ fait ~ des bêtises!
l'arme [laʀm] *f.*	die Waffe	Son grand-père n'a jamais touché à une ~.
mêler qc (à qc) [mɛle]	etw. mit etw. mischen	Tu dois ~ les cartes!
le Brandebourg [ləbʀɑ̃dəbuʀ]	Brandenburg	
la paix [lapɛ] la paix ≠ la guerre	der Frieden	Thomas travaille dans une organisation pour la ~.
tolérant/e [tɔleʀɑ̃/tɔleʀɑ̃t] *adj.*	tolerant	Tu dois être ~ avec lui: il a le cafard.
la manufacture [lamany-faktyʀ]	die Manufaktur	Son grand-père a travaillé dans une ~.
le drap [lədʀa]	*hier:* das Tuch, *auch:* das Laken	Ma mère a acheté de nouveaux ~[2] pour mon lit.
tenir qc de qn [təniʀdə]	von jdm etw. übernehmen *wird wie* venir *konjugiert* → Verbes, p. 109	
l'église [legliz] *f.*	die Kirche	Les grands-parents d'Élodie vont à ~ tous les dimanches.
grâce à [gʀɑsa] *prép.*	dank	Super! ~ son aide, on peut aller en France cette année !
Nîmes [nim]	*Stadt im Süden Frankreichs* → Civilisation, p. 112	
regretter qc [ʀəgʀete]	*hier:* etw. vermissen; *auch:* etw. bedauern	En exil, il a ~[3] son pays.

ANNEXE

regretter que + *subj.* [RəgRɛtekə]	bedauern, dass	Le prof ~[4] que ses élèves soient aussi mauvais.
le récit [ləResi]	der Bericht, die Erzählung	Le ~ de leurs vacances était intéressant!
le tisserand [lətisRɑ̃]	der Weber	Le père de Juliette est ~ à Lyon.
horrible [hɔRibl] *m./f. adj.*	furchtbar, schrecklich	C'est ~, son histoire!
la nouvelle [lanuvɛl]	die Nachricht, die Neuigkeit	J'ai de mauvaises ~[5]: la grand-mère d'Alice est mort.
révoquer qc [Revɔke] ▶ la révocation	etw. widerrufen	Le roi a ~[6] le traité car il n'était pas juste.
emmener qn [ɑ̃mne]	jdn mitnehmen, wegführen *wird wie* amener *konjugiert* → Verbes, p. 103	Tu pars en voyage. Tu ne peux pas m'~?
la roue [laRu]	das Rad *hier: Folterinstrument*	Un vélo a deux ~[7], une voiture en a quatre.
le doute [lədut]	der Zweifel	C'est Catherine! Il n'y a pas de ~.

sans doute = gewiss

la galère [lagalɛR]	die Galeere *Kriegsschiff, auf dem Sträflinge oder Sklaven als Ruderer eingesetzt wurden.*	Beaucoup de Huguenots sont morts aux ~[8].

C'est la galère! *fam.* = Das ist der Horror!

la Tour de Constance [laturdəkɔ̃stɑ̃s]	der „Turm der Standhaftigkeit" *Frauengefängnis bei Nîmes zur Zeit der Hugenottenkriege*	
vivant/e [vivɑ̃/vivɑ̃t] *adj.* ▶ vivre, la vie	lebendig	Il est ~!
catholique [katɔlik] *m./f. adj.*	katholisch	À côté de chez nous, il y a une église ~.
régulièrement [RegyljɛRmɑ̃] *adv. von* régulier	regelmäßig	Il va ~ à Nîmes pour voir ses parents.
le Jura [ləʒyRa]	das Juragebirge → Civilisation, p. 111	
faire passer qn [fɛRpɑse]	*hier:* jdn schleusen, jdn illegal über die Grenze bringen	La grand-mère de mon père a ~[9] des réfugiés pendant la guerre.
la Suisse [lasɥis]	die Schweiz → Civilisation, p. 113	
le passeur [ləpɑsœR]	der Fluchthelfer, der Schleuser	Pendant la guerre, il y avait de ~[10].
[(ê)]**se réfugier** [səRefyʒje] ▶ le/la réfugié/e	Zuflucht suchen	Elle a eu très peur, elle s'est ~[11] dans sa cabane.
les provisions [lepRɔvizjɔ̃]	der Proviant, die Vorräte	Tu as fait des ~ pour le voyage?
réformer qc [Refɔrme]	etw. reformieren, verändern	Les jeunes rêvent de ~ la société.

1 crains 2 draps 3 regretté que 4 regrette que 5 nouvelles 6 révoqué 7 roues 8 galères 9 fait passer 10 passeurs 11 réfugiée

littéraire [liteʀɛʀ] *m./f. adj.*	literarisch, Literatur- + *Nomen*	Après son bac, Marie veut faire des études ~[1].
la satire [lasatiʀ]	die Satire	Voltaire a écrit beaucoup de ~[2].
politique [pɔlitik] *m./f. adj.*	politisch	Hier, on a regardé une émission ~ à la télé.
la Bastille [labastij]	die Bastille *ehemaliges Gefängnis in Paris* → Civilisation, p. 111	
lequel/laquelle [ləkɛl/lakɛl]	welcher/-es, welche	Est-ce que tu connais un restaurant dans ~ on mange bien?
lesquels/lesquelles [lekɛl]	welche *Pl.*	Les filles avec ~[3] Marc est allé au cinéma étaient très sympa.
imprudent/e [ɛ̃pʀydɑ̃/ɛ̃pʀydɑ̃t] *adj.* imprudent/e ≠ prudent	unvorsichtig	Ne sois pas ~! L'escalade urbaine, c'est dangereux!

Wie du das jeweils gegenteilige Adjektiv mit Hilfe der Präfixe in-, im- *und* il- *bilden kannst, findest du im* Annexe, *S. 98.*

le pouvoir [ləpuvwaʀ]	die Macht	Le ~ du roi Louis XIV était très grand.
absolu/e [apsɔly] *adj.*	*hier:* absolutistisch, uneingeschränkt; *auch:* absolut	Louis XIV était un roi au pouvoir ~.
la justice [laʒystis] ▶ juste *m./f. adj.*, injuste *m./f. adj.*	*hier:* das Rechtswesen, die Justiz	
la science [lasjɑ̃s]	die Wissenschaft	Églantine n'aime pas les ~[4].
l'économie [lekɔnɔmi] *f.*	die Wirtschaft	Il est important que l'~ de ce pays prospère!
la philosophie [lafilɔzɔfi] ▶ le/la philosophe	die Philosophie	En France, les élèves apprennent la ~ au lycée.
correspondre [kɔʀɛspɔ̃dʀ] ▶ le/la correspondant/e	korrespondieren, im Briefwechsel stehen *wird wie* attendre *konjugiert* → Verbes, p. 103	Markus ~[5] avec Olivier depuis deux ans.
le séjour [ləseʒuʀ]	der Aufenthalt	Notre ~ à Paris a été merveilleux!
l'intrigue [lɛ̃tʀig] *f.*	die Intrige	Cette fille adore les ~[6]!
le/la courtisan/e [ləkuʀtizɑ̃/lakuʀtizan]	der Höfling, die Hofdame	Beaucoup de ~[7] vivaient à Versailles.
le conte [ləkɔ̃t]	das Märchen, die Erzählung	Tu aimes les ~[8] d'Andersen?

In seinen Contes philosophiques – *häufig Parodien auf die im 18. Jahrhundert beliebten Reise-, Ritter- und Liebesromane – entlarvt Voltaire mit Hilfe von Ironie und Satire die gesellschaftlichen Missstände im absolutistischen Frankreich. Zwar legt er die Handlungsorte der* Contes *grundsätzlich in andere Länder; dies stellt jedoch nichts weiter als eine Vorsichtsmaßnahme dar, um der strengen Zensur zu entgehen. Voltaire nutzt diese literarische Form, um seine aufklärerischen Ideen einer von Freiheit und Toleranz geprägten Gesellschaft zu verbreiten. Zu seinen bekanntesten* Contes *gehören* Candide, Zadig *und* Micromégas.

l'œuvre [lœvʀ] *f.*	das Werk	~ de Victor Hugo est importante dans la vie littéraire.
Ferney [fɛʀnɛ]	*französische Stadt* → Civilisation, p. 111	
Sanssouci [sɑ̃susi]	*Schloss in Potsdam, Sommerresidenz von Friedrich II.*	
royal/e [ʀwajal] *adj.* / **royaux** [ʀwajo] *m.pl.*	königlich, Königs- + *Nomen*	La famille ~[9] a pris la fuite pendant la Révolution française.
au début (de qc) [odeby] *adv.* au début ≠ à la fin	am Anfang (von etw.), zuerst	~, Thomas a été furieux. Après, il a pleuré.
la correction [lakɔʀɛksjɔ̃]	die Korrektur	Quelle horreur! Mon devoir est plein de ~[10].

apporter quelques corrections = einige Korrekturen hinzufügen

la virgule [laviʀgyl]	das Komma	Tu as oublié une ~ dans la phrase!
souhaiter qc à qn / souhaiter que + *subj.* [swɛte]	jdm etw. wünschen / wünschen, dass	Je ~[11] que mes rêves se réalisent.
le point [ləpwɛ̃]	der Punkt	Une phrase finit souvent par un ~.

mettre un point à qc = einer Sache ein Ende setzen

traduire [tʀadɥiʀ]	übersetzen *wird wie* construire *konjugiert* → Verbes, p. 105	Les élèves doivent ~ un texte en allemand.
intriguer (contre qn) [ɛ̃tʀige] ▶ l'intrigue *f.*	intrigieren (gegen jdn)	Il y a des gens qui adorent ~. Je ne comprends pas pourquoi.
presser qc [pʀɛse]	etw. (aus-)pressen	Marie ~[12] les oranges.
le malentendu [ləmalɑ̃tɑ̃dy]	das Missverständnis	Désolée, c'est un ~.
(ê)**s'en aller** [sɑ̃nale]	weggehen, losgehen	Tu peux ~[13]. Je n'ai plus besoin de toi.

1 littéraires 2 satires 3 lesquelles 4 sciences 5 correspond 6 intrigues 7 courtisans 8 contes 9 royale 10 corrections 11 souhaite 12 presse 13 t'en aller

DOSSIER 2, SÉQUENCE 3

le/la lycéen/ne [ləliseɛ̃/liseɛn] ▶ le lycée	der/die Schüler/in eines lycée	Depuis cette année, Émilie est ~[1].
le/la collégien/ne [ləkɔleʒjɛ̃/lakɔleʒjɛn] ▶ le collège	der/die Schüler/in eines collège	Son petit frère est encore ~.
Brigitte Sauzay [bʀiʒitsozɛ]	*französische Dolmetscherin* → Civilisation, p. 114	
dont [dɔ̃]	*hier:* von dem *auch:* dessen, deren	La fille ~ le frère est champion de foot, habite là.
la nourriture [lanuʀityʀ]	die Nahrung, das Essen	Nathalie n'aime pas la ~ à la cantine.
de plus [dəplys] *adv.*	außerdem	Amélie est très gentille. ~, elle est jolie.
manquer à qn [mɑ̃kea]	jdm fehlen	Tu vas me ~! Écris-moi!

énormément [enɔʀmemɑ̃] *adv.*	ungeheuer, enorm	Il a fait ~ de progrès l'année dernière!
énorme [enɔʀm] *m./f. adj.*	ungeheuer, enorm	J'ai une peur ~ du chien de mon voisin!
constamment [kɔ̃stamɑ̃] *adv.*	ständig	Mathias, tu as ~ de mauvaises notes! Pourquoi?
constant/e [kɔ̃stɑ̃/kɔ̃stɑ̃t] *adj.*	ständig	Aujourd'hui, il y a un vent ~.
petit à petit [pətitapəti] *adv.*	allmählich	~, Victor fait des progrès au piano.
(ê)**s'habituer à qn/qc / s'habituer à** + *Inf.* [sabitɥea] ▶ prendre l'habitude, d'habitude	sich an jdn/etw. gewöhnen / sich daran gewöhnen etw. zu tun	Tu dois ~[2] à te lever le matin! Les vacances sont finies!
malgré qc [malgʀe]	trotz	~ le mauvais temps, je vais au cinéma.

Mit diesen Ausdrücken kannst du einen Grund / eine Ursache angeben:

à cause de:	À cause de l'interrogation il n'a pas pu dormir.
grâce à:	Grâce à ses amis, il a trouvé une solution à son problème.
malgré:	Malgré le malentendu qu'il y avait entre les deux amis ils ont continué à se voir.
par:	Il est devenu malade par jalousie.
c'est pourquoi:	Il n'a pas d'argent. C'est pourquoi il ne peut pas partir en voyage.
c'est la raison pour laquelle:	Elle est malade. C'est la raison pour laquelle elle ne vient pas.

gentiment [ʒɑ̃timɑ̃] *adv.* ▶ gentil/le *adj.*	nett	Thomas devrait parler plus ~ à sa petite sœur.
dans l'ensemble [dɑ̃lɑ̃sɑ̃bl] *adv.*	insgesamt, im Großen und Ganzen	~, il a fait des progrès en français.
le système [ləsistɛm]	das System	Le ~ scolaire allemand est différent du français.
différemment [difeʀamɑ̃] *adv.* ▶ différent/e *adj.*	anders, unterschiedlich	Marc et Magalie pensent toujours ~!
intensément [ɛ̃tɑ̃semɑ̃] *adv.*	intensiv	Ils se disputent ~.
intense [ɛ̃tɑ̃s] *m./f. adj.*	intensiv	Hier, j'ai passé un moment très ~ au concert.
apprécier qn/qc [apʀesje]	jdn/etw. schätzen	Nicolas ne sait pas ~ les bons moments.
couramment [kuʀamɑ̃] *adv.*	fließend	Marie parle ~ l'allemand.
courant/e [kuʀɑ̃/kuʀɑ̃t] *adj.*	fließend	Hier, on n'a pas eu d'eau ~[3] pendant deux heures.
de manière + *adj.* [dəmanjɛʀ] *adv.*	auf eine Art und Weise	Elle sait faire des calculs ~ impressionante!
le journalisme [ləʒuʀnalism] ▶ le/la journaliste, le journal	der Journalismus	Le ~ est un métier très intéressant!
évidemment [evidamɑ̃] *adv.* ▶ évident/e *adj.*	klar, eindeutig, selbstverständlich	~ Aurélie n'a rien compris car elle n'a pas écouté.
Ça n'a rien à voir. [sanaʀjɛ̃navwaʀ]	Das hat nichts damit zu tun!	~! C'est un autre problème!

Ça vaut le coup. [savoləku] *fam.*	Das lohnt sich!	10 euros le CD? ~.
mûr/e [myʀ] *adj.*	reif	Antonin n'est pas assez ~ pour partir seul en vacances.
finalement [finalmɑ̃] *adv.* ▶ la fin, finir	schließlich, endlich	Il a ~ pris sa vie en main!
absolument [apsɔlymɑ̃] *adv.* ▶ absolu/e *adj.*	absolut	Je ne suis ~ pas d'accord avec toi!
le pour et le contre [ləpuʀeləkɔ̃tʀ]	das Für und Wider	Avant de se décider, il faut peser le ~.

peser le pour et le contre = das Für und Wider abwägen

1 lycéenne 2 t'habituer à 3 courante

DOSSIER 2, SÉQUENCE 4

Die kursiv gedruckten Wörter gehören nicht zum obligatorischen Wortschatz.

le Roi-Soleil [ləʀwasɔlɛj]	der Sonnenkönig	On appelle Louis XIV le ~.
bas/basse [bɑ/bɑs] *adj.*	tief (gelegen), niedrig	

Diese Adjektive geben Größenverhältnisse an:

grand/e ≠ petit/e — haut/e ≠ bas/se — long/ue ≠ court/e — large *m./f.* ≠ étroit/e[1] — gros/se ≠ maigre[2] *m./f.*

1 **étroit/e** eng 2 **maigre** mager

l'évêque [levɛk] *m.*	der Bischof	Est-ce que tu connais l'~ de Paris?
le/la noble [lənɔbl/lanɔbl] *adj.*	der/die Adlige	Avant la Révolution française, les ~[1] avaient le pouvoir.
le magistrat [ləmaʒistʀa]	der Gerichtsbeamte	Ce ~ est très sévère.
le/la commerçant/e [ləkɔmɛʀsɑ̃/lakɔmɛʀsɑ̃t]	der/die Händler/in	Les parents de Jeanne sont ~[2].
le notaire [lənɔtɛʀ]	der Notar	Ils vont chez le ~ parce qu'il veulent vendre la maison de famille.
l'artisan/e [laʀtizɑ̃/laʀtizan] *m./f.*	der/die Handwerker/in	Les ~[3] travaillent de leurs mains.
le/la paysan/ne [ləpeizɑ̃/lapeizan]	der Bauer, die Bäuerin	Les ~[4] travaillent beaucoup en été.
nécessaire (de + *Inf.***)** [nesesɛʀ] *m./f. adj.*	nötig	Il est ~ de changer quelque chose!
le/la mendiant/e [ləmɑ̃djɑ̃/lamɑ̃djɑ̃t]	der/die Bettler/in	On doit aider les ~[5].

la naissance [lanɛsɑ̃s] ▶ né/e	die Geburt	La ~ de mon petit frère est une grande nouvelle!
l'apprenti/e [lapʀɑ̃ti] *m./f.* ▶ apprendre	der/die Auszubildende, der Lehrling	Thomas est ~ dans une boulangerie.
l'orfèvre [lɔʀfɛvʀ] *m.*	der Goldschmied	Le père de David est ~ à Paris.
l'Auvergne [lovɛʀɲ(ə)] *f.*	*Region in Zentralfrankreich* → Civilisation, p. 111	
le tanneur [lətanœʀ]	der Gerber	
Aurillac [oʀijak]	*Stadt in der Auvergne* → Civilisation, p. 111	
diriger qc [diʀiʒe]	etw. leiten, führen *wird wie* bouger *konjugiert* → Verbes, p. 103	Il m'énerve! Il veut toujours ~ le groupe!
le maître [ləmɛtʀ] / **la maîtresse** [lamɛtʀɛs]	der/die Meister/in; der/die Grundschullehrer/in	Serge apprend beaucoup de son ~.
l'apprentissage [lapʀɑ̃tisaʒ] *m.* ▶ l'apprenti/e, apprendre	die Lehre	Il n'est pas très content de son contrat d'~.
la pension [lapɑ̃sjɔ̃]	*hier:* der Unterhalt	Ses parents paient pour sa ~.
l'atelier [latəlje] *m.*	die Werkstatt	Il rêve d'avoir un ~ d'orfèvre.
l'instrument [lɛ̃stʀymɑ̃] *m.*	*hier:* das Werkzeug	Ila beaucoup d'~[6] dans son atelier.
le catéchisme [ləkateʃizm]	der Religionsunterricht *katholisch*	Sophie allait au ~ quand elle avait dix ans.
le compagnon [ləkɔ̃paɲɔ̃]	*hier:* der Geselle *auch:* der Facharbeiter	Les ~[7] ont terminé leur apprentissage.
Toulouse [tuluz]	*Stadt im Südwesten Frankreichs* → Civilisation, p. 112	
les Jésuites [leʒezɥit]	die Jesuiten → Civilisation, p. 115	
le/la domestique [lə/ladɔmɛstik]	der/die Diener/in	Autrefois, les nobles avaient des ~[8].
la prière [lapʀijɛʀ]	das Gebet	Avant l'interro, Florent fait une petite ~.

faire la prière = beten

réciter qc [ʀesite]	etw. vortragen	Mathieu doit ~ le poème devant toute la classe.
le latin [ləlatɛ̃]	Latein, die lateinische Sprache	Aujourd'hui, on ne parle plus le ~.
la demoiselle [ladmwazɛl]	das Fräulein	
Saint-Cyr [sɛ̃siʀ]	*Ausbildungsanstalt für verarmte adlige Mädchen* → Civilisation, p. 115	
la broderie [labʀɔdʀi]	das Sticken	Anne-Marie aime la ~.
le linge [ləlɛ̃ʒ]	die Wäsche	J'ai lavé le ~ sale.
épouser qn [epuze]	jdn heiraten	Yves veut ~ Sandrine.

1 nobles 2 commerçants 3 artisans 4 paysans 5 mendiants 6 instruments 7 compagnons 8 domestiques

la planète [laplanɛt]	der Planet	Connais-tu la plus grande ~ de l'univers?
Marseille [maʀsej]	*Stadt in Südfrankreich* → Civilisation, p. 111	
la (mer) Méditerranée [la(mɛʀ)meditɛʀane]	das Mittelmeer	
depuis [dəpɥi] *prép.*	*hier:* von etw. aus *örtlich*	~ cette fenêtre, on peut voir le centre ville.
l'architecte [laʀʃitɛkt] *m./f.*	der/die Architekt/in	Ben aime le dessin. Il veut devenir ~.
la basilique [labazilik]	die Basilika *hier:* Notre-Dame de la Garde *in Marseille*	Quelle magnifique ~!
Henri Espérandieu [ɑ̃ʀiɛspeʀɑ̃djø]	*französischer Architekt (1829–1874)*	
la bouillabaisse [labujabɛs]	der Fischeintopf *Spezialität aus Marseille*	Nicolas sait préparer une très bonne ~.
les crustacés [lekʀystase] *m. pl.*	die Krustentiere	Aimes-tu les ~?
le Vieux-Port [ləvjøpɔʀ]	*Hafen in Marseille* → Civilisation, p. 112	
pittoresque [pitɔʀɛsk] *m./f. adj.*	malerisch	Dans le sud de la France, il y a des villages ~[1].
le Panier [ləpanje]	*Altstadt von Marseille*	
l'architecture [laʀʃitɛktyʀ] *f.* ▶ l'architecte *m./f.*	die Architektur	L'~ de cette basilique est impressionnante!
le/la rappeur/-euse [ləʀapœʀ/laʀapøz]	der/die Rapper/in	MC Solaar est un ~ français célèbre. Tu le connais?
innombrable [inɔ̃bʀabl] *m./f. adj.*	unzählig	Il y a d'~[2] fleurs dans le jardin de ma grand-mère!
le temple [lətɑ̃pl]	der Tempel	Pourquoi est-ce qu'on appelle le stade de Marseille un ~?
réserver qc [ʀesɛʀve]	etw. reservieren	As-tu ~[3] tes billets pour le concert?
la Canebière [lakanbjɛʀ]	*Einkaufsstraße in Marseille* → Civilisation, p. 111	
l'avenue [lavəny] *f.*	die Allee	Quelle est l'~ la plus large de Paris?
animer qn/qc [anime]	jdn/etw. beleben	Il faut ~ cette fête!
la sculpture [laskylptyʀ]	die Skulptur	Le Pouce, c'est une ~ originale.
César [sezaʀ]	*französischer Bildhauer* → Civilisation, p. 113	
le château d'If [ləʃɑtodif]	*Festungsanlage auf einer Insel vor der Küste von Marseille*	
Monte Cristo [mɔ̃tekʀisto]	*Hauptfigur aus dem Roman „Der Graf von Monte Christo" von Alexandre Dumas (1802–1870)* → Civilisation, p. 114	

plonger [plɔ̃ʒe] ▶ la plongée	tauchen, eintauchen	Magalie a peur de ~.
l'île du Planier [lildyplanje]	*Felseninsel vor der Küste von Marseille*	
la plongée sous-marine [laplɔ̃ʒesumaʀin]	das Sporttauchen	Margot fait de la ~ pendant ses vacances.
le phare [ləfaʀ]	der Leuchtturm	Tu vois le ~ là-bas?
guider qn [gide]	jdn leiten, jdn anführen	Je ne connais pas la ville mais ce plan va nous ~.
le marin [ləmaʀɛ̃]	der Matrose	Un groupe de ~[4] se promène dans le port.
la calanque [lakalɑ̃k]	*enge Kalksteinbucht am Mittelmeer*	Les ~[5] de Marseille sont très célèbres.
le paradis [ləpaʀadi]	das Paradies	Cette petite calanque est un vrai ~!
protégé/e [pʀoteʒe]	*hier:* unter Naturschutz	Les calanques sont un paysage ~.

1 pittoresques 2 innombrables 3 réservé 4 marins 5 calanques

DOSSIER 3, SÉQUENCE 1

Zinédine Zidane [zinedinzidan]	*französischer Fußballspieler* → Civilisation, p. 114	
grandir [gʀɑ̃diʀ]	aufwachsen, wachsen *wird wie* réagir *konjugiert* → Verbes, p. 103	Zidane a ~[1] à Marseille.
la Castellane [lakastɛlan]	*Stadtviertel in Marseille*	
l'Algérie [lalʒeʀi] *f.*	Algerien → Civilisation, p. 112	
manger à sa faim [mɑ̃ʒeasafɛ]	sich satt essen	Dans beaucoup de pays, il n'est pas évident de pouvoir ~ tous les jours.
la place de la Tartane [laplasdəlataʀtan]	*Platz in Marseille*	
la Coupe du monde [lakupdymɔ̃d]	die Weltmeisterschaft	En 2006, la ~ a eu lieu en Allemagne.
le papier d'aluminium [ləpapjedalyminjɔm]	die Aluminiumfolie	Tu veux du ~ pour le gâteau?
abstrait/e [abstʀɛ/abstʀɛt] *adj.*	abstrakt	Ce dessin de Paul Klee est très ~!
escalader qc [ɛskalade] ▶ l'escalade urbaine	auf etw. hinaufklettern	Mathias aime ~ les montagnes.
pas mal de [pɑmaldə] *fam.*	*hier:* ziemlich viel, ganz schön viel	Aujourd'hui, on a ~ devoirs!
causer [koze]	sich unterhalten, plaudern	Paul et Antoine n'arrêtent pas de ~.
le symbole [ləsɛ̃bɔl]	das Symbol	Quel est le ~ de ta ville?
les minots [lemino] *m./pl. fam.*	die kleinen Kinder *in Südfrankreich gebräuchlich*	Les ~ du quartier jouent au foot.
l'étape [letap] *f.*	die Etappe	La prochaine ~ est Paris-Marseille.

franchir qc [fʀɑ̃ʃiʀ]	etw. überwinden, etw. durchlaufen *wird wie* réagir *konjugiert* → Verbes, p. 103	Pour réussir, il faut ~ beaucoup d'étapes.
le changement [ləʃɑ̃ʒmɑ̃] ▶ changer	die Veränderung	Un ~ au collège, ce ne serait pas mal.
en haut [ɑ̃o] *adv.* en haut ≠ en bas	oben	Mon chat est ~ de l'arbre.
le capitaine de l'équipe [ləkapitɛnd(ə)lekip]	der Mannschaftskapitän	Zidane était le ~ de France.
l'épaule [lepol] *f.*	die Schulter	Hier, au match, il avait mal à l'~.
avancer qc [avɑ̃se]	*hier:* etw. ausstrecken, vorstrecken	
le brassard [ləbʀasaʀ]	die Armbinde	Le capitaine de l'équipe a toujours un ~.
le gamin / la gamine [ləgamɛ̃/lagamin] *fam.*	der kleine Junge / das kleine Mädchen	Elle est mignonne, cette ~[2]!
chouette [ʃuɛt] *m./f. adj. fam.*	*hier:* toll, großartig	– On va au match? – ~!
l'entraîneur/-euse [lɑ̃tʀɛnœʀ/lɑ̃tʀɛnøz]	der/die Trainer/in	L'~ est très sévère avec l'équipe.
le sandwich [ləsɑ̃dwitʃ]	das Sandwich, das belegte Brot	Mathilde adore les ~[3] au fromage.
la pizza [lapidza]	die Pizza	Allons manger une ~ ce soir!
le soda [ləsoda]	das Sodawasser	Tu veux du ~ ou tu préfères un thé?
remarquer qn/qc [ʀəmaʀke]	jdn/etw. bemerken, auf jdn/etw. aufmerksam werden	Lucie est fâchée. Son copain n'a pas ~[4] sa nouvelle jupe.
alors [alɔʀ] *adv.*	*hier:* damals	Cette histoire s'est passée en 2001. Où est-ce que tu étais ~?
faire venir qn [fɛʀvəniʀ]	jdn kommen lassen	Elle a ~[5] son frère parce qu'elle a besoin d'aide.
Cannes [kan]	*Stadt in Südfrankreich* → Civilisation, p. 111	
(ê)**se promettre de** + *Inf.* [səpʀɔmɛtʀ]	sich vornehmen / zum Ziel setzen etw. zu tun *wird wie* mettre *konjugiert* → Verbes, p. 107	Laure ~[6] devenir médecin.
faire tout son possible [fɛʀtusɔ̃pɔsibl]	sein/ihr Möglichstes tun	Elle ~[7] pour réussir son examen.
la carrière [lakaʀjɛʀ]	die Karriere, die Laufbahn	La ~ de Zidane s'est terminée en 2006.
le dribble [lədʀibl]	das Dribbling	Il fait des ~[8] magnifiques.
physique [fizik] *m./f. adj.*	physisch, körperlich	
courir balle au pied [kuʀiʀbalopje]	den Ball (am Fuß) führen	Zidane ~[9] très bien ~.
le terrain [ləteʀɛ̃]	das Gelände	Il est grand, ce ~!
remonter le terrain [ʀəmɔ̃teləteʀɛ̃]	nach vorn spielen *Fußball*	«Et oui! Il ~[10] tout seul! Super!»
la passe [lapɑs]	die Ballabgabe *Fußball*	Quelle belle ~!
le tir [lətiʀ]	der Schuss *Fußball*	Son ~ était magnifique!

sans parler de [sɑ̃parledə]	ganz zu schweigen von	
marquer (qc) [marke]	(etw.) markieren *hier:* ein Tor schießen	Bravo! On a ~[11]!
[(ê)]**s'entraîner** [sɑ̃trɛne]	trainieren	Pour devenir champion, il faut ~.
[(ê)]**arriver à** + *Inf.* [arivea]	schaffen etw. zu tun	Elle n'est pas ~[12] faire les courses.
les Girondins de Bordeaux [leʒirɔ̃dɛ̃dəbɔrdo]	*Fußballclub aus Bordeaux*	
la sélection [laseleksjɔ̃]	die Auswahl	L'équipe avait une très belle ~.
le but [ləbyt]	das Tor, das Ziel	Quel est ton ~ dans la vie?

marquer un but = ein Tor schießen

le/la footballeur/-euse [ləfutbalœr/lafutbaløz]	der/die Fußballer/in	Zidane était le meilleur ~ de France!
le Brésil [ləbrezil]	Brasilien	
réaliser qc [realize] ▶ réaliste *m./f. adj.*, la réalité	etw. verwirklichen	Il faut toujours essayer de ~ ses rêves!

1 a grandi 2 gamine 3 sandwichs 4 remarqué 5 fait venir 6 se promet de 7 fait tout son possible 8 dribbles 9 court très bien balle au pied 10 remonte le terrain 11 marqué 12 arrivée à

DOSSIER 3, SÉQUENCE 2

l'Arabe, l'arabe [larab] *m./f.*	der/die Araber/in, das Arabische *Sprache* → Civilisation, p. 114	
arabe [arab] *m./f. adj.*	arabisch	Ma copine Leïla est ~.
louche [luʃ] *m./f. adj. fam.*	verdächtig	Il a l'air ~, ce type!

Verlan *ist eine in der französischen Jugendsprache verbreitete Spielsprache, in der die Reihenfolge der Silben vertauscht wird. Selbst die Bezeichnung* Verlan *ist schon im* Verlan *verfasst, sie kommt nämlich vom französischen* envers *(„umgekehrt"). Viele Wörter sind in das umgangssprachliche Französisch übernommen worden, wie beispielsweise* Beurs *(von* Arabes*) Die besondere Schwierigkeit für das Verständnis des* Verlan *besteht darin, zu erkennen, welche Silben vertauscht wurden. Hierzu ist es hilfreich zu wissen, dass selbst einsilbige Wörter verdreht werden können, indem man sie überdeutlich spricht, ein -eu anhängt und nach dem Vertauschen der Silben wieder auf ein einsilbiges Wort verkürzt (z. B.* mec *[Typ] =* me-keu → keume → keum*). Hier eine Auflistung einiger häufig gebrauchten* Verlan*-Begriffe:*

louche *adj.* = chelou	la mère = la reum	le bus = le seubu	le taxi = le xita *ou* xit
fou *adj.* = ouf	le père = le reup	le flic *fam.* = le keuf	le café = le féca
bizarre *adj.* = zarbi	le frère = le reuf	le métro = le tromé	Vas-y! = Ziva!
gauche *adj.* = cheug	la sœur = la reuss	la musique = zicmu *ou* sicmu *ou* zik	Laisse tomber! = Laisse béton!
la femme = la meuf	la fête = la teuf		rigoler = goléri

violent/e [vjɔlɑ̃/vjɔlɑ̃t] *adj.* ▶ la violence	gewalttätig, gewaltsam	Parfois, quelques gens deviennent ~[1].
l'émeute [lemøt] *f.*	der Aufstand	Les ~[2] dans la banlieue parisienne ont été très violentes.
Strasbourg [strazbur]	*Stadt im Elsass* → Civilisation, p. 112	

brûler (qc) [bʀyle]	brennen, etw. verbrennen	Pendant les émeutes, des voitures ont ~[3].
la colère [lakolɛʀ]	die Wut	Ne me parle pas. Je suis en ~!

être en colère = wütend sein

la majorité [lamaʒɔʀite]	die Mehrheit	La ~ des élèves n'aime pas faire ses devoirs.
le quartier de l'Estaque [ləkaʀtjedəlɛstak]	*Wohnviertel in Marseille*	
la raison [laʀɛzɔ̃]	der Grund	Connaissez-vous la ~ des émeutes?
(ê)**se révolter contre qn/qc** [səʀevɔltekɔ̃tʀ]	sich gegen jdn/etw. auflehnen	Léo ~[4] son père. Il n'aime pas ses idées.
le racisme [ləʀasizm]	der Rassismus	C'est nul, le ~!
en avoir marre (de qn/qc) [ɑ̃navwaʀmaʀ] *fam.*	die Nase voll haben (von jdm/etw.), es satt haben	J'~[5] de tes histoires! Va t'en!
le calme [ləkalm] ▶ calme *m./f. adj.*	die Ruhe	Du ~, s'il vous plaît!
relatif/-ive [ʀəlatif/ʀəlativ] *adj.*	relativ	Tout est ~!
éviter qc / éviter de + *Inf.* [evite]	etw. vermeiden / vermeiden etw. zu tun	Parfois, on pourrait ~ des problèmes.
l'entrepreneur/-euse [lɑ̃tʀəpʀənœʀ/lɑ̃tʀəpʀənøz]	der/die Unternehmer/in	Son père est ~. Parfois, il rentre très tard le soir.

So kannst du die weibliche Form von Berufen bilden:

-teur → **-trice**

l'acteur *m.* – l'act**rice** *f.*	le moniteur – la moni**trice**	l'auditeur *m.* – l'audi**trice**
l'aviateur *m.* – l'avia**trice** *f.*	l'instituteur *m.* – l'institu**trice** *f.*	le conducteur – la conduc**trice**
le directeur – la direc**trice**	le fondateur – la fonda**trice**	l'explorateur *m.* – l'explora**trice**
l'animateur – l'anima**trice**		

-eur → **-euse**

le vendeur – la vend**euse**
le danseur – la dans**euse**
le chanteur – la chant**euse**
l'entrepreneur – l'entrepren**euse**

-er → **-ère**, -ier → **-ière**,

le boulanger – la boulang**ère**
le charcutier – la charcut**ière**
le cuisinier – la cuisin**ière**
l'infirmier – l'infirm**ière**
le sommelier – la sommel**ière**
le policier – la polic**ière**

l'entreprise [lɑ̃tʀəpʀiz] *f.*	das Unternehmen, die Firma	Il dirige une grande ~.
situé/e [sitɥe] *adj.*	gelegen	Ce village est ~ loin de Paris.
la zone [lazon]	die Zone	Cette ~ de Marseille n'est pas très intéressante.
créer qc [kʀee]	etw. (er)schaffen	Pierre veut ~ une nouvelle voiture.
l'emploi [lɑ̃plwa] *m.* ▶ employer qn	der Arbeitsplatz	Heureusement, il a trouvé un ~!
passer de ... à [pɑsedə...a]	sinken von ... auf	
le Plan d'Aou [ləplɑ̃dau]	*Wohnviertel in Marseille*	

le stage [ləstaʒ]	das Praktikum	Nicolas a fait un ~ en entreprise cet été.
l'association [lasɔsjasjɔ̃] *f.*	der Verein	Cette ~ aide les gens à trouver du travail.
l'équipement [lekipmɑ̃] *m.*	die Einrichtung	Il a besoin d'un nouvel ~ pour son bureau.
collectif/-ive [kɔlɛktif/kɔlɛktiv] *adj.*	gemeinschaftlich, Gemeinschafts- + *Nomen*	Les trois copains partagent un appartement. Ils ont une cuisine ~[6].
seul/e [sœl] *adj.*	einzige/r/s	Personne n'est venu. Je étais le ~!
culturel/le [kyltyʀɛl] *adj.* ▶ la culture	kulturell	La vie ~[7] dans cette ville est super!
l'animateur/-trice [lanimatœʀ/lanimatʀis]	der/die Animateur/in, der/die Freizeitpädagoge/-in	Georges est ~. Il travaille avec des jeunes dans la banlieue parisienne.
mobiliser qn [mɔbilize]	jdn mobilisieren	Quand il y a des problèmes dans la société, il faut ~ les gens.
le fumier [ləfymje]	*hier:* der Nährboden *auch:* der Mist	Ça ne sent pas très bon, le ~!
le Front National [ləfʀɔ̃nasjɔnal]	*rechtsextreme Partei in Frankreich*	
la cité [lasite]	*Hochhaussiedlung am Stadtrand*	Élodie habite dans une ~ qui est située assez loin du centre ville.
exclure qn [eksklyʀ]	jdn/etw. ausschließen → Verbes, p. 106	Il faut ~ ce footballeur du match.
la mentalité [lamɑ̃talite]	die Mentalität	Ma voisine a une ~ un peu bizarre.
alors que [alɔʀkə]	*hier:* während	~ Luc regardait le match à la télé, son frère lisait le journal.
l'avenue Saint-Ferréol [lavənysɛ̃feʀeɔl]	*Einkaufsstraße in Marseille*	
la Pointe Rouge [lapwɛ̃tʀuʒ]	*Stadtviertel im Süden von Marseille, bekannt durch seine Strände*	
le Stade vélodrome [ləstadvelɔdʀom]	*(Fußball-)Stadion in Marseille, in welchem OM spielt*	Le match a lieu au ~.

1 violents 2 émeutes 3 brûlé 4 se révolte contre 5 en ai marre 6 collective 7 culturelle

DOSSIER 3, SÉQUENCE 3

l'éducateur/-trice [ledykatœʀ/ledykatʀis]	der/die Erzieher/in	Les ~[1] règlent souvent les conflits.
[(ê)] **se spécialiser (en qc)** [səspesjalize]	sich spezialisieren (auf etw.)	Marion doit ~ pour aller à l'université.
dit/e [di/dit] *adj.*	genannt	Louis XIV, ~ le Roi-Soleil, est mort en 1715.
l'autorité [lotoʀite] *f.*	die Autorität	Sébastien a des problèmes avec l'~ de ses parents.
délinquant/e [delɛ̃kɑ̃/delɛ̃kɑ̃t] *adj.*	straffällig	Un éducateur peut aider un jeune ~ à trouver une solution à ses problèmes.

représenter qn/qc [ʀəpʀezɑ̃te]	jdn/etw. darstellen	Cet écrivain ~[2] l'esprit de son époque.
l'espoir [lɛspwaʀ] *m.* ▶ espérer	die Hoffnung	Il ne faut jamais perdre ~.
la minorité [laminɔʀite] la minorité ≠ la majorité	die Minderheit	Il y a une ~ de filles à cette fête! Dommage!
de la part de [dəlapaʀdə]	vonseiten, seitens	Je donne un cadeau à Jo ~ Léa.
Diam's [diams]	*französische Rapperin* → Civilisation, p. 113	
engagé/e [ɑ̃gaʒe] *adj.*	engagiert	Les rappeurs sont souvent très ~[3].
Amel Bent [amɛlbent]	*französische Sängerin* → Civilisation, p. 113	
directement [diʀɛkt(ə)mɑ̃] *adv.*	direkt	Du travail, tu iras ~ à la gare.
direct/e [diʀɛkt] *adj.*	direkt	C'est un garçon très ~. Il n'a pas peur de dire la vérité.
l'émotion [lemɔsjɔ̃] *f.*	die Rührung, die Ergriffenheit	Quelle ~ pendant ce concert!
conduire qn à qn/qc [kɔ̃dɥiʀ]	jdn zu jdm/etw. hinbringen *in einem Fahrzeug wird wie* construire *konjugiert* → Verbes, p. 105	Mathieu ~[4] Lucie au théâtre.
«La nouvelle star» [lanuvɛlstaʀ]	*Castingshow im französischen Fernsehen*	
jusqu'à présent [ʒyskapʀezɑ̃]	bis jetzt	~, il est content de son travail.
précieux/-euse [pʀesjø/pʀesjøz] *adj.*	kostbar, wertvoll	Fais attention! C'est ~!
rendre qn heureux/-se [ʀɑ̃dʀøʀø/høʀøz]	jdn glücklich machen *wird wie* attendre *konjugiert* → Verbes, p. 103	Marc a ~ sa famille ~[5]. Il a réussi son examen.
le mariage [ləmaʀjaʒ]	die Ehe	Paul et Léa, est-ce qu'ils pensent au ~?
Oran [ɔʀɑ̃]	*Küstenstadt im Westen Algeriens* → Civilisation, p. 113	
le vœu / les vœux [ləvø/levø]	das Gelöbnis, der Wunsch	
l'Oranais/e [lɔʀanɛ/lɔʀanɛz]	der/die Einwohner/in von Oran	
le coup de foudre [ləkudfudʀə]	die Liebe auf den ersten Blick	Aurélie et Julien, c'était le ~!
le cousin [ləkuzɛ̃] / **la cousine** [lakuzin]	der Cousin / die Cousine	Dimanche, j'ai rencontré mon ~.
mener qn/qc [məne]	jdn/etw. führen *wird wie* amener *konjugiert* → Verbes, p. 103	Mathéo ~[6] les touristes allemands à la tour Eiffel.
pour le moment [puʀləmɔmɑ̃]	im Moment	~, tout va bien!
les mœurs [lemœʀs] *f. pl.*	die Sitten	Il a des ~ bizarres, ce garçon!

1 éducateurs 2 représente 3 engagés 4 conduit 5 a rendu sa famille heureuse 6 mène

francophone [fʀɑ̃kɔfɔn] *m./f. adj.*	französischsprachig	Est-ce que tu connais un pays ~?
le Maghreb [ləmagʀɛb]	der Maghreb → Civilisation, p. 112	Le ~ est une région de l'Afrique du Nord.
le Maroc [ləmaʀɔk]	Marokko → Civilisation, p. 113	Le ~ est un pays du Maghreb.
conquérir qn/qc [kɔ̃keʀiʀ]	jdn/etw. erobern → Verbes, p. 104	Comment peut-il arriver à ~ le cœur de cette fille?
habité par [abitepaʀ]	bewohnt von	
le/la Berbère [ləbɛʀbɛʀ/labɛʀbɛʀ]	der/die Berber/in → Civilisation, p. 115	
la presqu'île [lapʀɛskil]	die Halbinsel	L'Italie est une ~.
couchant/e [kuʃɑ̃/kuʃɑ̃t]	untergehend	Est-ce que tu aimes regarder le soleil ~?
l'islam [lislam] *m.*	der Islam	L'~ est la religion principale du Maghreb.
la colonie [lakɔlɔni] ▶ coloniser qc	die Kolonie	Le Maroc est une ancienne ~ française.
le protectorat [ləpʀɔtɛktɔʀa] ▶ (ê)se protéger	das Schutzgebiet, das Protektorat	En 1912, le Maroc devient ~ français.
l'indépendance [lɛ̃depɑ̃dɑ̃s] *f.*	die Unabhängigkeit	Quand est-ce que le Maroc a eu son ~?
fréquemment [fʀekamɑ̃] *adv.*	häufig	Thomas va ~ à la piscine.
fréquent/e [fʀekɑ̃/fʀekɑ̃t] *adj.*	häufig	«Qui suis-je?» C'est une question très ~[1]!
Tunis [tynis]	*Hauptstadt Tunesiens* → Civilisation, p. 113	
la superficie [lasypɛʀfisi]	die Oberfläche	La France a une ~ plus grande que l'Allemagne.
la population [lapɔpylasjɔ̃]	die Bevölkerung	La ~ allemande est plus nombreuse que la française.
le statut [ləstaty]	*hier:* die Staatsform	
la république [laʀepyblik]	die Republik	La France est une ~.
officiel/le [ɔfisjɛl] *adj.*	offiziell	Cette nouvelle n'est pas encore ~[2].
le berbère [ləbɛʀbɛʀ]	Berberisch *Sprache der Berber*	Sayaline parle ~ avec sa grand-mère.
le/la Tunisien/ne [lətynizjɛ̃/latynizjɛn]	der/die Tunesier/in	Salim vient de Tunis. Il est ~.
chrétien/ne [kʀetjɛ̃/kʀetjɛn] *adj.*	christlich	Les protestants et les catholiques sont ~[3].
juif/juive [ʒɥif/ʒɥiv] *adj.*	jüdisch	David sait bien chanter des chansons ~[4].
la monnaie [lamɔnɛ]	*hier:* die Währung, *auch:* das Kleingeld	La ~ en Allemagne et en France est l'euro.

tunisien/ne [tynizjɛ̃/tynizjɛn] *adj.*	tunesisch	Est-ce que tu es déjà allé à un restaurant ~?
le domaine internet [lədomɛnɛ̃tɛʀnɛt]	die Internetdomain	Le ~ de la France est «.fr».
Rabat [ʀaba]	*Hauptstadt Marokkos* → Civilisation, p. 113	
la monarchie constitutionnelle [lamɔnaʀʃikɔ̃stitysjɔnɛl]	die konstitutionelle Monarchie	Le Maroc est une ~.
Mohammed VI [mɔamedsis]	*König von Marokko seit 1999*	
l'État [leta] *m.*	der Staat	Chaque ~ a un chef.
le/la Marocain/e [ləmaʀɔkɛ̃/lamaʀɔkɛn]	der/die Marokkaner/in	Aïcha vient de Rabat. Elle est ~[5].
le dirham [ladiʀam]	*marokkanische Währung*	
marocain/e [maʀɔkɛ̃/maʀɔkɛn] *adj.*	marokkanisch	Tahar ben Jeloun est un auteur ~ très connu.
Alger [alʒe]	*Hauptstadt Algeriens* → Civilisation, p. 112	
l'Algérien/ne [lalʒeʀjɛ̃/lalʒeʀjɛn]	der/die Algerier/in	Nasser vient d'Alger. Il est ~.
algérien/ne [alʒeʀjɛ̃/alʒeʀjɛn] *adj.*	algerisch	Cheb Khaled est un chanteur ~.

1 fréquente 2 officielle 3 chrétiens 4 juives 5 Marocaine

DOSSIER 4, SÉQUENCE 1

Essaouira [ɛsauiʀa]	*Hafenstadt im Norden Marokkos* → Civilisation, p. 112	
la côte Atlantique [lakotatlɑ̃tik]	die Atlantikküste	
Mohammed V [mɔamedsɛ̃k]	*König von Marokko (1957 bis 1961)*	
à côté de qn/qc [akotedə] *prép.*	neben jdm/etw.	Thomas est assis ~ Marion en classe.
le/la lecteur/-trice [ləlɛktœʀ/lalɛktʀis]	der/die Leser/in	Mon père est ~ de trois magazines.
le/la couturier/-ière [ləkutuʀje/lakutuʀjɛʀ]	*hier:* der/die Schneider/in, *auch:* der/die Modeschöpfer/in	Karl Lagerfeld est un ~ célèbre.
natal/e [natal] *adj.*	Heimat- + *Nomen*	Quel est le pays ~ de Zidane?
poli/e [pɔli] *adj.*	höflich	Ce garçon est très ~ avec les filles.
hospitalier/-ière [ɔspitalje/ɔspitaljɛʀ] *adj.*	gastfreundlich	À ton avis, dans quel pays est-ce que les gens sont très ~[1]?
le monument [ləmɔnymɑ̃]	das (berühmte) Bauwerk	Cette basilique est un ~ impressionnant.
historique [istɔʀik] *m./f. adj.*	historisch	Paris est une ville ~.
la dune [ladyn]	die Düne	Nadia adore se promener dans les ~[2].

doré/e [dɔʀe] *adj.*	golden	Le soir, le sable à la plage est ~.
la planche à voile [laplɑ̃ʃ-avwal]	das Windsurfen	Quentin fait de la ~ tous les étés.
le jumeau [ləʒymo] / **la jumelle** [laʒymɛl]	der Zwillingsbruder / die Zwillingsschwester *hier:* die Partnerstadt	Lucie est la ~[3] de Fabien.
La Rochelle [laʀɔʃɛl]	*Stadt im Südwesten Frankreichs* → Civilisation, p. 112	
terminer qc [tɛʀmine]	etw. beenden	Louis doit ~ ses devoirs avant d'aller au cinéma.
ne … ni … ni [nə…ni…ni] *conj.*	weder … noch	Mathias ~ mange ~ crustacés ~ le poisson.
la démocratie [lademɔkʀasi]	die Demokratie	Les philosophes du siècle des lumières ont défendu la ~.
le/la fonctionnaire [ləfɔ̃ksjɔnɛʀ/lafɔ̃ksjɔnɛʀ]	der Beamte, die Beamtin	Les policiers sont des ~[4].
étudier [etydje]	*hier:* lernen	Pour réussir dans la vie, il faut beaucoup ~.
sauf [sof] *prép.*	außer	Tout le monde est venu, ~ toi!
(ê)**s'entraîner** [sɑ̃tʀɛne]	trainieren	Pour devenir champion, il faut ~ tous les jours.
la douche [laduʃ]	die Dusche	Ça fait du bien, une ~!

prendre une douche – duschen

la sieste [lasjɛst]	der Mittagsschlaf	Martin veut faire une ~ après le déjeuner.
la médina [lamedina]	die Altstadt *in arabischen Städten*	

„Medina" ist arabisch und bedeutet ursprünglich „Stadt". Heute wird der Begriff aber vor allem für die Altstadtbereiche nordafrikanischer Städte verwendet. Die Medina von Tunis ist also die Altstadt von Tunis.

réviser les cours [ʀevizelekuʀ]	den behandelten Unterrichtsstoff wiederholen	
dîner [dine] ▶ le dîner	zu Abend essen	On va ~ à 19 heures?
le conte amoureux [ləkɔ̃tamuʀø]	die Liebesgeschichte	Marie est romantique. Elle aime les ~[5].
religieux/-euse [ʀəliʒjø/ʀəliʒjøz] *adj.* ▶ la religion	religiös	Mon grand-père est très ~. Il va souvent à l'église.

la femme au foyer [lafam-ofwaje]	die Hausfrau	La mère de Jeanne ne travaille pas. Elle est ~.
la confiance [lakɔ̃fjɑ̃s]	das Vertrauen	La ~, ça ne se gagne pas facilement.
adulte [adylt] *m./f. adj.*	erwachsen	Elle n'a que 13 ans, mais elle a l'air très ~.
donner sans compter [dɔnesɑ̃kɔ̃te]	sehr großzügig sein	Il y a peu de gens qui ~[6].
obéir (à qn) [ɔbeiʀ]	(jdm) gehorchen *wird wie* réagir *konjugiert* → Verbes, p. 103	Faut-il toujours ~?
apprendre qc à qn [apʀɑ̃dʀa]	jdm etw. beibringen	Madame Leroux ~[7] le piano à Hannah.
exercer qc [ɛgzɛrse]	etw. gebrauchen, etw. ausüben	Il a ~[8] le métier de professeur pendant trente ans.
la liberté [libɛrte] ▶ libre *m./f. adj.*	die Freiheit	Qu'est-ce que c'est, la ~?
de manière + *adj.* [dəmanjɛʀ]	auf eine bestimmte Art und Weise	
responsable (de qn/qc) [ʀɛspɔ̃sabl(ə)] *m./f. adj.*	verantwortlich für jdn/etw.	Anne est ~ de sa petite sœur.
sincère [sɛ̃sɛʀ] *m./f. adj.*	aufrichtig	Il faut être ~ avec ses amis.
le développement [lədevəlɔpmɑ̃]	die Entwicklung	Le ~ de ce pays est impressionnant!
la personnalité [lapɛʀsɔna-lite]	die Persönlichkeit	Michel n'aime pas la ~ de cet acteur.
la qualité [lakalite]	die Eigenschaft	Quelles ~[9] aimes-tu chez les autres?
la tolérance [latɔleʀɑ̃s]	die Toleranz	Les enfants apprennent la ~ à l'école.
amical/e [amikal] *adj.*	freundschaftlich	Pierre est très ~ avec ses voisins.
le chauffeur [ləʃofœʀ]	der Chauffeur	Attention! Le ~ du bus s'est endormi!
modeste [mɔdɛst] *m./f. adj.*	bescheiden	Elle est si intelligente, mais ne le mon-tre pas. Elle est ~!
le moyen [ləmwajɛ̃]	das Mittel	Le seul ~ de réussir est de travailler dur.
honnête [ɔnɛt] *m./f. adj.*	aufrichtig	Il faut rester ~ dans la vie.
la drogue [ladʀɔg]	die Droge	Le chocolat est une vraie ~!
l'arnaque [laʀnak] *f. fam.*	die Betrügerei	
offrir qc [ɔfʀiʀ]	*hier:* etw. bieten, anbieten *wird wie* ouvrir *konjugiert* → Verbes, p. 107	Quand j'étais chez Nathalie, sa mère m'a ~[10] un chocolat chaud.
chargé/e de [ʃaʀʒe] *adj.*	voll, beladen mit etw.	Le sac est ~ de tomates.
Charles Baudelaire [ʃaʀlbodəlɛʀ]	*französischer Lyriker des 19. Jh.*	
Honoré de Balzac [ɔnɔʀedəbalzak]	*französischer Schriftsteller des 19. Jh.*	
le championnat [ləʃɑ̃pjɔna]	der Wettkampf, die Meisterschaft	Il veut gagner le ~.

Agadir [agadiʀ]	*Küstenstadt in Marokko* → Civilisation, p. 112	
encourager qn [ɑ̃kuʀaʒe]	jdm Mut machen *wird wie* bouger *konjugiert* → Verbes, p. 103	Paul a peur de l'examen. Il faut l'~!

1 hospitaliers 2 dunes 3 jumelle 4 fonctionnaires 5 contes amoureux 6 donnent sans compter 7 apprend 8 a exercé 9 qualités 10 offert

DOSSIER 4, SÉQUENCE 2

il y a de cela très longtemps [iljadəsəlatʀɛlɔ̃tɑ̃]	vor langer, langer Zeit	~, un roi vivait dans son château.
l'Atlas [latlas]	das Atlasgebirge → Civilisation, p. 112	
vif [vif] / **vive** [viv] *adj.*	lebhaft	Redwane est un garçon très ~.
souriant/e [suʀjɑ̃/suʀjɑ̃t]	lächelnd	Cette fille a des yeux ~[1].
le secret [ləsəkʀɛ]	das Geheimnis	Chut! C'est un ~.

en secret [ɑ̃səkʀɛ] = im Geheimen

la tribu [latʀiby]	der Stamm	
voisin [vwazɛ̃] / **voisine** [vwazin] *adj.*	Nachbar- + *Nomen*, benachbart	Dans le village ~, il y a de jolies petites maisons.
de son côté [dəsɔ̃kote] *loc. adv.*	seinerseits, ihrerseits	
le sourire [ləsuʀiʀ] ▶ souriant/e	das Lächeln	Émilie a un joli ~.
rival/e [ʀival] *adj.*	gegnerisch, rivalisierend	On a perdu le match: l'équipe ~[2] était très forte.
désespéré/e [dezɛspeʀe] *adj.*	verzweifelt	Il est ~. Il n'arrive pas à parler avec Julie.
le sommet [ləsɔmɛ]	der Gipfel	Quel est le plus haut ~ d'Europe?
refuser de + *Inf.* [ʀəfyzedə]	sich weigern, etw. zu tun	Tu vas vraiment ~ lui parler?
supplier qn de + *Inf.* [syplijedə]	jdn anflehen, etw. zu tun	Marie ~[3] son père de lui acheter ce CD.
convaincre qn [kɔ̃vɛ̃kʀ]	jdn überzeugen → Verbes, p. 105	Non, tu ne peux pas me ~. Je ne vais pas manger les huîtres!
debout [dəbu] *adv.*	stehend	Les choristes sont restés ~ pendant trois heures!
appeler qn [apəle]	*hier:* jdn rufen	Mais tu n'écoutes pas? Ta mère t'~[4]!
mourir de faim [muʀiʀdəfɛ̃]	verhungern	
la fatigue [lafatig] ▶ fatigué/e *adj.*	die Erschöpfung	La ~ était trop forte. Il s'est endormi.
le chagrin [ləʃagʀɛ̃]	der Kummer	Elise a eu beaucoup de ~ quand son copain est parti.
le miracle [ləmiʀakl]	das Wunder	C'est un vrai ~!

la larme [lalaʀm]	die Träne	Elle a des ~[5] aux yeux.
[(ê)]**se former** [səfɔʀme]	sich bilden	Dans notre collège, il s'est ~[6] un groupe contre le racisme.
rappeler qn à qc [ʀapəlea]	jdn an etw. erinnern	Cette histoire lui ~[7] son enfance.
l'homme [lɔm] ▶ humain/e *adj.*	*hier:* der Mensch	Combien d'~[8] habitent sur la terre?
la cruauté [lakʀyote] ▶ cruel/le *adj.*	die Grausamkeit	L'histoire est pleine de ~[9].
[(ê)]**se marier** [səmaʀje] ▶ le mariage	heiraten	Paul et Élise vont ~.
le peuple [ləpœpl]	das Volk	Le ~ se révolte contre le roi.
les fiançailles [lefjɑ̃sɑj] *f. pl.*	die Verlobung	Les ~, ça se fête en Allemagne?
le couple [ləkupl]	das Paar	C'est un très beau ~!
Imilchil [imilʃil]	*marokkanisches Dorf im Atlasgebirge*	
l'altitude [laltityd] *f.*	die Höhe	Laurent a peur de l'~.
la foire [lafwaʀ]	der Jahrmarkt	Il y a la ~ du village aujourd'hui. Allons-y!

1 souriants 2 rivale 3 supplie 4 t'appelle 5 larmes 6 s'est formé 7 rappelle à 8 hommes 9 cruautés

DOSSIER 4, SÉQUENCE 3

Marrakech [maʀakɛʃ]	Marrakesch, *Stadt in Marokko* → Civilisation, p. 113	
aussitôt [osito] *adv.*	sofort	~ dit, ~ fait!
la sécheresse [lasɛʃʀɛs]	die Trockenheit, die Dürre	La ~ est un gros problème dans beaucoup de pays.
le désert [ledezɛʀ]	die Wüste	Dans le ~, on ne trouve pas d'eau.
le Sahara [ləsaaʀa]	die Sahara	

Die Sahara ist die größte Trockenwüste der Erde. Sie ist 26-mal so groß wie Deutschland und erstreckt sich entlang des nördlichen Wendekreises über den gesamten nordafrikanischen Kontinent. Insgesamt liegen elf Länder im Saharagebiet, darunter auch die drei Maghreb-Staaten Marokko, Algerien und Tunesien. Viele Bereiche der Wüste sind unbevölkert, da das extrem heiße Klima kaum Leben ermöglicht.

frapper qn [fʀape]	*hier:* jdm auffallen, jdn in Erstaunen versetzen	Son récit nous a tous ~[1].
l'espace vert [lɛspasvɛʀ] *m.*	die Grünanlage	Des ~[2] sont très importants dans une ville!
sec/sèche [sɛk/sɛʃ] *adj.*	trocken	Gérard a un humour très ~.
l'aéroport [laeʀopɔʀ] *m.*	der Flughafen	

border qc [bɔʀde]	etw. säumen	Des arbres ~[3] le chemin.

être bordé/e de qc = von etw. gesäumt sein

le laurier-rose [ləlɔʀjeʀoz]	der Oleander	Nous avons un beau ~ devant la porte d'entrée.
le rosier [ləʀozje]	der Rosenstock	
le palmier [ləpalmje]	die Palme	Y-a-t-il un ~ dans ton jardin?
les jardins de Ménara [leʒaʀdɛ̃dəmenaʀa]	*Parkanlage in Marrakesch*	
dater de [datedə]	datieren von	Ce livre ~[4] 1789.
le verger [ləvɛʀʒe]	der Obstgarten	Il y a plein d'arbres dans ce ~.
l'olivier [lɔlivje] *m.*	der Olivenbaum	Dans le sud de la France, il y a beaucoup d'~[5].
l'oranger [lɔʀɑ̃ʒe] *m.* ▶ l'orange	der Orangenbaum	Elle voudrait bien avoir un ~ dans son verger.
l'arbre fruitier [laʀbʀfʀɥitje] *m.*	der Obstbaum	L'oranger, c'est un ~.
le bassin [ləbasɛ̃]	das Becken	Ce ~ est vide. Il faut y mettre de l'eau.
la sorte [lasɔʀt]	die Sorte	Il y avait toutes ~[6] de fruits comme dessert.
Yves Saint-Laurent [ivsɛ̃lɔʀɑ̃]	*französischer Modeschöpfer*	
le lieu [ləljø]	der Ort	Ce jardin est un ~ magnifique.
abriter qn/qc [abʀite]	jdn/etw. beherbergen	Cette maison ~ un musée.
le Musée d'art islamique [ləmyzedaʀislamik]	*das Museum für islamische Kunst*	
la place Djemaa el-Fna [laplasdʒemaaɛlfna]	*großer, belebter Platz im Zentrum von Marrakesch*	
les jardins de Koutoubia [leʒaʀdɛ̃dəkutubja]	*Parkanlage in Marrakesch*	
la mosquée [lamɔske]	die Moschee	Mohammed va fréquemment à la ~.
le minaret [ləminaʀɛ]	das Minarett *Turm einer Moschee*	On peut voir le ~ de loin.
(ê)**se repérer** [səʀəpeʀe]	sich orientieren *wird wie* espérer *konjugiert* → Verbes, p. 103	C'est difficile de ~ dans le désert.
le boulevard [ləbulvaʀ]	der Boulevard *breite Straße*	Sur ce ~, on trouve plein de magasins.
suffire [sufiʀ]	reichen, genügen → Verbes, p. 109	Arrête! Ça ~[7]!

Ça suffit! = Jetzt reichts aber!, Das reicht!

le tiers [lətjɛʀ]	das Drittel	Le ~ de la classe n'a pas fait ses devoirs.
le domaine [lədɔmɛn]	der Bereich	Marise travaille dans le ~ de la musique.

4

ANNEXE

le conteur [ləkɔ̃tœʀ]	der Geschichtenerzähler	Le ~ a raconté une belle histoire.
le charmeur de serpents [ləʃaʀmœʀdəsɛʀpɑ̃]	der Schlangenbeschwörer	Tu as déjà vu un ~?
le/la musicien/ne [ləmyzisjɛ̃/lamyzisjɛn] ▶ la musique	der/die Musiker/in	Luc a fait des études de piano. Il est ~.
l'acrobate [lakʀɔbat] *m./f.* ▶ l'acrobatie *f.*	der/die Akrobat/in	Leïla est très bonne en gymnastique. Elle veut devenir ~.
prédire qc [pʀediʀ]	etw. voraussagen *wird wie* dire *konjugiert* → Verbes, p. 105	Cette femme dit qu'elle sait ~ l'avenir. Tu y crois?
griller qc [gʀije]	etw. grillen	Hier, nous avons ~[8] de la viande dans le parc.
le fruit [ləfʀɥi]	die Frucht	La pêche, c'est mon ~ préféré.
le souk [ləsuk]	Einkaufsviertel bzw. Markt *in einer arabischen Stadt*	

„Souk" ist arabisch und bedeutet ursprünglich „Markt". Heute wird das Wort jedoch allgemein für die Bezeichnung von Geschäftsvierteln in arabischen Städten gebraucht. Die einstöckigen, unbewohnten Häuserkomplexe – häufig wahre Labyrinthe – beherbergen ausschließlich Geschäftsräume. Auf den Souks kann man landestypische Lebensmittel, Teppiche, Kleidung, Lederwaren oder Kunsthandwerksprodukte erwerben. Langes Verhandeln über den Preis ist dabei Bestandteil des Verkaufsgesprächs.

le tapis / les tapis [lətapi/letapi]	der Teppich	Les ~ du Maroc sont célèbres.
le tissu [lətisy]	der Stoff	Je voudrais avoir une veste de ce beau ~.
le bijou / les bijoux [ləbiʒu/lebiʒu]	das Schmuckstück	Sa grand-mère lui a offert ce ~ ancien.
marchander qc [maʀʃɑ̃de] ▶ le/la marchand/e	etw. aushandeln	Marc sait ~ de bons prix.
traditionnel/le [tʀadisjɔnɛl] *adj.*	traditionell	C'est un tapis ~ du Maroc.
le Palais de la Bahia [ləpalɛdelabaia]	*Palast in Marrakesch*	
le Palais El Badi [ləpalɛelbadi]	*Palast in Marrakesch*	
le sultan [ləsyltɑ̃]	der Sultan	Ce ~ était très riche.
la ruine [laʀɥin]	die Ruine	Les ~[9], c'est romantique.
la cigogne [lasigɔɲ]	der Storch	En hiver, les ~[10] quittent L'Europe pour l'Afrique.
le nid [ləni]	das Nest	Tu as vu le ~ de cigogne dans notre village?
les remparts [leʀɑ̃paʀ] *m. pl.*	die Stadtmauer	Les ~ de Marrakech sont larges!

1 frappés 2 espaces verts 3 bordent 4 date de 5 oliviers 6 sortes 7 suffit 8 grillé 9 ruines 10 cigognes

Die Zahl hinter dem Pfeil zeigt dir an, in welchem Dossier / in welcher Séquence das Wort zum ersten Mal vorkommt: 3/A heißt z. B. Dossier 3, Approches; 1/2 steht z. B. für Dossier 1, Séquence 2. Wenn keine Zahl hinter dem Wort steht, kennst du es schon aus den vorherigen Bänden. In rot ist angegeben, auf welchen Seiten du die Konjugation der Verben findest.
(ê) So gekennzeichnete Verben bilden das passé composé mit être.

A

à *prép.* in; **à bientôt** [abjẽto] bis bald; **à cause de** [akozdə] wegen; **à côté de qn/qc** [akotedə] *prép.* neben jdm/etw. → 4/1; **À demain!** [adəmẽ] Bis morgen!; **à droite** [adʀwat] *adv.* rechts; **à gauche** [agoʃ] *adv.* links; **à part** [apaʀ] abgesehen von; **À plus!** [aplys] *fam.* Bis später!
abattre qc [abatʀ] etw. fällen *wie* battre *S. 104*
l' **abricot** [labʀiko] *m.* die Aprikose
abriter qn/qc [abʀite] jdn/etw. beherbergen → 4/3
absolu/e [apsɔly] *adj. hier:* absolutistisch, uneingeschränkt; absolut → 2/2; **absolument** [apsɔlymɑ̃] *adv.* absolut → 2/3
abstrait/e [abstʀɛ/abstʀɛt] *adj.* abstrakt → 3/1
l' **accent** [laksɑ̃] *m.* der Akzent
accepter qn/qc [aksɛpte] jdn/etw. akzeptieren, jdn/etw. gelten lassen; **accepter de** + *Inf.* akzeptieren etw. zu tun
l' **accident** [laksidɑ̃] *m.* der Unfall
l' **accordéon** [lakɔʀdeɔ̃] *m.* das Akkordeon
accueillir qn [akœjiʀ] jdn empfangen, aufnehmen *S. 104* → 4/3
acheter qc [aʃte] etw. kaufen *S. 103*
l' **acrobate** [lakʀɔbat] *m./f.* der/die Akrobat/in → 4/3
l' **acrobatie** [lakʀɔbasi] *f.* die Akrobatik
l' **acte** [lakt] *m.* die Tat, der Akt → 1/3
l' **acteur/-trice** [laktœʀ/laktʀis] der/die Schauspieler/in
l' **action** [laksjɔ̃] *f.* die Handlung
les **actualités** [lezaktyalite] *f. pl.* die Nachrichten
admirer qn/qc [admiʀe] jdn/etw. bewundern → 1/A
l' **ado** [lado] *fam. m./f.* ou: **l'adolescent/e** [ladolesɑ̃/ladolɛsɑ̃t] der/die Jugendliche
adorer qn/qc [adɔʀe] jdn/etw. lieben, sehr lieben
l' **adresse** [ladʀɛs] *f.* die Adresse; **l'adresse e-mail** [ladʀɛsimɛl] *f.* die E-Mail-Adresse
l' **adulte** [ladylt] *m./f.* der/die Erwachsene; **adulte** [adylt] *m./f. adj.* erwachsen → 4/1
l' **affaire** [lafɛʀ] *f.* der Fall; **les affaires** [lezafɛʀ] *f. pl.* die Sachen
l' **affiche** [lafiʃ] *f.* das Plakat, der Aushang, das Poster
affreux/-euse [afʀø/afʀøz] *adj.* schrecklich
l' **Afrique** *f.* [lafʀik] *f.* Afrika
l' **âge** [lɑʒ] *m.* das Alter; **Tu as quel âge?** [tyakɛlɑʒ] Wie alt bist du?; **à ton âge** [atɔ̃nɑʒ] in deinem Alter
l' **agenda** [laʒẽda] *m.* das Merkbuch, der Taschenkalender,
agir [aʒiʀ] handeln *wie* réagir *S. 103;* (ê)**s'agir de** [saʒiʀdə] sich handeln um
agréable [agʀeabl] *m./f. adj.* angenehm
agresser qn [agʀese] jdn angreifen
l' **agresseur** [lagʀesœʀ] *m.* der Angreifer
agressif/-ive [agʀɛsif/agʀɛsiv] *adj.* aggressiv
l' **aide** [lɛd] *f.* die Hilfe
aider qn (à + *Inf.***)** [ede] jdm helfen (etw. zu tun)
aimer qn/qc [ɛme] jdn/etw. lieben, mögen
aîné/e [ɛne] *adj.* älterer/ältere
l' **air** [lɛʀ] *m.* die Luft; **avoir l'air** [avwaʀlɛʀ] aussehen
ajouter qc [aʒute] etw. hinzufügen → 1/3
l' **album** [lalbɔm] *m.* das Album
l' **Algérie** [lalʒeʀi] *f.* Algerien → 3/1
l' **Algérien/ne** [lalʒeʀjẽ/lalʒeʀjẽn] der/die Algerier/in → 4/A; **algérien/ne** [alʒeʀjẽ/alʒeʀjẽn] algerisch → 4/A
l' **allée** [lale] *f.* die Allee, der Gang
l' **Allemagne** [lalmaɲ] *f.* Deutschland
l' **allemand** [lalmɑ̃] *m.* die deutsche Sprache; **l'Allemand/e** [lalmɑ̃/lalmɑ̃d] der/die Deutsche; **allemand/e** [almɑ̃/almɑ̃d] *adj.* deutsch
(ê)**aller** [ale] gehen, fahren *S. 104;* (ê)**aller bien avec qc** [alebjẽavɛk] gut zusammenpassen; (ê)**s'en aller** [sɑ̃nale] weggehen, losgehen → 2/2; (ê)**aller ensemble** [aleɑ̃sɑ̃bl] zusammenpassen; (ê)**aller pour le mieux** [alepuʀləmjø] alles bestens gehen; (ê)**aller voir qn** [alevwaʀ] jdn besuchen; **Allez hop!** [aleɔp] Los!; **Allez!** [ale] *fam.* Ach komm!; **Ça ne lui va pas.** [sanɔlɥivapɑ] Das steht ihr/ihm nicht.; **Ça ne va pas?** [sanəvapɑ] Geht's dir nicht gut?; **Ça va!** [sava] Es geht (mir) gut.; **Ça va?** [sava] Wie geht's?
Allô! [alo] Ja, bitte?, Hallo? *am Telefon*
allumer qc [alyme] etw. anschalten, anmachen
alors [alɔʀ] *adv.* also; *hier:* damals → 3/1; **alors que** [alɔʀkə] *hier:* während → 3/2
l' **Alsace** [lalzas] *f.* das Elsass → 2/A
l' **altitude** [laltityd] *f.* die Höhe → 4/2
l' **ambiance** [lɑ̃bjɑ̃s] *f.* die Stimmung, das Ambiente
amener qn/qc [amne] jdn/etw. hinbringen *S. 103*
américain/e [ameʀikẽ/ameʀikɛn] *adj.* amerikanisch
l' **Amérique** [lameʀik] *f.* Amerika
l' **ami/e** [lami] *m./f.* der/die Freund/in
amical/e [amikal] *adj.* freundschaftlich → 4/1

ANNEXE

l' **amitié** [lamitje] *f.* die Freundschaft

l' **amour** [lamuʀ] *m.* die Liebe

amoureux/-euse [amurø/amurøz] *adj.* verliebt; **tomber amoureux/-euse de qn** [tɔ̃beamurø/amurøz] sich in jdn verlieben

(ê)**s'amuser** [samyze] sich amüsieren, Spaß haben, **s'amuser à** + *Inf.* Spaß haben etw. zu tun

l' **an** [lɑ̃] *m.* das Jahr

ancien/ne [ɑ̃sjɛ̃/ɑ̃sjɛn] *adj.* alt, ehemalig

l' **andouillette** [lɑ̃dujɛt] *f.* die Kuttelwurst

l' **anglais** [lɑ̃glɛ] *m.* Englisch

l' **angle mort** [lɑ̃gləmɔʀ] *m.* der tote Winkel

l' **animal / les animaux** [lanimal/lezanimo] *m.* das Tier

l' **animateur/-trice** [lanimatœʀ/lanimatʀis] der/die Animateur/in, Freizeitpädagoge/-in → 3/2

animer qn/qc [anime] jdn/etw. beleben → 3/A

l' **année** [lane] *f.* das Jahr *in seinem Verlauf;* **l'année scolaire** [laneskɔlɛʀ] das Schuljahr; **les années cinquante** [lezanesɛ̃kɑ̃t] *f. pl.* die 50er Jahre

annexer qc [anɛkse] etw. annektieren *Land* → 2/A

l' **anniversaire** [laniversɛʀ] *m.* der Geburtstag

anonyme [anɔnim] *m./f. adj.* anonym

l' **anorak** [lanɔʀak] *m.* der Anorak

août [ut] *m.* der August

l' **apéritif** [lapeʀitif] *m.* der Aperitiv

l' **appareil** [lapaʀɛj] *m.* das Gerät, der Apparat → 1/1

l' **appartement** [lapaʀtəmɑ̃] *m.* die Wohnung

appeler qn [ap(ə)le] jdn anrufen *S. 103;* jdn rufen → 4/2; (ê)**s'appeler** [sap(ə)le] heißen

applaudir [aplodiʀ] Beifall klatschen, applaudieren *wie* réagir *S. 103*

apporter qc (à qn) [apɔʀte] (jdm) etw. mitbringen; **apporter quelques corrections** [apɔʀtekɛlkəkɔʀɛksjɔ̃] einige Korrekturen hinzufügen → 2/2

apprécier qn/qc [apʀesje] jdn/etw. schätzen → 2/3

apprendre qc [apʀɑ̃dʀ] etw. lernen, von etw. erfahren *wie* prendre *S. 108;* **apprendre à** + *Inf.* lernen etw. zu tun; **apprendre qc à qn** jdm etw. beibringen → 4/1

l' **apprenti/e** [lapʀɑ̃ti] *m./f.* der/die Auszubildende, der Lehrling → 2/4

l' **apprentissage** [lapʀɑ̃tisaʒ] *m.* die Lehre → 2/4

approcher [apʀɔʃe] annähern, näher kommen, (ê)**s'approcher** [sapʀɔʃe] sich nähern

après [apʀɛ] nach

l' **après-midi** [lapʀɛmidi] *m./f.* der Nachmittag

l' **Arabe** [laʀab] *m./f.* der/die Araber/in → 3/2; **l'arabe** [laʀab] *m.* das Arabische *Sprache* → 3/2; **arabe** [aʀab] *m./f. adj.* arabisch → 3/2

l' **arbre** [laʀbʀ] *m.* der Baum; **l'arbre fruitier** [laʀbʀfʀɥitje] der Obstbaum → 4/3

l' **architecte** [laʀʃitɛkt] *m./f.* der/die Architekt/in → 3/A

l' **architecture** [laʀʃitɛktyʀ] *f.* die Architektur → 3/A

l' **argent** [laʀʒɑ̃] *m.* das Geld

l' **argent de poche** [laʀʒɑ̃dəpɔʃ] *m.* das Taschengeld

l' **argument** [laʀgymɑ̃] *m.* das Argument

l' **arme** [laʀm] *f.* die Waffe → 2/1

l' **armoire** [laʀmwaʀ] *f.* der Schrank

l' **arnaque** [laʀnak] *f. fam.* die Betrügerei → 4/1

arrêter [aʀɛte] aufhören, ausschalten; **arrêter de** + *Inf.* aufhören etw. zu tun; (ê)**s'arrêter** [saʀɛte] anhalten, stehen bleiben

(ê)**arriver** [aʀive] (an)kommen; [aʀive] passieren; (ê)**arriver à** + *Inf.* [aʀivea] schaffen etw. zu tun → 3/1

l' **arrondissement** [laʀɔ̃dismɑ̃] *m.* der Stadtbezirk

l' **article** [laʀtikl] *m.* der Artikel

l' **artisan/e** [laʀtizɑ̃/laʀtizan] *m./f.* der/die Handwerker/in → 2/4

l' **artiste** [laʀtist] *m./f.* der/die Künstler/in

assez [ase] ziemlich; **assez de** [asedə] genug

l' **assiette** [lasjɛt] *f.* der Teller

assis/e [asi/asiz] *adj.* sitzend

l' **association** [lasɔsjasjɔ̃] *f.* der Verein → 3/2

l' **astronaute** [lastʀɔnot] *m./f.* der/die Astronaut/in

l' **atelier** [latəlje] *m.* die Werkstatt → 2/4

l' **athlétisme** [latletizm] *m.* die Leichtathletik

l' **atlas** [latlɑs] *m.* der Atlas

attendre qn/qc [atɑ̃dʀ] auf jdn/etw. warten *S. 103*

l' **attention** [atɑ̃sjɔ̃] *f.* die Vorsicht, die Aufmerksamkeit; **Attention!** [atɑ̃sjɔ̃] Achtung!; **faire attention (à qc)** [fɛʀatɑ̃sjɔ̃] (auf etw.) aufpassen

attraper qn/qc [atʀape] jdn/etw. fangen

au bord de qc [obɔʀdə] am Ufer von etw.; **au bout de qc** [obudə] am Ende von etw., nach etw.; **au début (de qc)** [odeby] *adv.* am Anfang (von etw.), zuerst → 2/2; **au fait** [ofɛt] übrigens; **au moins** [omwɛ̃] zumindest, mindestens; **Au revoir.** [ɔʀvwaʀ] *adj.* Auf Wiedersehen!; **Au secours!** [oskuʀ] (Zu) Hilfe!

l' **auditeur/-trice** [loditœʀ/loditʀis] der/die Zuhörer/in

aujourd'hui [oʒuʀdɥi] *adv.* heute

aussi [osi] *adv.* auch

aussitôt [osito] *adv.* sofort → 4/3

l' **auteur** [lotœʀ] *m./f.* der/die Autor/in

l' **automne** [lotɔn] *m.* der Herbst

l' **autorité** [lotoʀite] *f.* die Autorität → 3/3

l' **autoroute** [lotoʀut] *f.* die Autobahn

autour de qc [otuʀdə] um etw. herum → 2/1, **tout autour** [tutotuʀ] ringsherum

l' **autre** [lotʀ] *m./f.* der/die/das Andere

autrefois [otʀəfwa] *adv.* früher

l' **Autriche** [lotʀiʃ] *f.* Österreich → 2/A

avancer [avɑ̃se] voranschreiten *wie* commencer *S. 103*; **avancer qc** [avɑ̃se] *hier:* etw. ausstrecken, vorstrecken → 3/1

avant [avɑ̃] vor *zeitlich;* **comme avant** wie früher

avec [avɛk] mit, bei

l' **avenir** [lavniʀ] *m.* die Zukunft

l' **aventure** [lavɑ̃tyʀ] *f.* das Abenteuer

l' **avenue** [lavny] *f.* die Allee → 3/A

l' **aviateur/-trice** [lavjatœʀ/lavjatʀis] der/die Pilot/in

l' **avion** [lavjɔ̃] *m.* das Flugzeug

l' **avis** [lavi] *m.* die Meinung; **à ton avis** [atɔ̃navi] deiner Meinung nach

l' **avocat/e** [lavoka/lavokat] *m./f.* der/die Rechtsanwalt/Rechtsanwältin

avoir [avwaʀ] haben *S. 102*; **avoir besoin de qn/qc** [avwaʀbəzwɛ̃də] jdn/etw. brauchen; **avoir besoin de** + *Inf.* etw. tun müssen; **avoir la musique dans la peau** [avwaʀlamyzikdɑ̃lapo] Musik im Blut haben → 1/4; **avoir envie de** + *Inf.* / **de qc** [avwaʀɑ̃vidə] Lust haben etw. zu tun / auf etw. Lust haben; **avoir l'air** [avwaʀlɛʀ] aussehen; **avoir la trouille** [avwaʀlatʀuj] *fam.* Schiss haben; **avoir le moral** [avwaʀləmɔʀal] gut drauf sein; **avoir le cafard** [avwaʀləkafaʀ] *fam.* deprimiert sein → 1/1; **avoir lieu** [avwaʀljø] stattfinden → 2/A; **avoir raison** [avwaʀʀɛzɔ̃] Recht haben; **avoir raison de** + *Inf.* etw. zu Recht tun; **avoir tort** [avwaʀtɔʀ] Unrecht haben

avouer + *Inf.* [avueʀ] zugeben etw. zu tun; **avouer qc (à qn)** (jdm) etw. zugeben → 1/1

avril [avʀil] *m.* April

B

le **bac** [ləbak] *fam.* ou: **le baccalauréat** [ləbakaloʀea] das Abi, das Abitur

la **baguette** [labagɛt] das Baguette

(ê)**se baigner** [səbɛɲe] baden

bâiller [baje] gähnen

la **balade** [labalad] der Spaziergang

(ê)**se balader** [səbalade] spazieren gehen

la **baleine** [labalɛn] der Wal

le **ballon** [ləbalɔ̃] der Ball, der Ballon; **la balade en ballon** [labaladɑ̃balɔ̃] die Ballonfahrt

la **banane** [labanan] die Banane

bander qc [bɑ̃de] etw. verbinden

le **bandit** [ləbɑ̃di] der Bandit

la **banlieue** [labɑ̃ljø] der Vorort einer Großstadt, der Stadtrand

bas/basse [bɑ/bɑse] *adj.* tief (gelegen) → 2/4

la **basilique** [labazilik] die Basilika → 3/A

les **baskets** [lebaskɛt] *f. pl.* die Turnschuhe

la **basse** [labɑs] *hier:* die Bassgitarre → 1/A

le **bassin** [ləbasɛ̃] das Becken → 4/3

le/les **bateau/-eaux** [lə/lebato] das Boot, Schiff

battre qn [batʀ] jdn schlagen *S. 104*

bavarder [bavaʀde] schwatzen, plaudern, quatschen → 1/3

beau/bel [bo/bɛl] *m. adj.* / **belle** [bɛl] *f.* / **beaux** [bo] *m. pl.* schön; **Il fait beau.** [ilfɛbo] Es ist schönes Wetter.

beaucoup [boku] *adv.* viel; **beaucoup de choses** [bokudʃoz] *adv.* viele Sachen, vieles

le **bébé** [ləbebe] das Baby

la **bédé** [labede] *fam.* ou: **la bande dessinée** [labɑ̃dədesine] ou: **la BD** [labede] der Comic

la **Belgique** [labɛlʒik] Belgien

la **belle-sœur** [labɛlsœʀ] die Schwägerin, die Stiefschwester → 2/A

ben [bɛ̃] naja, äh

le **B.E.P.** [ləbeəpe] *ein Diplom im* lycée professionnel

le **berbère** [ləbɛʀbɛʀ] Berberisch *Sprache der Berber* → 4/A

le/la **Berbère** [ləbɛʀbɛʀ/labɛʀbɛʀ] der/die Berber/in → 4/A

la **bêtise** [labɛtiz] die Dummheit, der Unsinn

le **beurre** [ləbœʀ] die Butter

bien [bjɛ̃] *adv.* gut; **bien sûr** [bjɛ̃syʀ] *adv.* natürlich, selbstverständlich

bientôt [bjɛ̃to] *adv.* bald; **à bientôt** [abjɛ̃to] bis bald

le **bijou / les bijoux** [ləbiʒu/lebiʒu] das Schmuckstück → 4/3

le **billet** [ləbijɛ] der Geldschein, die Fahrkarte, die Eintrittskarte

la **bise** [labiz] der Kuss, das Küsschen

bizarre [bizaʀ] *m./f. adj.* merkwürdig

blanc/blanche [blɑ̃/blɑ̃ʃ] *adj.* weiß

blessé/e [blɛse] *adj.* verletzt

bleu/e [blø] *adj.* blau

le **blog** [ləblɔg] der Blog

blond/e [blɔ̃/blɔ̃d] *adj.* blond

bloqué/e [blɔke] *adj.* blockiert, gesperrt

boire qc [bwaʀ] etw. trinken *S. 104*

la **boisson** [labwasɔ̃] das Getränk

la **boîte aux lettres** [labwatolɛtʀ] der Briefkasten

le **bol** [ləbɔl] die Trinkschale

bon/ne [bɔ̃/bɔn] *adj.* gut; **Bon!** [bɔ̃] *adv.* Einverstanden!; **le Bon Dieu** [ləbɔ̃djø] der liebe Gott

le **bonheur** [ləbɔnœʀ] das Glück → 1/4

Bonjour! [bɔ̃ʒuʀ] Guten Tag! Guten Morgen!

Bonsoir! [bɔ̃swaʀ] Guten Abend!

border qc [bɔʀde] etw. säumen → 4/3

bouger [buʒe] sich bewegen, unterwegs sein *S. 103*; (ê)**se bouger** [səbuʒe] *fam.* sich bewegen, aktiv werden → 1/A

la **bouillabaisse** [labujabɛs] der Fischeintopf → 3/A

la **boulangerie** [labulɑ̃ʒʀi] die Bäckerei

le **boulevard** [ləbulvaʀ] der Boulevard *breite Straße* → 4/3

bousculer qn [buskyle] jdn anstoßen, schubsen

la **bouteille** [labutɛj] die Flasche

la **boutique** [labutik] der Laden, die Boutique

la **boxe** [labɔks] das Boxen, der Boxsport

ANNEXE

le **bras** [ləbʀɑ] der Arm
le **brassard** [ləbʀasaʀ] die Armbinde → 3/1
le **Brésil** [ləbʀezil] Brasilien → 3/1
breton/ne [bʀətɔ̃/bʀətɔn] *adj.* bretonisch
le/la **Breton/ne** [ləbʀətɔ̃/labʀetɔn] der/die Bretone/-in
le **brevet** [ləbʀəvɛ] *Diplom im* collège *(Mittlere Reife)*
le **bricolage** [ləbʀikɔlaʒ] das Basteln, das Heimwerken
briller [bʀije] glänzen, scheinen *Sonne*
la **brochette** [labʀɔʃɛt] der Spieß
la **broderie** [labʀɔdʀi] das Sticken → 2/4
bronzer [bʀɔ̃ze] bräunen, sich sonnen
le **bruit** [lebʀɥi] das Geräusch, der Lärm
brûler (qc) [bʀyle] brennen, etw. verbrennen → 3/2
brun/e [bʀɛ̃/bʀyn] *adj.* braun, dunkelhaarig
brutal/e [bʀytal] *adj.* / **brutaux** [bʀyto] *m. pl.* brutal
la **bûche de Noël** [labyʃdənɔɛl] *Weihnachtstorte in Form eines Holzscheits*
le **bulletin** [ləbyltɛ̃] das Zeugnis
le/les **bureau/-eaux** [lə/lebyʀo] das Büro, das Arbeitszimmer *auch:* der Schreibtisch
le **bus** [ləbys] der Bus
le **but** [ləbyt] das Tor, das Ziel → 3/1; **marquer un but** [maʀkeɛ̃byt] ein Tor schießen → 3/1

C

c'est [sɛ] das ist; **c'est ça?** [sɛsa] Stimmt's?; **C'est déjà ça.** [sɛdeʒasa] Wenigstens etwas.; **C'est l'horreur.** [sɛlɔʀœʀ] Das ist schrecklich.; **C'est mon tour.** [sɛmɔ̃tuʀ] Ich bin an der Reihe. → 1/3
ça [sa] das, das da; **Ça m'est égal.** [samɛtegal] Das ist mir egal.; **Ça n'a rien à voir.** [sanaʀjɛ̃navwaʀ] Das hat nichts damit zu tun! → 2/3; **Ça suffit!** [sasyfi] Jetzt reichts aber! → 4/3; **Ça vaut le coup.** [savoləku] Das lohnt sich! → 2/3; **Ça y est!** [saije] Alles klar!, Fertig!
la **cabane** [lakaban] die Hütte, das Baumhaus
la **cabine (téléphonique)** [lakabin(telefɔnik)] die (Telefon)zelle; **la cabine de bain** [lakabindəbɛ̃] die Strandkabine
(ê)**se cacher** [səkaʃe] sich verstecken
le **cadeau / les cadeaux** [ləkado/lekado] das Geschenk
le **cafard** [ləkafaʀ] die Schabe, die Kakerlake → 1/1; **avoir le cafard** [avwaʀləkafaʀ] *fam.* deprimiert sein → 1/1
le **café** [ləkafe] das Café, der Kaffee; **le café au lait** [ləkafeolɛ] der Milchkaffee
le **cahier de textes** [ləkajedətɛkst] das Hausaufgabenheft
le **caillou** [ləkaju] / **les cailloux** [lekaju] der Stein
la **calanque** [lakalɑ̃k] *Kalksteinbucht am Mittelmeer* → 3/A
le **calcul** [ləkalkyl] das Rechnen, die Berechnung → 1/1; **faire des calculs** [fɛrdekalkyl] rechnen → 1/1
le **calme** [ləkalm] die Ruhe → 3/2
calme [kalm] *m./f. adj.* ruhig
le/la **camarade** [lə/lakamaʀad] der/die (Klassen-)Kamerad/in
le **camp** [ləkɑ̃] das Lager; **le camp de vacances** [ləkɑ̃dvakɑ̃s] das Ferienlager
la **campagne** [lakɑ̃paɲ] das Land, die ländliche Gegend
le **Canada** [ləkanada] Kanada
le/la **candidat/e** [ləkɑ̃dida/lakɑ̃didat] der/die Kandidat/in
la **candidature** [lakɑ̃didatyʀ] die Bewerbung → 1/4; **poser sa candidature** [pozesakɑ̃didatyʀ] sich bewerben → 1/4
le **canot** [ləkano] das Boot
la **cantine** [lakɑ̃tin] die Kantine, der Speisesaal
capable de + *Inf.* [kapabldə] *m./f. adj.* fähig etw. zu tun
le **capitaine de l'équipe** [ləkapitɛnd(ə)lekip] der Mannschaftskapitän → 3/1
la **capitale** [lakapital] die Hauptstadt
car [kaʀ] *conj.* denn, weil
le **caractère** [ləkaʀaktɛʀ] der Charakter; **avoir du caractère** [avwaʀdykaʀaktɛʀ] eine starke Persönlichkeit haben; **avoir un caractère de chien** [avwaʀɛ̃kaʀaktɛʀdəʃjɛ̃] einen schwierigen Charakter haben
le **caribou** [ləkaʀibu] das Karibu
la **carotte** [lakaʀɔt] die Möhre
le **carrefour** [ləkaʀfuʀ] die Kreuzung
la **carrière** [lakaʀjɛʀ] die Karriere, die Laufbahn → 3/1
le **cartable** [ləkaʀtabl] die Schultasche
la **carte** [lakaʀt] die Karte; **la carte d'identité** [lakaʀtidɑ̃tite] der Personalausweis
le **carton** [ləkaʀtɔ̃] der Karton
le **casque** [ləkask] der Helm
la **casquette** [lakaskɛt] die Schirmmütze
casser qc [kɑse] etw. brechen, zerbrechen, kaputtmachen
la **cassette** [lakasɛt] die Kassette; **la cassette vidéo** [lakasɛtvideo] die Videokassette
le **casting** [ləkastiŋ] das Casting → 1/4
les **catacombes** [lekatakɔ̃b] *f. pl.* die Katakomben
la **catastrophe** [lakatastʀɔf] *ou:* **la cata** [lakata] *fam.* die Katastrophe
le **catéchisme** [ləkateʃizm] der katholische Religionsunterricht → 2/4
la **cathédrale** [lakatedʀal] die Kathedrale
catholique [katɔlik] *m./f. adj.* katholisch → 2/1
le **cauchemar** [ləkoʃmaʀ] der Albtraum
causer [koze] sich unterhalten, plaudern → 3/1; **causer qc** [koze] etw. bewirken, verursachen → 2/A
le **CD** [ləsede] die CD; **le cédérom** [ləsedeʀɔm] die CD-ROM
le **CDI** [ləsedei] das Informations- und Dokumentationszentrum, die Schulbibliothek
ce que [səkə], **ce qui** [səki] was *Relativpronomen*
ceci [səsi] dies(es), das
cela [səla] jenes, dieses, das
célèbre [selɛbʀ] *m./f. adj.* berühmt
le **centime** [ləsɑ̃tim] der Cent

le **centre** [ləsɑ̃tʀ] das Zentrum
chacun/e [ʃakɛ̃/ʃakyn] jeder/jede
le **chagrin** [ləʃagʀɛ̃] der Kummer → 4/2; **le chagrin d'amour** [ləʃagʀɛ̃damuʀ] der Liebeskummer
la **chaîne** [laʃɛn] der Kanal, der Sender
la **chaise** [laʃɛz] der Stuhl
la **chambre** [laʃɑ̃bʀ] das (Schlaf-)Zimmer
le **champagne** [ləʃɑ̃paɲ] der Champagner, der Sekt
le/la **champion/ne** [ləʃɑ̃pjɔ̃/laʃɑ̃pjɔn] der/die Meister/in, der Champion
le **championnat** [ləʃɑ̃pjɔna] der Wettkampf, die Meisterschaft → 4/1
la **chance** [laʃɑ̃s] das Glück, die Chance; **avoir de la chance** [avwaʀd(ə)laʃɑ̃s] Glück haben
le **changement** [ləʃɑ̃ʒmɑ̃] die Veränderung → 3/1
changer [ʃɑ̃ʒe] umsteigen *wie* bouger *S. 103*; **changer qc** etw. ändern, etw. verändern; **changer de qn/qc** jdn/etw. wechseln
la **chanson** [laʃɑ̃sɔ̃] das Lied
le **chant** [ləʃɑ̃] der Gesang → 1/4
chanter qc [ʃɑ̃te] etw. singen
le/la **chanteur/-euse** [ləʃɑ̃tœʀ/laʃɑ̃tøz] der/die Sänger/in → 1/4
chaque [ʃak] jeder/jede/jedes
le **char** [ləʃaʀ] der Wagen, das Auto *nur in Québéc*
la **charcuterie** [laʃaʀkytʀi] der Wurst- und Fleischaufschnitt, die Metzgerei; **le/la charcutier/-ière** [ləʃaʀkytje/laʃaʀkytjɛʀ] der/die Metzger/in, der/die Fleischer/in
chargé/e de qc [ʃaʀʒedə] *adj.* beladen mit etw. → 4/1
le **charmeur de serpents** [ləʃaʀmœʀd(ə)sɛʀpɑ̃] der Schlangenbeschwörer → 4/3
la **charte** [laʃaʀt] die Charta
le **chat** [ləʃa] die Katze
le **château / les châteaux** [ləʃɑto/leʃɑto] das Schloss
chaud/e [ʃo/ʃod] *adj.* warm, heiß; **il fait chaud** [ilfɛʃo] es ist heiß/warm

le **chauffeur** [ləʃofœʀ] der Chauffeur → 4/1
le **chausson** [ləʃosɔ̃] der Ballettschuh
la **chaussure** [laʃosyʀ] der Schuh
le/la **chef** [lə/laʃɛf] der/die Chef/in
le **chemin** [ləʃəmɛ̃] der Weg
la **chemise (à carreaux)** [laʃəmiz(akaʀo)] das (karierte) Hemd
cher/chère [ʃɛʀ] *adj.* lieb, teuer
chercher qn/qc [ʃɛʀʃe] jdn/etw. suchen; **venir chercher qn** [vəniʀʃɛʀʃe] jdn abholen
le/la **chéri/e** [ʃeʀi] Liebling
les **cheveux** [leʃəvø] *m. pl.* die Haare
chez [ʃe] bei, zu einer Person
chic [ʃik] *m./f. adj.* schick, vornehm
le/la **chien/ne** [ləʃjɛ̃/laʃjɛn] der/die Hund/Hündin
la **chimie** [laʃimi] die Chemie
le **choc** [ləʃɔk] der Zusammenstoß
le **chocolat** [ləʃɔkɔla] die Schokolade
choisir qc [ʃwaziʀ] etw. aussuchen, auswählen *wie* réagir *S. 103*
le **choix** [ləʃwa] die Wahl
le **chômage** [ləʃomaʒ] die Arbeitslosigkeit; **être au chômage** [ɛtʀoʃomaʒ] arbeitlos sein
la **chorale** [lakɔʀal] der Chor
le/la **choriste** [ləkɔʀist/lakɔʀist] der/die Chorsänger/in
la **chose** [laʃoz] die Sache
chouette [ʃwɛt] *m./f. adj. fam.* toll, großartig → 3/1
chrétien/ne [kʀetjɛ̃/kʀetjɛn] *adj.* christlich → 4/A
chut! [ʃyt] Pst!, Still!
le **ciel** [ləsjɛl] der Himmel
la **cigogne** [lasigɔɲ] der Storch → 4/3
le **cimetière** [ləsimtjɛʀ] der Friedhof
le **cinéma** [ləsinema] ou: **le ciné** [ləsine] *fam.* das Kino
la **cinquième** [lasɛ̃kjɛm] die Fünfte (= *7. Klasse in Deutschland)*
circuler [siʀkyle] (herum)fahren; zirkulieren
le **cirque** [ləsiʀk] der Zirkus

la **cité** [lasite] *hier:* Hochhaussiedlung am Stadtrand → 3/2
le **citron** [ləsitʀɔ̃] die Zitrone
clair/e [klɛʀ] *adj.* klar, deutlich; **clairement** [klɛʀmɑ̃] *adv.* klar, deutlich
claquer qc [klake] etw. zuschlagen
la **clarinette** [laklaʀinɛt] die Klarinette
la **classe** [laklɑs] die Klasse
classer qn/qc [klɑse] jdn/etw. einordnen, klassifizieren → 1/2
classique [klasik] *m./f. adj.* klassisch → 1/2
le **clown** [ləklun] der Clown
le **club-photo** [ləklœbfɔto] der Foto-Club, die Foto-Arbeitsgemeinschaft
le **cochon d'Inde** [ləkɔʃɔ̃dɛ̃d] das Meerschweinchen
le **cœur** [ləkœʀ] das Herz; **par cœur** [paʀkœʀ] auswendig
la **colère** [lakolɛʀ] die Wut → 3/2
le **collant** [ləkɔlɑ̃] die Strumpfhose
la **colle** [lakɔl] der Klebstoff
collectif/-ive [kɔlɛktif/kɔlɛktiv] *adj.* gemeinschaftlich, Gemeinschafts- + *Nomen* → 3/2
le **collège** [ləkɔlɛʒ] *Allgemeinbildende Schule in Frankreich (6.–9. Schuljahr)*
le/la **collégien/ne** [ləkɔleʒjɛ̃/lakɔleʒjɛn] der/die Schüler/in eines collège → 2/3
coller qc [kɔle] etw. kleben
la **colline** [lakɔlin] der Hügel
la **colonie** [lakɔlɔni] die Kolonie → 4/A
coloniser qc [kɔlɔnize] etw. kolonisieren
colorer qc [kɔlɔʀe] etw. färben
combien [kɔ̃bjɛ̃] *Fragepronomen, conj.* wie viel
la **combinaison** [lakɔ̃binɛzɔ̃] der Overall
comme [kɔm] *adv.* wie, als; **comme avant** [kɔmavɑ̃] *adv.* wie früher; **comme ça** [komsa] *adv.* so; **comme chien et chat** [kɔmʃjɛ̃eʃa] wie Hund und Katze
commencer qc [kɔmɑ̃se] etw. anfangen *wie* avancer *S. 103*; **commencer à** + *Inf.* beginnen etw. zu tun; **commencer par qc**

ANNEXE

[kɔmɑ̃sepaʀ] mit etw. anfangen, beginnen
comment [kɔmɑ̃] *adv.* wie; **Comment allez-vous?** [kɔmɑ̃talevu] Wie geht es euch/Ihnen?
le **commentaire** [ləkɔmɑ̃tɛʀ] der Kommentar
le/la **commerçant/e** [ləkɔmɛʀsɑ̃/lakɔmɛʀsɑ̃t] der/die Händler/in → 2/4
le **commissariat** [ləkɔmisaʀja] die Polizeidienststelle
communiquer [kɔmynike] kommunizieren, in Verbindung sein → 1/A
le **compagnon** [ləkɔ̃paɲɔ̃] *hier:* der Geselle *auch:* der Facharbeiter → 2/4
comparer qn/qc à qn/qc [kɔ̃paʀe] jdn/etw. mit jdm/etw. vergleichen
compliqué/e [kɔ̃plike] *adj.* kompliziert
(ê)**se compliquer la vie** [səkɔ̃plikelavi] sich das Leben schwer machen
comprendre qn/qc [kɔ̃pʀɑ̃dʀ] jdn/etw. verstehen *wie* prendre *S. 108*; (ê)**se comprendre** sich verständigen, sich verstehen
compter [kɔ̃te] zählen
(ê)**se concentrer** [səkɔ̃sɑ̃tʀe] sich konzentrieren → 1/3
concerné/e [kɔ̃sɛʀne] *adj.* betroffen
le **concert** [ləkɔ̃sɛʀ] das Konzert
le **concombre** [ləkɔ̃kɔ̃bʀ] die Gurke
le **concours d'entrée** [ləkɔ̃kuʀdɑ̃tʀe] die Aufnahmeprüfung
le/la **conducteur/-trice** [ləkɔ̃dyktœʀ] der/die Fahrer/in
conduire qn à qn/qc [kɔ̃dɥiʀ] jdn zu jdm/etw. hinbringen *im Fahrzeug wie* construire *S. 105* → 3/3
la **confiance** [lakɔ̃fjɑ̃s] das Vertrauen → 4/1
confier qc à qn [kɔ̃fje] jdm etw. anvertrauen
la **confiture** [lakɔ̃fityʀ] die Marmelade
le **conflit** [ləkɔ̃fli] der Konflikt → 1/A

confortable [kɔ̃fɔʀtabl] *m./f. adj.* bequem, komfortabel; **le plus confortablement du monde** [ləplykɔ̃fɔʀtabləmɑ̃dymɔ̃d] *adv.* superbequem, am allerbequemsten
la **connaissance** [lakɔnɛsɑ̃s] die Bekanntschaft; **faire la connaissance de qn** [fɛʀlakɔnɛsɑ̃sdə] jdn kennen lernen
connaître qn/qc [kɔnɛtʀ] jdn/etw. kennen *S. 104*
conquérir qn/qc [kɔ̃keʀiʀ] jdn/etw. erobern *S. 104* → 4/A
le **conseil de classe** [ləkɔ̃sɛjd(ə)klɑs] die Klassenkonferenz
conseiller qc à qn [kɔ̃sejea] jdm etw. raten
le **conservatoire** [ləkɔ̃sɛʀvatwaʀ] die Musikschule
consoler qn [kɔ̃sɔle] jdn trösten
constamment [kɔ̃stamɑ̃] *adv.* ständig → 2/3
constant/e [kɔ̃stɑ̃/kɔ̃stɑ̃t] *adj.* ständig → 2/3
construire qc [kɔ̃stʀɥiʀ] etw. bauen, konstruieren *S. 105*
le **contact** [ləkɔ̃takt] der Kontakt
le **conte** [ləkɔ̃t] das Märchen, die Erzählung → 2/2; **le conte amoureux** [ləkɔ̃tamuʀø] die Liebesgeschichte → 4/1
content/e [kɔ̃tɑ̃/kɔ̃tɑ̃t] *adj.* zufrieden, glücklich
le **conteur** [ləkɔ̃tœʀ] der Geschichtenerzähler → 4/3
continuer (à + *Inf.***)** [kɔ̃tinɥe] weitergehen, etw. weitermachen
la **contradiction** [lakɔ̃tʀadiksjɔ̃] der Widerspruch → 1/1
le **contrat** [ləkɔ̃tʀa] der Vertrag → 1/4
contre [kɔ̃tʀ] gegen, dagegen; **par contre** [paʀkɔ̃tʀ] aber, hingegen; **peser le pour et le contre** [pəzeləpuʀeləkɔ̃ntʀ] das Für und Wider abwägen → 2/3
contrôler qn/qc [kɔ̃tʀole] jdn/etw. kontrollieren
convaincre qn [kɔ̃vɛ̃kʀ] jdn überzeugen *S. 105* → 4/2
cool [kul] *fam. m./f. adj.* cool
le/la **copain/copine** [ləkɔpɛ̃/lakopin] *fam.* der/die Freund/in

le **coquillage** [ləkɔkijaʒ] die Muschel
la **correction** [lakɔʀɛksjɔ̃] die Korrektur → 2/2
le/la **correspondant/e** [ləkɔʀɛspɔ̃dɑ̃/lakɔʀɛspɔ̃dɑ̃t] der/die Brieffreund/in
correspondre [kɔʀɛspɔ̃dʀ] korrespondieren, im Briefwechsel stehen *wie* attendre *S. 103* → 2/2
la **côte** [lakot] die Küste; **la côte Atlantique** [lakotatlɑ̃tik] die Atlantikküste → 4/1
couchant/e [kuʃɑ̃/kuʃɑ̃t] *adj.* untergehend → 4/A
(ê)**se coucher** [səkuʃe] schlafen gehen, sich hinlegen
Coucou! [kuku] Kuckuck!, Hallo!
le **coude** [ləkud] der Ellenbogen
la **couleur** [lakulœʀ] die Farbe
le **coup** [ləku] *hier:* der Gag; **le coup de foudre** [ləkudfudʀ] die Liebe auf den ersten Blick → 3/3; **Ça vaut le coup.** [savoləku] Das lohnt sich! → 2/3; **donner un coup de pouce à qn** [dɔneɛ̃kudpusa] *fam.* jdm helfen, jdm zur Hand gehen → 1/3
la **Coupe du monde** [lakupdymɔ̃d] die Weltmeisterschaft → 3/1
le **couple** [ləkuplə] das Paar → 4/2
la **cour** [lakuʀ] der Hof
courageux/-euse [kuʀaʒø/kuʀaʒøz] *adj.* mutig
couramment [kuʀamɑ̃] *adv.* fließend → 2/3
courant/e [kuʀɑ̃/kuʀɑ̃t] *adj.* fließend → 2/3
courir [kuʀiʀ] rennen, laufen *S. 105*; **courir balle au pied** [kuʀiʀbalopje] den Ball (am Fuß) führen → 3/1
le **courriel** [ləkuʀiɛl] die E-Mail
le **cours** [ləkuʀ] die Unterrichtsstunde, der Kurs
les **courses** [lekuʀs] *f. pl.* die Einkäufe; **faire les courses** [fɛʀlekuʀs] einkaufen
court/e [kuʀ/kuʀt] *adj.* kurz

le/la **courtisan/e** [ləkuʀtizɑ̃/lakuʀtizan] der Höfling, die Hofdame → 2/2
le **cousin / la cousine** [ləkuzɛ̃/lakuzin] der Cousin, die Cousine → 3/3
coûter [kute] kosten
le/la **couturier/-ière** [ləkutuʀje/lakutuʀjɛʀ] *hier:* der/die Schneider/in; *auch:* der/die Modeschöpfer/in → 4/1
le **couvert** [ləkuvɛʀ] das Besteck
couvrir qn/qc [kuvʀiʀ] jdn/etw. bedecken *wie* ouvrir *S. 107*
cracher [kʀaʃe] spucken
craindre qn/qc [kʀɛ̃dʀ] jdn/etw. fürchten *wie* plaindre *S. 107* → 2/1; **craindre que** + *subj.* fürchten, dass
le **crayon** [ləkʀɛjɔ̃] der Bleistift
créer qc [kʀee] etw. (er)schaffen → 3/2
la **crème** [lakʀɛm] die Sahne, die Creme
la **crêpe** [lakʀɛp] die Crêpe
crevé/e [kʀəve] *fam.* fix und fertig
crier [kʀije] schreien
la **crise** [lakʀiz] die Krise
critiquer qn/qc [kʀitike] jdn/etw. kritisieren
croire qc [kʀwaʀ] etw. glauben *S. 105;* **croire qn** + *adj.* [kʀwaʀ] jdn für etw. halten → 1/4
la **cruauté** [lakʀyote] die Grausamkeit → 4/2
les **crudités** [lekʀydite] *f. pl.* der Rohkostsalat
cruel/le [kʀyɛl] *adj.* grausam → 1/4
les **crustacés** [lekʀystase] *m. pl.* die Krustentiere → 3/A
la **cuillère** [lakɥijɛʀ] der Löffel
la **cuisine** [lakɥizin] die Küche; **faire la cuisine** [fɛʀlakɥizin] kochen
le/la **cuisinier/-ière** [ləkɥizinje/lakɥizinjɛʀ] der Koch / die Köchin
cuit/e [kɥi/kɥit] *adj.* durch(gebraten)
la **culture** [lakyltyʀ] die Kultur
culturel/le [kyltyʀɛl] *adj.* kulturell → 3/2

D

d'abord [dabɔʀ] *adv.* zuerst
d'accord [dakɔʀ] *adv.* einverstanden
d'ailleurs [dajœʀ] *hier:* übrigens *auch:* anderswoher, von woanders → 1/2
d'habitude [dabityd] *adv.* gewöhnlich
la **dame** [ladam] die Dame
le **Danemark** [lədanmaʀk] Dänemark
le **danger** [lədɑ̃ʒe] die Gefahr; **être en danger** [ɛtʀɑ̃dɑ̃ʒe] in Gefahr sein
dangereusement [dɑ̃ʒ(ə)ʀøzmɑ̃] *adv.* gefährlich; **dangereux/-euse** [dɑ̃ʒ(ə)ʀø/dɑ̃ʒ(ə)ʀøz] *adj.* gefährlich
dans [dɑ̃] *prép.* in *räumlich, zeitlich;* **dans la rue** [dɑ̃laʀy] auf der Straße; **dans l'ensemble** [dɑ̃lɑ̃sɑ̃bl] *adv.* insgesamt → 2/3; **dans le sud de** [dɑ̃ləsydə] *adv.* im Süden von
la **danse** [ladɑ̃s] der Tanz, das Tanzen
danser [dɑ̃se] tanzen
la **danseuse étoile / le danseur étoile** [ladɑ̃søzetwal/lədɑ̃sœʀetwal] die Primaballerina, der/die Startänzer/in
la **date** [ladat] das Datum
dater de [datedə] datieren von → 4/3
de [də] *prép.* von; **de ... à ...** [də...a] von ... bis ... *zeitlich,* zwischen ... und ...; **de la part de** [dəlapaʀdə] vonseiten, seitens → 3/3; **de loin** [dəlwɛ̃] *adv.* von weit her; **de manière** + *adj.* [dəmanjɛʀ] *adv.* auf eine Art und Weise → 2/3; **de plus** [dəplys] *adv.* außerdem → 2/3; **de plus en plus** [dəplyzɑ̃ply(s)] mehr und mehr, immer mehr; **de son côté** [dəsɔ̃kote] *loc. adv.* seinerseits, ihrerseits → 4/2; **de toute façon** [dətutfasɔ̃] *adv.* auf jeden Fall
debout [dəbu] *adv.* stehend → 4/2
(ê)**se débrouiller** [sədebʀuje] zurechtkommen, sich durchwursteln *umg.*
le **début** [lədeby] der Anfang; **au début (de qc)** [odeby] *adv.* am Anfang (von etw.), zuerst → 2/2
décembre [desɑ̃bʀ] *m.* Dezember
décevoir qn [desvwaʀ] jdn enttäuschen *wie* recevoir *S. 108*
décider de + *Inf.* [deside] entscheiden, beschließen etw. zu tun
déclarer qc [deklaʀe] etw. verkünden, deklarieren, erklären *Krieg* → 2/A
découvrir qn/qc [dekuvʀiʀ] jdn/etw. entdecken *wie* ouvrir *S. 107*
décrire qn/qc [dekʀiʀ] jdn/etw. beschreiben *wie* écrire *S. 106*
dedans [dədɑ̃] *adv.* darin, innen, drin
le **défaut** [lədefo] der Fehler, der Mangel
défendre qn/qc [defɑ̃dʀ] jdn/etw. verteidigen *wie* attendre *S. 103*
dégoûter qn [degute] jdn nerven, anwidern → 1/4
dehors [dəɔʀ] *adv.* draußen
déjà [deʒa] *adv.* schon
le **déjeuner** [lədeʒœne] das Mittagessen
le/la **délégué/e de classe** [lə/ladelegedəklas] der/die Klassensprecher/in
délinquant/e [delɛ̃kɑ̃/delɛ̃kɑ̃t] *adj.* straffällig → 3/3
demain [dəmɛ̃] *adv.* morgen; **demain matin** [dəmɛ̃matɛ̃] morgen früh; **À demain!** [adəmɛ̃] Bis morgen!
demander qc à qn [dəmɑ̃de] jdn etw. fragen; **demander à qn de** + *Inf.* jdn bitten etw zu tun; (ê)**se demander** [sədəmɑ̃de] sich fragen; **demander le chemin** [dəmɑ̃deləʃəmɛ̃] nach dem Weg fragen
demi/e [dəmi] *adj.* halb; **la demi-finale** [ladəmifinal] das Halbfinale → 1/4
la **démocratie** [lademəkrasi] die Demokratie → 4/1
la **demoiselle** [ladmwazɛl] das Fräulein → 2/4

ANNEXE

dénoncer qn [denɔ̃se] jdn verraten, verpetzen *wie* commencer *S. 103*
la **dent** [ladɑ̃] der Zahn
dépendant/e [depɑ̃dɑ̃/depɑ̃dɑ̃t] *adj.* abhängig → 1/1
dépendre de qn/qc [depɑ̃dʀ] von jdm/etw. abhängen *wie* attendre *S. 108*; **Ça dépend.** [sadepɑ̃] Das kommt darauf an.
dépenser qc [depɑ̃se] etw. ausgeben
déprimé/e [depʀime] *adj.* deprimiert, niedergeschlagen
depuis [dəpɥi] seit; **depuis** [dəpɥi] *prép. hier:* von etw. aus örtlich → 3/A; **depuis que** [dəpɥikə] seitdem → 1/3
déranger qn [deʀɑ̃ʒɛ] jdn stören *wie* bouger *S. 103*
dernier/-ère [dɛʀnje/dɛʀnjɛʀ] *adj.* letzter/-e/-es, voriger/-e/-es
derrière qn/qc [dɛʀjɛʀ] hinter jdm/etw.
dès [dɛ] *prép.* seit, ab *zeitlich*
(ê)**descendre** [desɑ̃dʀ] aussteigen, hinuntergehen *wie* attendre *S. 103*
le **désert** [ladezɛʀ] die Wüste → 4/3
désespéré/e [dezɛspeʀe] *adj.* verzweifelt → 4/2
le **désordre** [lədezɔʀdʀ] die Unordnung; **être en désordre** [ɛtʀɑ̃dezɔʀdʀ] unaufgeräumt sein
le **despote** [lədɛspɔt] der Despot
le **dessert** [lədesɛʀ] das Dessert, der Nachtisch
le **dessin** [lədesɛ̃] das Zeichnen, die Zeichnung
(ê)**se détendre** [sədetɑ̃dʀ] sich entspannen *wie* attendre *S. 103*
détester qn/qc [detɛste] jdn/etw. nicht mögen, hassen
les **dettes** [ledɛt] *f. pl.* die Schulden
devant [dəvɑ̃] vor
le **développement** [lədevəlɔpmɑ̃] die Entwicklung → 4/1
(ê)**devenir** [dəvniʀ] werden *wie* venir *S. 109*; **devenir médecin** [dəvniʀmedsɛ̃] Arzt werden
deviner qc [dəvine] etw. raten, erraten

devoir + *Inf.* [dəvwaʀ] etw. tun müssen *S. 105*
le **devoir sur table** [lədəvwaʀsyʀtabl] die Klassenarbeit; **les devoirs** [ledəvwaʀ] *m. pl.* die Hausaufgaben
le **dictionnaire** [lədiksjɔnɛʀ] das Wörterbuch
différemment [difeʀamɑ̃] *adv.* anders, unterschiedlich → 2/3
différent/e [difeʀɑ̃/difeʀɑ̃t] *adj.* anders, unterschiedlich
la **difficulté** [ladifikylte] die Schwierigkeit → 1/3
dimanche [dimɑ̃ʃ] *m.* Sonntag
la **dinde** [ladɛ̃d] die Pute
le **dîner** [lədine] das Abendessen
dîner [dine] zu Abend essen → 4/1
dingue [dɛ̃g] *m./f. adj. fam.* verrückt
dire (qc à qn) [diʀ] (jdm etw.) sagen *S. 105*; **dire merci à qn** [diʀmɛʀsi] sich bei jdm bedanken; **dire au revoir à qn** [diʀɔʀvwaʀ] sich von jdm verabschieden; **dire bonjour à qn** [diʀbɔ̃ʒuʀ] jdn begrüßen; **ça veut dire** [savødiʀ] das bedeutet, das heißt; **dire ses quatre vérités à qn** [diʀsekatʀveʀite] Klartext sprechen; **dis** [di] *fam.* sag mal
direct/e [diʀɛkt] *adj.* direkt → 3/3
directement [diʀɛktəmɑ̃] *adv.* direkt → 3/3
le/la **directeur/-trice** [lədiʀɛktœʀ/ladiʀɛktʀis] der/die Direktor/in
la **direction** [ladiʀɛksjɔ̃] die Richtung
diriger qc [diʀiʒe] etw. leiten, führen *wie* bouger *S. 103* → 2/4; (ê)**se diriger vers qn/qc** [sədiʀiʒevɛʀ] sich jdm/etw. zuwenden
la **discipline** [ladisiplin] das Fach; die Disziplin
discuter [diskyte] diskutieren; **discuter (de qc)** [diskyte] sich (über etw.) unterhalten
(ê)**se disputer qc** [sədispyte] sich um etw. streiten → 2/A; (ê)**se disputer avec qn** [sədispyte] sich mit jdm streiten

le **disque** [lədisk] die Platte *CD und Schallplatte* → 1/4
la **disquette** [ladiskɛt] die Diskette
distribuer qc [distʀibɥe] etw. verteilen, austeilen
dit/e [dit] *adj.* genannt → 3/3
le **documentaire** [lədokymɑ̃tɛʀ] der Dokumentarfilm
le/la **documentaliste** [lədokymɑ̃talist] *m./f.* der/die Bibliothekar/in
le **domaine** [lədɔmɛn] der Bereich → 4/3; **le domaine internet** [lədomɛnɛ̃tɛʀnɛt] die Internetdomain → 4/A
domestique [dɔmɛstik] *m./f. adj.* Haus- + *Nomen* → 1/1
le/la ***domestique*** [lə/ladɔmɛstik] der/die Diener/in → 2/4
dominer qn/qc [dɔmine] jdn/etw. dominieren, beherrschen, überragen
dommage [dɔmaʒ] schade
donc [dɔ̃k] *conj.* also, folglich → 1/A; **Dis donc!** [didɔ̃k] Na sag mal!
donner qc à qn [dɔne] jdm etw. geben; **donner un coup de pouce à qn** [dɔneɛ̃kudpusa] *f. fam.* jdm helfen, jdm zur Hand gehen → 1/3; **donner (un) rendez-vous à qn** [dɔneʀɑ̃devu] sich mit jdm verabreden; **donner le bonjour à qn** [dɔnelәbɔ̃ʒuʀ] jdn grüßen; **donner sans compter** [dɔnesɑ̃kɔ̃te] sehr großzügig sein → 4/1; **donner son avis** [dɔnesɔ̃navi] seine Meinung sagen
dont [dɔ̃] *Relativpronomen* dessen, deren → 2/3
doré/e [dɔʀe] *adj.* golden → 4/1
dormir [dɔʀmiʀ] schlafen *wie* sortir *S. 108*
le **dos** [ldo] der Rücken
le **dossier** [lədosje] die Mappe
doubler qn [duble] jdn überholen
la **douche** [laduʃ] die Dusche → 4/1
(ê)**se doucher** [sәduʃe] duschen
le **doute** [lədut] der Zweifel → 2/1; **sans doute** [sɑ̃dut] *adv.* gewiss → 2/1
le **drame** [lədʀam] das Drama
le **drap** [lədʀa] das Tuch, das Laken → 2/1

le **dribble** [lədʀibl] das Dribbling → 3/1
la **drogue** [ladʀɔg] die Droge → 4/1
drôle [dʀol] *m./f. adj.* lustig
drôlement [dʀolmɑ̃] *adv. fam.* ganz schön
la **dune** [ladyn] die Düne → 4/1
dur/e [dyʀ] *adj.* hart, schwierig
durer [dyʀe] dauern
le **DVD** [lədevede] die DVD

E

l' **eau** [lo] *f.* das Wasser
l' **échafaud** [leʃafo] *m.* das Schafott → 2/A
l' **échange** [leʃɑ̃ʒ] *m.* der Austausch
échanger qc (contre qc) [eʃɑ̃ʒe] etw. (gegen etw.) tauschen *wie* bouger *S. 103*
les **échecs** [lezeʃɛk] *m. pl.* das Schachspiel → 1/A
l' **école** [lekɔl] *f.* die Schule;
l' **école maternelle** [lekɔlmatɛʀnɛl] *f.* der Kindergarten; **l'école primaire** [lekɔlpʀimɛʀ] *f.* die Grundschule
économe [ekɔnɔm] *m./f adj.* sparsam
l' **économie** [lekɔnɔmi] *f.* die Wirtschaft → 2/2
l' **écorce** [lekɔʀs] *f.* die Rinde, die Schale
écouter qc [ekute] etw. hören; **écouter qn** jdm (zu)hören, auf jdn hören
l' **écran** [lekʀɑ̃] *m.* der Bildschirm, die Leinwand
écrire (qc à qn) [ekʀiʀ] (jdm etw). schreiben *S. 106*; **écrire comme un chat** [ekʀiʀkɔmɛ̃ʃa] unsauber schreiben
l' **écrivain** [lekʀivɛ̃] *m./f.* der/die Schriftsteller/in
l' **éducateur/-trice** [ledykatœʀ/ledykatʀis] der/die Erzieher/in → 3/3
l' **éducation civique** [ledykasjɔ̃sivik] *f.* die Sozialkunde, die Gemeinschaftskunde
l' **effet** [lefɛ] *m.* die Wirkung, der Effekt
l' **effort** [lefɔʀ] *m.* die Anstrengung; **faire un effort** [fɛʀɛ̃efɔʀ] sich anstrengen

l' **église** [legliz] *f.* die Kirche → 2/1
égoïste [egɔist] *m./f. adj.* egoistisch
eh bien [ebjɛ̃] also
électronique [elɛktʀɔnik] *m./f. adj.* elektronisch
l' **éléphant** [lelefɑ̃] *m.* der Elefant
l' **élève** [lelɛv] *m./f.* der/die Schüler/in
l' **élimination** [leliminasjɔ̃] *f. hier:* der Ausschluss, das Ausscheiden → 1/4
éliminer qn [elimine] jdn ausschließen, durchfallen lassen → 1/4
l' **embouteillage** [lɑ̃butɛjaʒ] *m.* der Verkehrsstau
l' **embrouille** [lɑ̃bʀuj] *f. fam.* das Wirrwarr, die Verwicklung
l' **émeute** [lemøt] *f.* der Aufstand → 3/2
l' **émigration** [lemigʀasjɔ̃] *f.* die Auswanderung → 2/A
l' **émission** [lemisjɔ̃] *f.* die Sendung
emmener qn [ɑ̃mne] jdn mitnehmen, wegführen *wie* amener *S. 103* → 2/1
l' **émotion** [lemɔsjɔ̃] *f.* die Rührung, die Ergriffenheit → 3/3
empêcher qn de + *Inf.* [ɑ̃pɛʃedə] jdn daran hindern etw. zu tun → 1/3
l' **empire** [lɑ̃piʀ] *m.* das Reich → 2/A
l' **emploi** [lɑ̃plwa] *m.* der Arbeitsplatz → 3/2; **l'emploi du temps** [lɑ̃plwadytɑ̃] *m.* der Stundenplan
employer qn [ɑ̃plwaje] jdn beschäftigen *wie* payer *S. 103*
en [ɑ̃] in; **en avoir marre (de qn/qc)** [ɑ̃navwaʀmaʀ] *fam.* die Nase voll haben (von jdm/etw.), es satt haben → 3/2; **en direct** [ɑ̃diʀɛkt] *adj.* live, direkt *bei Radio- und Fernsehsendungen* → 1/4; **en face de** [ɑ̃fasdə] gegenüber von; **en fait** [ɑ̃fɛt] eigentlich → 1/2; **en haut** [ɑ̃o] *adv.* oben → 3/1; **en ce moment** [ɑ̃smɔmɑ̃] zur Zeit
encore [ɑ̃kɔʀ] *adv.* außerdem, noch, schon wieder; **encore plus** [ɛ̃kɔʀplys] *adv.* noch mehr; **en secret** [ɑ̃səkʀɛ] im Geheimen → 4/2

encourager qn [ɑ̃kuʀaʒe] jdm Mut machen *wie* bouger *S. 103* → 4/1
(ê)**s'endormir** [sɑ̃dɔʀmiʀ] einschlafen *wie* sortir *S. 108*
l' **endroit** lɑ̃dʀwa] *m.* der Ort
l' **énergie** [lenɛʀʒi] *f.* die Energie → 1/3
(ê)**s'énerver contre qn** [senɛʀvekɔ̃tʀ] sich über jdn aufregen
l' **enfance** [lɑ̃fɑ̃s] *f.* die Kindheit
l' **enfant** [lɑ̃fɑ̃] *m./f.* das Kind
l' **enfer** [lɑ̃fɛʀ] *m.* die Hölle
enfin [ɑ̃fɛ̃] *adv.* schließlich, jedenfalls
engagé/e [ɑ̃gaʒe] engagiert → 3/3
enlever qc [ɑ̃lve] etw. ausziehen, etw. ablegen *(Kleidung)* *wie* peser *S. 103*
(ê)**s'ennuyer** [sɑ̃nɥijeʀ] sich langweilen *wie* payer *S. 103* → 1/1
ennuyeux/-euse [ɑ̃nɥijø/ɑ̃nɥijøz] *adj.* langweilig
énorme [enɔʀm] *adj.* ungeheuer, enorm → 2/3; **énormément** [enɔʀmemɑ̃] *adv.* ungeheuer, enorm → 2/3
ensemble [ɑ̃sɑ̃bl] *adv.* zusammen
ensuite [ɑ̃sɥit] *adv.* danach, anschließend
entendre qn/qc [ɑ̃tɑ̃dʀ] jdn/etw. hören *wie* attendre *S. 103*;
(ê)**s'entendre avec qn** [sɑ̃tɑ̃dʀavɛk] sich mit jdm verstehen
entier/-ière [ɑ̃tje/ɑ̃tjɛʀ] *adj.* ganz, voll
(ê)**s'entraîner** [sɑ̃tʀene] trainieren → 3/1; **l'entraîneur/-euse** [lɑ̃tʀɛnœʀ/lɑ̃tʀɛnøz] der/die Trainer/in → 3/1
entre [ɑ̃tʀ] zwischen
l' **entrepreneur/-euse** [lɑ̃tʀəpʀənœʀ/lɑ̃tʀəpʀənøz] der/die Unternehmer/in → 3/2
l' **entreprise** [ɑ̃tʀəpʀiz] *f.* das Unternehmen, die Firma → 3/2
(ê)**entrer** [ɑ̃ntʀe] hineingehen, eintreten
envahir qc [ɑ̃vaiʀ] etw. überfallen *ein Land,* einfallen *in ein Land* *wie* réagir *S. 103* → 2/A

ANNEXE

envoyer qc à qn [ɑ̃vwajea] jdm etw. schicken *wie* payer S. 103
l' **épaule** [lepol] *f.* die Schulter → 3/1
épeler qc [epəle] etw. buchstabieren *wie* peser S. 103
l' **époque** [lepɔk] *f.* die Epoche
épouser qn [epuze] jdn heiraten → 2/4
l' **équipe** [lekip] *f.* die Mannschaft, das Team
l' **équipement** [lekipmɑ̃] *m.* die Einrichtung → 3/2
l' **érable** [leʀabl] *m.* der Ahorn
l' **escalade** *f.* [lɛskalad] das Klettern; **l'escalade urbaine** [ɛskaladyʀbɛn] Urban climbing → 1/A; **escalader qc** [ɛskalade] etw. hinaufklettern → 3/1
l' **escalier** [lɛskalje] *m.* die Treppe
l' **espace vert** [lɛspasvɛʀ] die Grünanlage → 4/3
l' **Espagne** [lɛspaɲ] *f.* Spanien
espérer *(+ Inf.)* [ɛspeʀe] hoffen (etw. zu tun) *wie* espérer S. 103
l' **espoir** [lɛspwaʀ] *m.* die Hoffnung → 3/3
l' **esprit** [lɛspʀi] *m.* der Geist, der Sinn
essayer qc [eseje] etw. versuchen, (an)probieren *wie* payer S. 103; **essayer de** + *Inf.* versuchen etw. zu tun
l' **est** [lɛst] *m.* der Osten; **à l'est de** [alɛstdə] östlich von
et [e] *conj.* und; **Et alors?** [ealɔʀ] Na und?
l' **étagère** [letaʒɛʀ] *f.* das Regal
l' **étape** [letap] *f.* die Etappe → 3/1
l' **État** [leta] *m.* der Staat → 4/A
l' **été** [lete] *m.* der Sommer
(ê)**s'étirer** [setiʀe] sich strecken
l' **étranger** [letʀɑ̃ʒe] *m.* das Ausland; **l'étranger/-ère** [letʀɑ̃ʒe/letʀɑ̃ʒɛʀ] der/die Fremde, der/die Ausländer/in
être [ɛtʀ] sein S. 102; **être à qn** [ɛtʀakɛlkɛ̃] jdm gehören; **être assis/e** [ɛtʀasi/ɛtʀasiz] sitzen; **être en avance** [ɛtʀɑ̃navɑ̃s] zu früh kommen; **être en colère** [ɛtʀɑ̃kɔlɛʀ] wütend sein → 3/2; **être en forme** [ɛtʀɑ̃fɔʀm] in Form sein; **être en train de** + *Inf.* [ɛtʀɑ̃tʀɛ̃də] gerade etw. tun / dabei sein etw. zu tun; **être sous pression** [ɛtʀsupʀɛsjɔ̃] unter Druck stehen
les **études** [lezetyd] *f. pl.* das Studium → 4/1; **les études dirigées** [lezetytdiʀiʒe] *f. pl. Zeit, in der die Schüler ihre Hausaufgaben unter Aufsicht anfertigen;* **faire des études** [fɛʀdezetyd] studieren
étudier [etydje] *hier:* lernen → 4/1
l' **euro** [løʀo] *m.* der Euro
l' **Europe** [løʀɔp] *f.* Europa → 1/A
(ê)**s'évader (dans)** [sevade(dɑ̃)] entfliehen, flüchten → 1/1
l' ***évêque*** [levɛk] der Bischof → 2/4
évidemment [evidamɑ̃] *adv.* klar, eindeutig, selbstverständlich → 2/3
évident/e [evidɑ̃/evidɑ̃t] *adj.* klar, eindeutig, selbstverständlich
éviter qc / éviter de + *Inf.* [evite] etw. vermeiden / vermeiden etw. zu tun → 3/2
exagérer qc [ɛgzaʒeʀe] etw. übertreiben *wie* espérer S. 103
l' **examen** [lɛgsamɛ̃] *m.* die Prüfung
exclure qn [eksklyʀ] jdn/etw. ausschließen S. 106 → 3/2
l' **excursion** [lɛkskyʀsiɔ̃] *f.* der Ausflug, die Exkursion
l' **exemple** [lɛgzɑ̃pl] *m.* das Beispiel
exercer qc [ɛgzɛrse] etw. gebrauchen, ausüben *wie* commencer S. 103 → 4/1
l' **exercice** [lɛgzɛʀsis] *m.* die Übung
l' **exil** [lɛgzil] *m.* das Exil → 2/1
exister [ɛgsiste] existieren
l' **expérience** [lɛkspeʀjɑ̃s] *f.* die Erfahrung → 1/2
l' **explication de texte** [lɛksplikasjɔ̃dətɛkst] *f.* der Aufsatz *Textinterpretation*
expliquer qc à qn [ɛksplikea] jdm etw. erklären
l' **explorateur/-trice** [lɛksplɔʀatœʀ/lɛksploʀatʀis] der/die Entdecker/in
l' **exposé** [lɛkspoze] *m.* das Referat, der Vortrag
l' **expression** [lɛkspʀɛsjɔ̃] *f.* der Ausdruck

F

la **fable** [lafabl] *f.* die Fabel
fâché/e [fɑʃe] *adj.* verärgert
facile [fasil] *m./f. adj.* leicht, einfach
la **faim** [lafɛ̃] *f.* der Hunger; **avoir faim** [avwaʀfɛ̃] Hunger haben
faire qc [fɛʀ] etw. machen, tun S. 106; **faire qc à qn** [fɛʀ] jdm etw. (an)tun; **faire des calculs** [fɛrdekalkyl] rechnen → 1/1; **faire des études** [fɛʀdezetyd] studieren; **faire la cuisine** [fɛʀlakɥizin] kochen; **faire la prière** [fɛʀlapʀijɛʀ] beten → 2/4; **faire partie de qc** [fɛʀpaʀtidə] zu etw. dazugehören → 1/1; **faire passer qn** [fɛʀpɑse] *hier:* jdn schleusen, jdn illegal über die Grenze bringen → 2/1; **faire prospérer qc** [fɛʀpʀɔspeʀe] etw. zum zum Blühen bringen → 2/A; **faire tout son possible** [fɛʀtusɔ̃pɔsiblə] sein/ihr Möglichstes tun → 3/1; (ê)**se faire un nom** [səfɛʀɛ̃nɔ̃] sich einen Namen machen → 1/4; **faire venir qn** [fɛʀvəniʀ] jdn kommen lassen → 3/1; **Fais voir!** [fɛvwaʀ] Zeig her!; **il fait moins vingt** [ilfɛmwɛ̃vɛ̃] es sind – 20° C; **ça fait deux** [safɛdø] das sind zwei Dinge, die nicht zusammenpassen; **ça fait du bien (de** + *Inf.***)** [safɛdybjɛ̃] es tut gut (etw. zu tun)
falloir [falwaʀ] müssen S. 106; **il faut** + *Nomen/Inf.* [ilfo] man braucht, man muss; **il faut que** + *subj.* [ilfokə] es ist nötig (etw. zu tun); **comme il faut** [kɔmilfo] ordentlich, wie es sich gehört; **il faudrait** [ilfodʀɛ] es wäre nötig, man müsste; **il faudrait que** + *subj.* [ilfodʀɛkə] es wäre nötig, man müsste
la **famille** [lafamij] die Familie; **la famille nombreuse** [lafamijnɔ̃bʀøz] die kinderreiche Familie → 1/2
le/la **fan** [lefan/lafan] der Fan → 1/A
fantastique [fɑ̃tastik] *m./f. adj.* phantastisch
la **farine** [lafaʀin] das Mehl
la **fatigue** [lafatig] die Erschöpfung → 4/2

fatigué/e [fatige] *adj.* müde
la **faute** [lafot] der Fehler, die Schuld
faux/ fausse [fo/fos] *adj.* falsch
la **félicitation** [lafelisitasjɔ̃] der Glückwunsch
la **femme** [lafam] die Frau, die Ehefrau; **la jeune femme** [lajœnfam] *f.* die junge Frau; **la femme au foyer** [lafamofwaje] die Hausfrau → 4/1
la **fenêtre** [lafnɛtʀ] das Fenster
fermer qc [fɛʀme] etw. schließen
le **festival** [ləfɛstival] das Festival
la **fête** [lafɛt] die Feier, die Fete
fêter qc [fɛte] etw. feiern; **ça se fête** [sasəfɛt] das feiert man, das wird gefeiert
le **feu / les feux** [ləfø/lefø] das/die Feuer; **le feu de camp** [ləfød(ə)kɑ̃] das Lagerfeuer; **le feu rouge** [ləføʀuʒ] die Ampel
la **feuille** [lafœj] das Blatt
février [fevʀije] *m.* Februar
les **fiançailles** [lefijɑ̃saj] *f. pl.* die Verlobung → 4/2
fier/-ière (de qn/qc) [fjɛʀ] *adj.* stolz (auf jdn/etw.)
le **filet** [ləfilɛ] das Netz
la **fille** [lafij] das Mädchen, die Tochter; **la jeune fille** [laʒœnfij] *f.* das junge Mädchen
le **film** [ləfilm] der Film; **le film d'action** [ləfilmdaksjɔ̃] der Actionfilm; **le film d'horreur** [ləfilmdɔʀœʀ] der Horrorfilm
le **fils** [ləfis] der Sohn
la **fin** [lafɛ̃] das Ende
finalement [finalmɑ̃] *adv.* schließlich, endlich → 2/3
finir (qc) [finiʀ] enden, etw. beenden *wie réagir S. 103*; **finir de** + *Inf.* etw. zu Ende tun
la **fleur** [laflœʀ] die Blume
le **fleuve** [ləflœv] der Fluss
le **flic** [ləflik] *fam.* der Polizist, der Bulle
la **foire** [lafwaʀ] der Jahrmarkt → 4/2
la **fois** [lafwa] das Mal
le/la **fonctionnaire** [lə/lafɔ̃ksjɔnɛʀ] der Beamte / die Beamtin → 4/1
le/la **fondateur/-trice** [ləfɔ̃datœʀ/lafɔ̃datʀis] der/die Gründer/in
le **foot** [ləfut] Fußball
le/la **footballeur/-euse** [ləfutbalœʀ/lafutbaløz] der/die Fußballer/in → 3/1
la **force** [lafɔʀs] die Kraft; **de toutes ses forces** [dətutsefɔʀs] mit seiner/ihrer ganzen Kraft
la **forêt** [lafɔʀɛ] der Wald
la **formation** [lafɔʀmasjɔ̃] die Ausbildung; **la formation en alternance** [lafɔʀmasjɔ̃nɑ̃naltɛʀnɑ̃s] *duale Ausbildung*
[(ê)]**se former** [səfɔʀme] sich bilden → 4/2
formidable [fɔʀmidabl] *m./f. adj.* hervorragend, toll
fort/e [fɔʀ/fɔʀt] *adj.* stark
fou/folle [fu/fɔl] *adj.* verrückt → 1/4
fouiller dans qc [fujedɑ̃] in etw. wühlen, kramen
le **foulard** [ləfulaʀ] der Schal, das Halstuch → 1/2
la **fraîcheur** [lafʀɛʃœʀ] die Frische
frais/fraîche [fʀɛ/fʀɛʃ] *adj.* frisch
le **français** [ləfʀɑ̃sɛ] Französisch, die französische Sprache; **en français** [ɑ̃fʀɑ̃sɛ] auf Französisch
le/la **Français/e** [ləfʀɑ̃sɛ/lafʀɑ̃sɛz] der Franzose / die Französin
la **France** [lafʀɑ̃s] Frankreich
franchir qc [fʀɑ̃ʃiʀ] etw. überwinden, etw. durchlaufen *wie réagir S. 103* → 3/1
franco-italien/ne [fʀɑ̃koitaljɛ̃/fʀɑ̃koitaljɛn] *adj.* französisch-italienisch
francophone [fʀɑ̃kɔfɔn] *m./f. adj.* französischsprachig → 4/A
frapper qn/qc [fʀape] jdn/etw. schlagen; **frapper qn** *hier:* jdm auffallen, jdn in Erstaunen versetzen → 4/3
fréquemment [fʀekamɑ̃] *adv.* häufig → 4/A
fréquent/e [fʀekɑ̃/fʀekɑ̃t] *adj.* häufig → 4/A
le **frère** [ləfʀɛʀ] der Bruder; **les frères et sœurs** [lefʀɛʀesœʀ] *m. pl.* die Geschwister
le **fric** [ləfʀik] *fam.* das Geld, die Knete
les **fringues** [lefʀɛ̃g] *f. pl. fam.* die Klamotten
le **frisson** [ləfʀisɔ̃] das Zittern
les **frites** [lefʀit] *f. pl.* die Pommes frites
froid/e [fʀwa/fʀwad] *adj.* kalt; **Il fait froid.** [ilfɛfʀwa] Es ist kalt.
le **fromage** [ləfʀɔmaʒ] der Käse
le **fruit** [ləfʀɥi] die Frucht → 4/3; **les fruits** [lefʀɥi] *m. pl.* das Obst
la **fuite** [lafɥit] die Flucht
fumer [fyme] rauchen
le **fumier** [ləfymje] der Nährboden, der Mist → 3/2
furieux/-euse [fyʀjø/fyʀjøz] *adj.* wütend

G

gâcher qc [gɑʃe] etw. verderben
le/la **gagnant/e** [ləgaɲɑ̃/lagaɲɑ̃t] der/die Gewinner/in → 1/2
gagner qc [gaɲe] etw. gewinnen, (Geld) verdienen
la **galère** [lagalɛʀ] die Galeere *Kriegsschiff* → 2/1
le **gamin / la gamine** [ləgamɛ̃/lagamin] *fam.* der kleine Junge / das kleine Mädchen → 3/1
le **gant** [ləgɑ̃] der Handschuh; **prendre des gants** [pʀɑ̃dʀdegɑ̃] (jdn) mit Samthandschuhen anfassen
le **garçon** [ləgaʀsɔ̃] der Junge
garder qn/qc [gaʀde] auf jdn/etw. aufpassen, etw. aufbewahren, behalten
la **gare** [lagaʀ] der Bahnhof
garer qc [gaʀe] etw. einparken *einen Wagen*
le **gars** [ləgɑ] der Junge, der Bursche *nur in Québec*
gâté/e [gɑte] *adj.* verwöhnt
le/les **gâteau/-eaux** [lə/legɑto] der Kuchen
généreux/-euse [ʒeneʀø/ʒeneʀøz] *adj.* großzügig
génial/e [ʒenjal] *adj.* / **géniaux** [ʒenjo] *m. pl.* toll, super, genial
le **genre** [ləʒɑ̃ʀ] die Art, das Genre; die Gattung
les **gens** [leʒɑ̃] *m. pl.* die Leute
gentil/le [ʒɑ̃ti/ʒɑ̃tij] *adj.*; **gentiment** [ʒɑ̃timɑ̃] *adv.* nett → 2/3
la **géographie** [laʒeɔgʀafi] die Geographie, die Erdkunde

ANNEXE

le **geste** [ləʒɛst] die Geste, die Handbewegung
la **glace** [laglas] das (Speise-)Eis
le **golfe** [ləgɔlf] der Golf
le **goût** [ləgu] der Geschmack → 1/2
grâce à [gʀɑsa] *prép.* dank → 2/1
le **gramme** [ləgʀam] das Gramm
grandir [gʀɑ̃diʀ] aufwachsen, wachsen *wie réagir S. 103* → 3/1
la **grand-mère** [lagʀɑ̃mɛʀ] die Großmutter
le **grand-père** [ləgʀɑ̃pɛʀ] der Großvater
grand/e [gʀɑ̃/gʀɑ̃d] *adj.* groß
la **grande école** [lagʀɑ̃dekɔl] die Elitehochschule
les **grands-parents** [legʀɑ̃paʀɑ̃] *m. pl.* die Großeltern
le **gratin** [ləgʀatɛ̃] der Auflauf
le **gratte-ciel** [ləgʀatsjɛl] der Wolkenkratzer
grave [gʀav] *m./f. adj.* schlimm
griller qc [gʀije] etw. grillen → 4/3
gris/e [gʀi/gʀiz] *adj.* grau
gros/se [gʀo/gʀos] *adj.* groß, dick
le **groupe** [ləgʀup] die Gruppe, die Band → 1/A
la **guerre** [lagɛʀ] der Krieg
guider qn [gide] jdn leiten, anführen → 3/A
la **guitare** [lagitaʀ] die Gitarre
le **gymnase** [ləʒimnɑz] die Turnhalle
la **gymnastique** [laʒimnastik] *f.* der Sportunterricht, die Gymnastik

H

[(ê)]**s'habiller** [sabije] sich anziehen
l' **habitant/e** [labitɑ̃/labitɑ̃t] der/die Einwohner/in
habiter [abite] wohnen
l' **habitude** [labityd] *f.* die Gewohnheit, die Angewohnheit; **prendre l'habitude (de + *Inf.*)** [pʀɑ̃dʀəlabityd] die Gewohnheit annehmen etw. zu tun, sich etw. angewöhnen → 1/2; **d'habitude** [dabityd] gewöhnlich
[(ê)]**s'habituer à qn/qc** [sabitɥea] sich an jdn/etw. gewöhnen → 2/3; [(ê)]**s'habituer à + *Inf.*** sich daran gewöhnen etw. zu tun → 2/3
le **handball** [ləɑ̃dbal] Handball
haut/e [o/ot] *adj.* hoch
hésiter [ezite] zögern; **hésiter à + *Inf.*** zögern etw. zu tun
l' **heure** [lœʀ] *f.* Uhr *zur Angabe der Uhrzeit*, die Stunde; **C'est l'heure.** [sɛlœʀ] Es ist so weit. Es ist Zeit; **Il est quelle heure?** [ilɛkɛlœʀ] *f.* Wie spät ist es?; **À quelle heure?** [akɛlœʀ] Um wie viel Uhr?; **être à l'heure** [ɛtʀalœʀ] pünktlich sein
heureux/-euse [øʀø/øʀøz] *adj.* glücklich; **être heureux comme tout** [ɛtʀøʀøkɔmtu] überglücklich sein
hier [jɛʀ] *adv.* gestern
le **hip-hop** [ləipɔp] *m.* der Hip-Hop
l' **histoire** [listwaʀ] *f.* die Geschichte
historique [istɔʀik] *m./f. adj.* historisch → 4/1
l' **hiver** [livɛʀ] *m.* der Winter
l' **homme** [lɔm] *m.* der Mann; *hier:* der Mensch → 4/2; **le jeune homme** [ləʒœnɔm] *m.* der junge Mann
honnête [ɔnɛt] *m./f. adj.* aufrichtig → 4/1
l' **hôpital / les hôpitaux** [lɔpital/lezɔpito] *m.* das Krankenhaus
l' **horizon** [lɔʀizɔ̃] *m.* der Horizont
l' **horloge** [lɔʀlɔʒ] *f.* die Uhr
l' **horoscope** [lɔʀɔskɔp] *m.* das Horoskop
horrible [ɔʀibl] *m./f. adj.* furchtbar, schrecklich → 2/1
hospitalier/-ière [ɔspitalje/ɔspitaljɛʀ] *adj.* gastfreundlich → 4/1
l' **hôtel de ville** [lotɛldəvil] *m.* das Rathaus
les **Huguenots** [leygno] die Hugenotten → 2/A
l' **huître** [lɥitʀ] *f.* die Auster
humain/e [ymɛ̃/ymɛn] *adj.* menschlich → 1/2
l' **humour** [lymuʀ] *m.* der Humor

I

ici [isi] *adv.* hier
l' **idée** [lide] *f.* die Idee, der Einfall
il y a [ilja] es gibt; vor *zeitlich;* **il y a de cela très longtemps** [iljadəsəlatʀɛlɔ̃tɑ̃] vor langer, langer Zeit → 4/2
l' **île** [lil] *f.* die Insel
l' **image** [limaʒ] *f.* das Bild
imaginer qc [imaʒine] sich etw. vorstellen; [(ê)]**s'imaginer qc** [simaʒine] sich etw. vorstellen
l' **imbécile** [lɛ̃besil] *m./f.* der Dummkopf
l' **immeuble** [limœbl] *m.* das Gebäude
l' **imperméable** [lɛ̃pɛʀmeabl] *m.* der Regenmantel
important/e [ɛ̃pɔʀtɑ̃/ɛ̃pɔʀtɑ̃t] *adj.* wichtig
impossible [ɛ̃pɔsibl] *adj.* unmöglich
l' **impression** [lɛ̃pʀɛsjɔ̃] *f.* der Eindruck; **avoir l'impression** [avwaʀlɛ̃pʀɛsjɔ̃] den Eindruck haben
impressionnant/e [ɛ̃pʀesjɔnɑ̃/ɛ̃pʀesjɔnɑ̃t] *adj.* beeindruckend
imprudent/e [ɛ̃pʀydɑ̃/ɛ̃pʀydɑ̃t] *adj.* unvorsichtig → 2/2
l' **indépendance** [lɛ̃depɑ̃dɑ̃s] *f.* die Unabhängigkeit → 4/A
l' **Indien/ne** [lɛ̃djɛ̃/lɛ̃djɛn] der/die Indianer/in
l' **information** [lɛ̃fɔʀmasjɔ̃] *f.* die Information
l' **informatique** [lɛ̃fɔʀmatik] *f.* die Informatik
injuste [ɛ̃ʒyst] *adj.* ungerecht → 1/4
innombrable [inɔ̃bʀabl] *m./f. adj.* unzählig → 3/A
inséparable [ɛ̃sepaʀabl] *m./f. adj.* unzertrennlich
l' **instituteur/-trice** [lɛ̃stitytœʀ/lɛ̃stitytʀis] der/die Grundschullehrer/in
l' **instrument** [lɛ̃stʀymɑ̃] *m.* das Instrument; das Werkzeug → 2/4; **jouer d'un instrument** [ʒuedɛ̃nɛ̃stʀymɑ̃] ein Instrument spielen
l' **intellectuel/le** [lɛ̃telɛktɥɛl] der/die Intellektuelle, der/die Streber/in

intelligent/e [ɛ̃teliʒɑ̃/ɛ̃teliʒɑ̃t] *adj.* intelligent
intense [ɛ̃tɑ̃s] *adj.* intensiv → 2/3; **intensément** [ɛ̃tɑ̃semɑ̃] *adv.* intensiv → 2/3
intensif/-ive [ɛ̃tɑ̃sif/ɛ̃tɑ̃siv] *adj.* intensiv → 1/3
interdire à qn de + *Inf.* [ɛ̃tɛʀdiʀadə] jdm verbieten etw. zu tun *wie* dire *S. 105*
interdit/e [ɛ̃tɛʀdi/ɛ̃tɛʀdit] *adj.* verboten
intéressant/e [ɛ̃teʀɛsɑ̃/ɛ̃teʀɛsɑ̃t] *adj.* interessant
intéresser [ɛ̃teʀese] interessieren; [(ê)]**s'intéresser à qn/qc** sich für jdn/etw. interessieren
l' **internat** [lɛ̃tɛʀna] *m.* das Internat
international/e [ɛ̃tɛʀnasjɔnal] *adj.* / **internationaux** [ɛ̃tɛʀnasjɔno] *m. pl.* international
interpréter qc [ɛ̃tɛʀpʀete] etw. interpretieren *wie* refléter *S. 103* → 1/4
l' **interrogation** [lɛ̃teʀɔgasjɔ̃] *f. fam.* die Klassenarbeit
l' **interview** [lɛ̃tɛʀvju] *f.* das Interview
l' **intrigue** [lɛtʀig] *f.* die Intrige → 2/2; **intriguer (contre qn)** [ɛ̃tʀige] intrigieren (gegen jdn) → 2/2
inutile [inytil] *m./f. adj.* unnütz
inviter qn [ɛ̃vite] jdn einladen
l' **islam** [lislam] *m.* der Islam → 4/A
l' **Italie** [litali] *f.* Italien
italien/ne [italjɛ̃/italjɛn] *adj.* italienisch

J

la **jalousie** [laʒaluzi] die Eifersucht → 1/2; **par jalousie** [paʀjaluzi] aus Eifersucht → 1/2
jaloux/jalouse [ʒalu/ʒaluz] *adj.* eifersüchtig → 1/1
la **jambe** [laʒɑ̃b] *f.* das Bein
janvier [ʒɑ̃vje] *m.* Januar
le **jardin** [ləʒaʀdɛ̃] *m.* der Garten;
le **Jardin des plantes** [ləʒaʀdɛ̃deplɑ̃t] der botanische Garten
jaune [ʒon] *m./f. adj.* gelb
le **jean** [lədʒin] *m.* die Jeans
les **Jésuites** [leʒezɥit] die Jesuiten → 2/4
jeter qc [ʒəte] etw. werfen, schleudern *S. 103*
le **jeu / les jeux** [ləʒø/leʒø] das Spiel
jeudi [ʒødi] *m.* Donnerstag
le/la **jeune** [lə/laʒœn] *m./f.* der/die Jugendliche; **jeune** [ʒœn] *m./f. adj.* jung
joli/e [ʒɔli] *adj.* hübsch, niedlich
jongler [ʒɔ̃gle] jonglieren
jouer [ʒwe] spielen; **jouer à qc** etw. spielen *ein Spiel*; **jouer aux échecs** [ʒweozeʃɛk] Schach spielen → 1/A; **jouer d'un instrument** [ʒwedɛ̃nɛ̃stʀymɑ̃] ein Instrument spielen
le **jour** [ləʒuʀ] der Tag; **un jour** [ɛ̃ʒuʀ] eines Tages; **ce jour-là** [səʒuʀla] an jenem Tag
le **journal** [ləʒuʀnal] die Zeitung, das Tagebuch; **le JT** [ləʒite] ou: **le journal télévisé** [ləjuʀnaltelevize] die Fernsehnachrichten
le **journalisme** [ləʒuʀnalism] der Journalismus → 2/3
le/la **journaliste** [lə/laʒuʀnalist] der/die Journalist/in
la **journée** [laʒuʀne] der Tag *in seinem Verlauf*; **toute la journée** [tutlaʒuʀne] den ganzen Tag
le **judo** [ləʒydo] das Judo
juif/juive [ʒɥif/ʒɥiv] *adj.* jüdisch → 4/A
juillet [ʒɥijɛ] *m.* Juli
juin [ʒɥɛ̃] *m.* Juni
le **jumeau / la jumelle** [ləʒymo/laʒymɛl] der Zwillingsbruder, die Zwillingsschwester; *hier:* die Partnerstadt → 4/1
la **jupe** [laʒyp] der Rock
jurer [ʒyʀe] schwören; **Juré, promis, craché.** [ʒyʀepʀomikʀaʃe] Ich schwöre!, Versprochen!
le **jus de fruits** [ləʒydfʀɥi] der Fruchtsaft
jusque [ʒysk] *prép.* bis; **jusqu'à présent** [ʒyskapʀezɑ̃] bis jetzt → 3/3
juste [ʒyst] *m./f. adj.* richtig, gerecht
justement [ʒyst(ə)mɑ̃] *adv.* eben, genau
la **justice** [laʒystis] *hier:* das Rechtswesen, die Justiz → 2/2

K

le **kayak** [ləkajak] der Kajak
le **kilo** [ləkilo] das Kilo
le **kilomètre** [ləkilɔmɛtʀ] der Kilometer; **km/h** [kilɔmɛtʀœʀ] Stundenkilometer

L

là [la] *adv.* dort, da;
là-bas [labɑ] *adv.* dort
le **lac** [lәlak] der See
lâcher qn/qc [lɑʃe] jdn/etw. loslassen
laisser qc [lese] etw. hinterlassen, lassen; **laisser + *Inf.*** jdn etw. tun lassen; **Laisse tomber!** [lɛstɔ̃be] *fam.* Ach, lass doch!, Vergiss es!
le **lait** [ləlɛ] die Milch
la **lampe** [lalɑ̃p] die Lampe
lancer qc [lɑ̃se] etw. ins Leben rufen, etw. werfen *wie* commencer *S. 103*
la **langue** [lalɑ̃g] die Sprache, die Zunge
large [laʀʒ] *m./f. adj.* weit, breit
la **larme** [lalaʀm] die Träne → 4/2
le **latin** [ləlatɛ̃] Latein, die lateinische Sprache → 2/4
le **laurier-rose** [ləlɔʀjeʀoz] der Oleander → 4/3
laver qc [lave] etw. waschen
le **lèche-vitrines** [ləlɛʃvitʀin] der Schaufensterbummel
la **leçon** [lalɔsɔ̃] die Lektion
le/la **lecteur/-trice** [ləlɛktœʀ/lalɛktʀis] der/die Leser/in → 4/1
le **lecteur mp3** [ləlɛktœʀɛmpetʀwa] der MP3-Player → 1/A
la **légende** [laleʒɑ̃d] die Legende
les **légumes** [lelegym] *m. pl.* das Gemüse
le **lendemain** [ləlɑ̃dmɛ̃] am nächsten Tag
lent/e [lɑ̃ /lɑ̃t] *adj.* langsam; **lentement** [lɑ̃tmɑ̃] *adv.* langsam
lequel/laquelle [ləkɛl/lakɛl] welcher/-es/-e → 2/2
la **lettre** [lalɛtʀ] der Brief; **la lettre de motivation** [lalɛtʀdəmɔtivasjɔ̃] das Bewerbungsschreiben → 1/4
[(ê)]**se lever** [səlәve] aufstehen *wie* peser *S. 103*

ANNEXE

la **liberté** [libεrte] die Freiheit → 4/1
la **librairie** [lalibʀεʀi] die Buchhandlung
libre [libʀ] *m./f. adj.* frei; **être libre** [εtʀlibʀ] frei haben, frei sein
le **lieu** [ləljø] der Ort → 4/3
la **ligne** [laliɲ] die Linie
la **limite** [lalimit] die Grenze, die Beschränkung → 1/4
limité/e (à) [limite(a)] *adj.* begrenzt (auf)
le **linge** [ləlɛ̃ʒ] die Wäsche → 2/4
lire qc [liʀ] etw. lesen *S. 106*
le **lit** [ləli] das Bett
littéraire [liteʀεʀ] *m./f. adj.* literarisch, Literatur- + *Nomen* → 2/2
le **livre** [ləlivʀ] das Buch
loin [lwɛ̃] *adv.* weit; **de loin** [dəlwɛ̃] von weit her
les **loisirs** [lelwaziʀ] *m. pl.* die Freizeit
long/longue [lɔ̃/lɔ̃g] *adj.* lang
longtemps [lɔ̃tɑ̃] *adv.* lange
la **Lorraine** [lalɔrεn] Lothringen → 2/A
louche [luʃ] *m./f. adj. fam.* verdächtig → 3/2
la **lumière** [lalymjεʀ] das Licht
lundi [lɛ̃di] *m.* Montag
les **lunettes (de soleil)** [lelynεt (dəsɔlεj)] *f. pl.* die (Sonnen-) Brille
le **lycée** [ləlise] das Gymnasium, *Oberschule in Frankreich (10. bis 12. Schuljahr)*; **le lycée d'enseignement général** [ləlisedɑ̃sεɲəmɑ̃ʒeneʀal] das allgemeinbildende Gymnasium; **le lycée professionnel** [ləliseprɔfεsjɔnεl] *Berufsschule in Frankreich*
le/la **lycéen/ne** [ləliseɛ̃/laliseεn] der/die Schüler/in eines lycée → 2/3

M

Machinchose [maʃɛ̃ʃoz] *m./f. fam.* Dingsda, Dingsbums
Madame [madam] / **Mesdames** [medam] Frau / Meine Damen *Anrede*
Mademoiselle [madmwazel] / **Mesdemoiselles** [medmwazel] *f. pl.* Fräulein / Meine Damen *Anrede für junge Frauen*
le **magasin** [ləmagazɛ̃] das Geschäft
le **magazine** [ləmagazin] die Zeitschrift
le **Maghreb** [ləmagʀεb] der Maghreb → 4/A
le ***magistrat*** [ləmaʒistʀa] der Gerichtsbeamte → 2/4
magnifique [maɲifik] *m./f. adj.* wundervoll
mai [mε] *m.* Mai
la main [lamɛ̃] die Hand; **travailler de ses mains** [tʀavajedəsemɛ̃] mit seinen Händen arbeiten → 1/2
maintenant [mɛ̃tnɑ̃] *adv.* jetzt
la **mairie** [lamεʀi] das Rathaus
mais [mε] *conj.* aber; **Mais enfin!** [mεɑ̃fɛ̃] Jetzt ist es aber genug!
la **maison** [lamεzɔ̃] das Haus; **à la maison** [alamεzɔ̃] zu Hause
le **maître / la maîtresse** [ləmεtʀ/lamεtʀεs] der/die Meister/in, der/die Grundschullehrer/in → 2/4
la **majorité** [lamaʒɔʀite] die Mehrheit → 3/2
mal [mal] *adv.* schlecht; **le mal du pays** [ləmaldypei] das Heimweh; **faire mal à qn** [fεʀmal] jdm wehtun; **Ça fait mal.** [safεmal] Das tut weh.
malade [malad] *m./f. adj.* krank
le **malentendu** [ləmalɑ̃tɑ̃dy] das Missverständnis → 2/2
malgré qc [malgʀe] trotz etw. → 2/3
le **malheur** [ləmalœʀ] das Unglück → 2/1
malheureusement [maløʀøzmɑ̃] *adv.* leider; **malheureux/-euse** [maløʀø/maløʀøz] *adj.* unglücklich
maman [mamɑ̃] *f.* Mutti, Mama
manger qc [mɑ̃ʒe] etw. essen *wie* bouger *S. 103*; **manger à sa faim** [mɑ̃ʒeasafɛ̃] sich satt essen → 3/1
la **mangue** [lamɑ̃g] die Mango
les **manières** [lemanjεʀ] *f. pl.* die (guten) Manieren; **de manière + *adj.*** [dəmanjεʀ] auf eine Art und Weise → 2/3
le **mannequin** [ləmankɛ̃] das Mannequin, das Model
manquer à qn [mɑ̃kea] jdm fehlen → 2/3
la **manufacture** [lamanyfaktyʀ] die Manufaktur → 2/1
le/la **marchand/e** [ləmaʀʃɑ̃/lamaʀʃɑ̃d] der/die (Markt-) Händler/in
marchander qc [maʀʃɑ̃de] etw. aushandeln → 4/3
la **marche** [lamaʀʃ] die Stufe
le **marché** [ləmaʀʃe] der Markt
le **marché aux puces** [ləmaʀʃeopys] der Flohmarkt
marcher [maʀʃe] funktionieren, gehen, laufen
mardi [maʀdi] *m.* Dienstag
la **marée** [lamaʀe] die Gezeiten (Ebbe und Flut); **la marée noire** [lamaʀenwaʀ] die Ölpest
le **mariage** [ləmaʀjaʒ] die Ehe → 3/3
(ê)**se marier** [səmaʀje] heiraten → 4/2
le **marin** [ləmaʀɛ̃] der Matrose → 3/A
le **Maroc** [ləmaʀɔk] Marokko → 4/A
marocain/e [maʀɔkɛ̃/maʀɔkεn] *adj.* marokkanisch → 4/A; **le/la Marocain/e** [ləmaʀɔkɛ̃/lamaʀɔkεn] der/die Marokkaner/in → 4/A
la **marque** [lamaʀk] die Marke
marquer [maʀke] markieren → 3/1; **marquer un but** [maʀkeɛ̃byt] ein Tor schießen → 3/1
la **marraine** [lamaʀεn] die (Tauf-) Patin
marrant/e [maʀɑ̃/maʀɑ̃t] *fam. adj.* lustig, spaßig
mars [maʀs] *m.* März
le **match** [ləmatʃ] das (Fußball-) Spiel
les **mathématiques** [lematematik] *f. pl.* Mathe
la **matière** [lamatjεʀ] das Fach
le **matin** [ləmatɛ̃] der Morgen, morgens
mauvais/e [movε/movεz] *adj.* schlecht
le **maximum** [ləmaksimɔm] das Maximum, das Äußerste
méchant/e [meʃɑ̃/meʃɑ̃t] *adj.* böse/bösartig

le **médecin** [ləmedsɛ̃] der Arzt / die Ärztin
les **médias** [lemedja] *m. pl.* die Medien
le/la **médiateur/-trice** [lemedjatœʀ/lamedjatʀis] der/die (Streit) Schlichter/in → 1/A
meilleur/e [mɛjœʀ] *adj.* besser/e/es *Komparativ zu* bon/ne; **le meilleur** [ləmɛjœʀ] der/die/das Beste
mêler qc (à qc) [mɛle] etw. mit etw. mischen → 2/1
la **mémé** [meme] *f. fam.* Oma
même [mɛm] *adv.* sogar, selbst
même [mɛm] *m./f. adj.* der/die/das gleiche, selbe
la **mémoire** [lamemwaʀ] das Gedächtnis
le **ménage** [ləmenaʒ] der Haushalt; **faire le ménage** [fɛʀləmenaʒ] putzen
le/la **mendiant/e** [ləmɑ̃djɑ̃/lamɑ̃djɑ̃t] der/die Bettler/in → 2/4
mener qn/qc [məne] jdn/etw. führen *wie* amener *S. 103* → 3/3
la **mentalité** [lamɑ̃talite] die Mentalität → 3/2
mépriser qn/qc [mepʀize] jdn/etw. missachten → 1/2
la **mer** [lamɛʀ] das Meer; **la mer Méditerranée** [lamɛʀmeditɛʀane] das Mittelmeer → 3/A
merci [mɛʀsi] danke
mercredi [mɛʀkʀədi] *m.* Mittwoch
la **mère** [lamɛʀ] die Mutter
merveilleux/-euse [mɛʀvɛjø/mɛʀvɛjøz] *adj.* wunderbar, wundervoll
le **message** [ləmesaʒ] *m.* die Nachricht
la **méthode** [lametɔd] die Methode
le **métier** [ləmetje] *m.* der Beruf
le **métro** [ləmetʀo] die U-Bahn
la **métropole** [lametʀɔpɔl] die Metropole
mettre qc [mɛtʀ] etw. setzen, stellen, etw. anziehen, (hinein)legen, auftragen, hineinstecken *S. 107*; [(ê)]**se mettre à table** [səmɛtʀatabl(ə)] sich an den Tisch setzen; **mettre le couvert** [mɛtʀləkuvɛʀ] den Tisch decken; **mettre qn à la porte** [mɛtʀalapɔʀt] jdn hinauswerfen; **mettre un point à qc** [mɛtʀɛ̃pwɛ̃a] etw. ein Ende setzen → 2/2
midi [midi] *m.* 12.00 Uhr, Mittag
le **miel** [ləmjɛl] der Honig
mieux [mjø] *inv. adv.* besser; **le mieux** [ləmjø] *adv.* am besten
mignon/ne [miɲɔ̃/miɲɔn] *adj.* süß, niedlich
le **millier** [ləmilje] das Tausend; **des milliers de** [demiljedə] tausende von
le **million** [ləmiljɔ̃] die Million
le **minaret** [ləminaʀɛ] das Minarett → 4/3
la **minorité** [laminɔʀite] die Minderheit → 3/3
les **minots** [lemino] *m. pl. fam.* die kleinen Kinder *in Südfrankreich gebräuchlich* → 3/1
minuit [minɥi] *m.* Mitternacht
la **minute** [laminyt] die Minute
le **miracle** [ləmiʀakl] das Wunder → 4/2
mixte [mikst] *m./f. adj.* gemischt
le **mobbing** [ləmɔbiŋ] das Mobbing → 1/2
mobiliser qn [mɔbilize] jdn mobilisieren → 3/2
la **mobylette** [lamɔbilɛt] das Mofa
moche [mɔʃ] *m./f. adj. fam.* hässlich
la **mode** [lamɔd] *f.* die Mode; **à la mode** [alamɔd] modisch
le **modèle** [ləmɔdɛl] das Modell, das Vorbild; **modèle** [mɔdɛl] *m./f. adj.* Muster- + *Nomen*
moderne [mɔdɛʀn] *m./f. adj.* modern → 1/1
modeste [mɔdɛst] *m./f. adj.* bescheiden → 4/1
les **mœurs** [lemœʀs] *f. pl.* die Sitten → 3/3
moi-même [mwamɛm] ich selbst → 1/A
moins [mwɛ̃] *adv.* weniger, minus; **au moins** [omwɛ̃] *adv.* zumindest; **le moins** [ləmwɛ̃] *adv.* am wenigsten; **moins que** [mwɛ̃kə] *adv.* weniger als
le **mois** [ləmwa] der Monat
la **moitié** [lamwatje] die Hälfte
le **moment** [ləmɔmɑ̃] der Moment, der Augenblick; **en ce moment** [ɑ̃smɔmɑ̃] zur Zeit
la **monarchie constitutionnelle** [lamɔnaʀʃikɔ̃stitysjɔnɛl] die konstitutionelle Monarchie → 4/A
le **monde** [ləmɔ̃d] die Welt; **tout le monde** [tuləmɔ̃d] alle; **le monde entier** [ləmɔ̃dɑ̃tje] die ganze Welt
le/la **moniteur/-trice** [ləmɔnitœʀ/lamɔnitʀis] der/die Betreuer/in
la **monnaie** [lamɔnɛ] *hier:* die Währung, *auch:* das Kleingeld → 4/A
Monsieur [məsjø] *m.* Herr; **Messieurs** [mesjø] *m. pl.* Meine Herren
la **montagne** [lamɔ̃taɲ] der Berg, das Gebirge
[(ê)]**monter** [mɔ̃te] (hinauf-)steigen; einsteigen *in ein Verkehrsmittel*
la **montre** [lamɔ̃tʀ] die Armbanduhr
montrer qc à qn [mɔ̃tʀe] jdm etw. zeigen
le **monument** [ləmɔnymɑ̃] das berühmte Bauwerk → 4/1
[(e)]se **moquer de qn/qc** [səmɔke] sich über jdn/etw. lustig machen
la **morale** [lamɔʀal] die Moral, die Ethik
le/les **morceau/-eaux** [lə/lemɔʀso] das Stück
la **mort** [lamɔʀ] der Tod; **le/la mort/e** [ləmɔʀ/lamɔʀt] der/die Tote; **mort/e** [mɔʀ/mɔʀt] *adj.* tot
la **mosquée** [lamɔske] die Moschee → 4/3
le **mot** [ləmo] das Wort
motiver qn [mɔtive] jdn motivieren → 1/4
le **mouchoir** [ləmuʃwaʀ] das Taschentuch
[(ê)]**mourir** [muʀiʀ] sterben *S. 107* → 2/A; **mourir de faim** [muʀiʀdəfɛ̃] verhungern → 4/2; **mourir de froid** [muʀiʀdəfʀwa] erfrieren
la **mousse au chocolat** [lamusoʃɔkɔla] französische Schokoladencreme

ANNEXE

le **moyen** [ləmwajɛ̃] das Mittel → 4/1

le **moyen de transport** [ləmwajɛ̃dətʀɑ̃spɔʀ] das Verkehrsmittel

le **Moyen-Âge** [ləmwajɛnɑʒ] das Mittelalter

le **mur** [ləmyʀ] die Mauer

mûr/e [myʀ] *adj.* reif → 2/3

le **muscle** [ləmyskl] der Muskel

le **musée** [ləmyze] das Museum

musical/e [myzikal] *adj.* / **musicaux** *m. pl.* [myziko] musikalisch, Musik- + *Nomen*

le/la **musicien/ne** [ləmyzisjɛ̃/lamyzisjɛn] der/die Musiker/in → 4/3

la **musique** [lamyzik] die Musik

N

nager [naʒe] schwimmen *wie* bouger *S. 103*

la **naissance** [lanɛsɑ̃s] die Geburt → 2/4

natal/e [natal] *adj.* Heimat- + *Nomen* → 4/1

national/e [nasjɔnal] / **nationaux** [nasjɔno] *m. pl. adj.* national → 2/A

la **nature** [lanatyʀ] die Natur

naturel/le [natyʀɛl] *adj.* natürlich

ne … ni … ni [nə…ni…ni] *conj.* weder … noch → 4/1

ne … pas [nə…pɑ] *adv.* nicht; **ne … pas de** *adv.* kein; **ne … pas encore** [nə…pɑ(z)ɑ̃kɔʀ] *adv.* noch nicht; **ne … jamais** [nə…ʒamɛ] *adv.* nie, niemals; **ne … personne** [nə…pɛʀsɔn] *adv.* niemand; **ne … plus** [nə…ply] *adv.* nicht … mehr; **ne … plus de** *adv.* kein/e/en … mehr; **ne … que** *adv.* nur, erst → 2/1; **ne … rien** [nə…ʀjɛ̃] *m./f. adv.* nichts

né/e [ne] *adj.* geboren

nécessaire [nesesɛʀ] *m./f. adj.* nötig → 2/4

nettoyer qc [nɛtwaje] etw. reinigen, säubern *wie* payer *S. 103*

nia nia nia [njanjanja] *fam.* bla bla bla

le **nid** [ləni] das Nest → 4/3

n'importe quel/le [nɛ̃pɔʀtəkɛl] *adj.* irgendein/e → 1/1; **n'importe quoi** [nɛ̃pɔʀtəkwa] irgendetwas, dummes Zeug

le/la ***noble*** [lənɔbl/lanɔbl] der/die Adlige → 2/4

Noël [nɔɛl] *m.* Weihnachten

noir/e [nwaʀ] *adj.* schwarz

le **nom** [lənɔ̃] der Name; [(ê)]**se faire un nom** [səfɛʀɛ̃nɔ̃] sich einen Namen machen → 1/4

nombreux/-euse [nɔ̃bʀø/nɔ̃bʀøz] *adj.* zahlreich

non [nɔ̃] *adv.* nein; **non plus** [nɔ̃ply] *adv.* auch nicht

le **nord** [lənɔʀ] der Norden; **au nord de** [onɔʀdə] nördlich von

normal/e [nɔʀmal] *adj.* / **normaux** [nɔʀmo] *m. pl.* normal; **c'est normal** [sɛnɔʀmal] es ist normal

le **notaire** [lənɔtɛʀ] der Notar → 2/4

la **note** [lanɔt] die Note, die Zensur

noter qc [nɔte] etw. notieren, aufschreiben

la **notion** [lanɔsjɔ̃] die Kenntnis → 1/3

la **nourriture** [lanuʀityʀ] die Nahrung, das Essen → 2/3

nouveau/nouvel [nuvo/nuvɛl] *m. adj.* / **nouvelle** [nuvɛl] *f.* / **nouveaux** [nuvo] *m. pl.* neu

la **nouvelle** [lanuvɛl] die Nachricht, die Neuigkeit → 2/1

novembre [nɔvɑ̃bʀ] *m.* November

le **nuage** [lənɥaʒ] die Wolke

la **nuit** [lanɥi] die Nacht

nul [nyl] schwach, blöd; **être nul en qc** [ɛtʀnylɑ̃] *fam.* in etw. sehr schwach sein, in etw. eine Niete sein

numérique [nymeʀik] *m./f. adj.* digital → 1/1

le **numéro** [lənymeʀo] die Nummer; **faire un numéro** [fɛʀɛ̃nymeʀo] eine Nummer wählen *Telefon*

O

obéir (à qn) [ɔbeiʀ] (jdm) gehorchen *wie* réagir *S. 103* → 4/1

l' **objet** [lɔbʒɛ] *m.* das Objekt → 1/A; **l'objet-culte** [lɔbʒɛkylt] *m.* das Kultobjekt → 1/1

occuper qc [okype] etw. besetzen; [(ê)]**s'occuper de qn/qc** [sɔkypedə] sich um jdn/etw. kümmern

l' **océan Atlantique** [loseɑ̃atlɑ̃tik] *m.* der Atlantische Ozean

octobre [ɔktɔbʀ] *m.* Oktober

l' **odeur** [lɔdœʀ] *f.* der Geruch, der Duft

l' **oeil / les yeux** [lœj/lezjø] *m.* das Auge

l' **œuf / les oeufs** [lœf/lezø] *m.* das Ei

l' **œuvre** [lœvʀ] *f.* das Werk → 2/2

l' **office de tourisme** [lɔfisdətuʀism] *m.* das Fremdenverkehrsamt, die Touristeninformation

officiel/le [ɔfisjɛl] *adj.* offiziell → 4/A

offrir qc (à qn) [ɔfʀiʀ] (jdm) etw. anbieten, schenken; etw. bieten → 4/1 *wie* ouvrir *S. 106*

l' **oignon** [lɔɲɔ̃] *m.* die Zwiebel

l' **oiseau / les oiseaux** [lwazo/lezwazo] *m.* der Vogel

l' **olivier** [lɔlivje] *m.* der Olivenbaum → 4/3

l' **opéra** [lɔpeʀa] *m.* die Oper

l' **opération** [lɔpeʀasjɔ̃] *f.* die Operation, die Aktion

opposer qn/qc et qn/qc [ɔpoze] jdn/etw. jdm/etw. gegenüberstellen → 1/2; [(ê)]**s'opposer à qn/qc** sich jdm/etw. widersetzen

l' **Oranais/e** [lɔʀanɛ/lɔʀanɛz] der/die Einwohner/in von Oran → 3/3

l' **orange** [lɔʀɑ̃ʒ] *f.* die Orange, die Apfelsine

l' **oranger** [lɔʀɑ̃ʒe] *m.* der Orangenbaum → 4/3

l' **ordinateur** [lɔʀdinatœʀ] *m.* der Computer

l' **oreille** [lɔʀɛj] *f.* das Ohr

l' **orfèvre** [lɔʀfɛvʀ] *m.* der Goldschmied → 2/4

l' **organisation** [lɔʀganisasjɔ̃] *f.* die Organisation, der Verband

organiser qc [ɔʀganize] etw. organisieren

original/e [ɔʀiʒinal] *adj.* / **originaux** [ɔʀiʒino] *m. pl.* originell

l' **origine** [lɔʀiʒin] *f.* die Herkunft, die Abstammung → 1/A; **d'origine française** [dɔʀiʒinfʀɑ̃sɛz] französischer Herkunft → 1/A

oser + *Inf.* [oze] sich trauen etw. zu tun

l' **otage** [lɔtaʒ] *m.* die Geisel

ou [u] *conj.* oder

où [u] *adv.* wo, wohin

ouais [wɛ] *fam.* oui

oublier qn/qc [ublije] jdn/etw. vergessen; **oublier de** + *Inf.* vergessen etw zu tun

l' **ouest** [lwɛst] *m.* der Westen; **à l'ouest de** [alwɛstdə] westlich von

oui [wi] *adv.* ja

ouille! [uj] aua!

l' **ours en peluche** [luʀsɑ̃plyʃ] *m.* der Teddybär

ouvrir qc [uvʀiʀ] etw. öffnen S. 107

P

la **page** [lapaʒ] die Seite

le **pain** [ləpɛ̃] das Brot; le **pain au chocolat** [ləpɛ̃oʃɔkɔla] das Schokocroissant

la **paix** [lapɛ] der Frieden → 2/1

le **palais** [ləpalɛ] der Palast, das Palais

le **Palatinat** [ləpalatina] die Pfalz → 2/A

pâle [pɑl] *m./f. adj.* blass

le **palmier** [ləpalmje] die Palme → 4/3

le **pantalon** [ləpɑ̃talɔ̃] die Hose

le **papi** [ləpapi] *fam.* Opa

le **papier** [ləpapje] das Papier, der Zettel; **le papier d'aluminium** [ləpapjedalyminjɔm] die Aluminiumfolie → 3/1

par [paʀ] durch; **par contre** [paʀkɔ̃tʀ] aber, hingegen; **par jalousie** [paʀʒaluzi] aus Eifersucht → 1/2

le **paradis** [ləpaʀadi] das Paradies → 3/A

le **parc** [ləpaʀk] der Park

parce que [paʀskə] *conj.* weil

Pardon! [paʀdɔ̃] Entschuldigung!

pareil/le [paʀɛj] *adj.* ähnlich, gleich

les **parents** [lepaʀɑ̃] *m. pl.* die Eltern

parfois [paʀfwa] *adv.* manchmal

parier sur qc [paʀjesyʀ] auf etw. wetten/setzen

parisien/ne [paʀizjɛ̃/paʀizjɛn] *m. adj.* aus Paris

parler (à qn) [paʀle] (mit) jdm sprechen; **parler de qc à qn** jdm von etw. erzählen; **sans parler de** [sɑ̃paʀledə] ganz zu schweigen von → 3/1

parmi [paʀmi] zwischen, unter → 2/A

partager qc avec qn [paʀtaʒeavɛk] etw. mit jdn teilen *wie* bouger S. 103

participer à qc [paʀtisipea] an etw. teilnehmen → 1/A

la **partie** [lapaʀti] das Spiel, die Partie → 1/3; der Teil → 2/A; **faire partie de qc** [fɛʀpaʀtidə] zu etw. dazugehören → 1/1

(ê)**partir** [paʀtiʀ] wegfahren, weggehen *wie* sortir S. 108

partout [paʀtu] *adv.* überall

pas mal de [pɑmaldə] *fam.* *hier:* ziemlich viel, ganz schön viel → 3/1

la **passe** [lapɑs] die Ballabgabe *Fußball* → 3/1

passer [pɑse] vergehen, verbringen; **passer qc** etw. ablegen *eine Prüfung*; **passer qc (à la radio)** etw. im Radio senden/spielen; (ê)**se passer** [səpɑse] passieren, sich ereignen, geschehen; (ê)**passer de … à** sinken von … auf → 3/2; (ê)**se passer de qn/qc** jdn/etw. entbehren → 1/1; (ê)**passer avant qn/qc** [pɑseavɑ̃] vor etw./jdm Vorrang haben, vorgehen; (ê)**passer en** versetzt werden; **passer par la tête** [pɑsepaʀlatɛt] durch den Kopf gehen → 1/4

le **passeur** [ləpɑsœʀ] der Fluchthelfer, der Schleuser → 2/1

la **passion** [lapasjɔ̃] die Leidenschaft → 1/A

la **patate** [lapatat] *fam.* der Blödmann, die Kartoffel

les **pâtes** [lepɑt] *f. pl.* die Nudeln

le **patin à glace** [ləpatɛ̃aglas] der Schlittschuh

la **patinoire** [lapatinwaʀ] die Eisbahn

le/la **pauvre** [lə/lapovʀ] der/die Arme

payer qc [pɛje] etw. bezahlen S. 103

le **pays** [ləpei] das Land

le **paysage** [ləpeizaʒ] die Landschaft

le/la **paysan/ne** [ləpeizɑ̃/lapeizan] der Bauer, die Bäuerin → 2/4

les **Pays-Bas** [lepeibɑ] *m. pl.* die Niederlande

la **peau** [lapo] die Haut → 1/4; **avoir la musique dans la peau** Musik im Blut haben → 1/4

la **pêche** [lapɛʃ] der Pfirsisch

le **pêcheur** [ləpɛʃœʀ] der Fischer

peler qc [pəle] etw. schälen *wie* peser S. 103

pendant [pɑ̃dɑ̃] während; **pendant des heures** [pɑ̃dɑ̃dezœʀ] stundenlang

la **péninsule** [lapenɛ̃syl] die Halbinsel

penser (à qn/qc) [pɑ̃se] (an jdn/etw.) denken

la **pension** [lapɑ̃sjɔ̃] *hier:* der Unterhalt → 2/4

le **pépé** [ləpepe] *m. fam.* Opa

le/la **perdant/e** [ləpɛʀdɑ̃/lapɛʀdɑ̃t] der/die Verlierer/in → 1/2

perdre qn/qc [pɛʀdʀ] jdn/etw. verlieren *wie* attendre S. 103; **perdre sa langue** [pɛʀdʀəsalɑ̃g] jdm die Sprache verschlagen; **perdre la tête** [pɛʀdʀəlatɛt] den Verstand verlieren

le **père** [ləpɛʀ] der Vater

le **Père Noël** [ləpɛʀnɔɛl] der Weihnachtsmann

permanent/e [pɛʀmanɑ̃/pɛʀmanɑ̃t] *adj.* permanent, ständig → 1/2

permettre à qn de + *Inf.* [pɛʀmɛtʀa] jdm erlauben etw. zu tun *wie* mettre, S. 107 → 1/4

la **perruche** [lapeʀyʃ] der Wellensittich

le **personnage** [ləpɛʀsɔnaʒ] die Person, die Figur

la **personnalité** [lapɛʀsɔnalite] die Persönlichkeit → 4/1

la **personne** [lapɛʀsɔn] die Person

peser qn/qc [pəze] jdn/etw. wiegen S. 103; **peser le pour et le contre** [pəzeləpuʀeləkɔ̃tʀ] das Für und Wider abwägen → 2/3

ANNEXE

petit/e [pəti/pətit] *adj.* klein; **petit à petit** [pətitapəti] *adv.* allmählich → 2/3
le **petit-déjeuner** [ləpətideʒœne] das Frühstück; **prendre le petit-déjeuner** [prɑ̃drləpətidejœne] frühstücken
les **petits-enfants** [lepətizɑ̃fɑ̃] *m. pl.* die Enkelkinder, die Enkel; **le petit-fils / la petite-fille** [ləpətifis/lapətitfij] der/die Enkel/in → 2/A
le **pétrole** [ləpetrɔl] das Erdöl
un **peu** [ɛ̃pø] *adv.* ein bisschen, ein wenig
le **peuple** [ləpœpl] das Volk → 4/2
la **peur** [lapœr] die Angst; **avoir peur (de qn/qc)** [avwarpœr] (vor jdm/etw.) Angst haben; **avoir peur de** + *Inf.* Angst haben etw. zu tun; **faire peur à qn** [fɛrpœra] jdm Angst machen
peut-être [pøtɛtr] *adv.* vielleicht
le **phare** [ləfar] der Leuchtturm → 3/A
la **pharmacie** [lafarmasi] die Apotheke
le/la **philosophe** [ləfilɔzɔf/lafilɔzɔf] *m./f.* der/die Philosoph/in → 2/A; **la philosophie** [lafilɔzɔfi] die Philosophie → 2/2
la **photo** [lafɔto] das Foto, das Fotografieren; **photographier qn/qc** [fɔtɔgrafje] jdn/etw. fotografieren
la **phrase** [lafraz] der Satz
physique [fizik] *m./f. adj.* physisch, körperlich → 3/1
le **piano** [ləpjano] das Klavier
la **pièce** [lapjɛs] das Stück
le **pied** [ləpje] der Fuß; **pieds nus** [pjeny] barfuß; **à pied** [apje] zu Fuß; **au pied de qc** [opjedə] *hier:* unter etw.; **C'est pas le pied!** [sɛpɑləpje] *fam.* Das kannst du vergessen!
le **pire** [ləpir] das Schlimmste
la **piscine** [lapisin] das Schwimmbad
pittoresque [pitɔrɛsk] *m./f. adj.* malerisch → 3/A
la **pizza** [lapidza] die Pizza → 3/1
la **place** [laplas] der Platz, der Sitzplatz, die Eintrittskarte; **à la place de (qc)** [alaplasdə] anstelle von
le **plafond** [ləplafɔ̃] die Decke
la **plage** [laplaʒ] der Strand
plaindre qn [plɛ̃dr] jdn bemitleiden/bedauern S. 107; [(é)]**se plaindre de qn/qc** [səplɛ̃drdə] sich über jdn/etw. beschweren
plaire à qn [plɛra] jdm gefallen S. 107; **ça (me) plaît de** + *Inf.* [samәplɛdә] etw. gern tun
le **plaisir** [ləplezir] das Vergnügen, die Freude; **faire plaisir à qn** [fɛrplezira] jdm eine Freude machen
le **plan** [ləplɑ̃] der Plan
la **planche à voile** [laplɑ̃ʃavwal] das Windsurfen → 4/1
la **planète** [laplanɛt] der Planet → 3/A
le **plastique** [ləplastik] der Kunststoff, das Plastik
le **plat** [ləpla] das Gericht, der Teller
plein/e [plɛ̃/plɛn] *adj.* voll; **plein de** [plɛ̃də] viele
pleurer [plœre] weinen; **pleurer qn/qc** jdn/etw. beweinen
pleuvoir [pløvwar] regnen S. 107; **il pleut** [ilplø] es regnet
la **plongée** [laplɔ̃ʒe] das Tauchen; **la plongée sous-marinkae** [laplɔ̃ʒesumarin] das Sporttauchen → 3/A
plonger [plɔ̃ʒe] tauchen, eintauchen *wie* bouger S. 103 → 3/A
la **plupart des** + *Nomen* [laplypardе] die meisten + *Nomen*
plus [plys] *adv.* mehr; **plus que** *adv.* mehr als; **le plus** [ləplys] *adv.* am meisten; **plus rien** [plyrjɛ̃] *adv.* nichts mehr; **de plus en plus** [dəplyzɑ̃ply(s)] *adv.* immer mehr
plutôt [plyto] *adv.* eher, lieber
la **poche** [lapɔʃ] die Hosentasche, die Tasche
le **poème** [ləpɔɛm] das Gedicht
la **poésie** [lapɔezi] die Poesie, die Dichtung
le **poète** [ləpɔɛt] der Dichter
le **point** [ləpwɛ̃] der Punkt → 2/2; **mettre un point à qc** [mɛtrɛ̃pwɛ̃a] etw. ein Ende setzen → 2/2
le **poisson** [ləpwasɔ̃] der Fisch
le **poivron** [ləpwavrɔ̃] die Paprikaschote
poli/e [pɔli] *adj.* höflich → 4/1
la **police** [lapɔlis] die Polizei
le **policier** [ləpɔlisje] der Polizist; **policier/-ière** [pɔlisje/pɔlisjɛr] *adj.* Polizei-/Kriminal- + *Nomen*
politique [pɔlitik] *m./f. adj.* politisch → 2/2
la **pollution** [lapɔlysjɔ̃] die Verschmutzung
la **pomme de terre** [lapɔmdətɛr] die Kartoffel
le **pompier** [ləpɔ̃pje] der Feuerwehrmann
le **pont** [ləpɔ̃] die Brücke
la **population** [lapɔpylasjɔ̃] die Bevölkerung → 4/A
le **port** [lepɔr] der Hafen
le **portable** [ləpɔrtabl] das Handy
la **porte** [lapɔrt] die Tür; **la porte d'entrée** [lapɔrtdɑ̃tre] Eingangstür, Haustür
le **porte-bonheur** [ləpɔrtbɔnœr] der Glücksbringer
le **porte-monnaie** [ləpɔrtmɔnɛ] das Portmonee, der Geldbeutel
porter qc [pɔrte] etw. tragen; **porter qc à l'écran** [pɔrtealekrɑ̃] etw. verfilmen
portugais/e [pɔrtygɛ/pɔrtygɛz] *adj.* portugiesisch → 1/A
poser qc [poze] etw. installieren, hinstellen, etw. anbringen; **poser une question** [pozeynkɛstjɔ̃] eine Frage stellen; **poser sa candidature** [pozesakɑ̃didatyr] sich bewerben → 1/4
possible [pɔsibl] *m./f. adj.* möglich; **faire tout son possible** [fɛrtusɔ̃pɔsibl] sein/ihr Möglichstes tun → 3/1
la **poste** [lapɔst] das Postamt
le **pot** [ləpo] der Topf, das Glas
le **potage** [ləpɔtaʒ] die Suppe
le **pote** [ləpɔt] *fam.* der Kumpel
la **poubelle** [lapubɛl] der Mülleimer → 1/2
le **pouce** [ləpus] der Daumen → 1/3; **donner un coup de pouce à qn** [dɔneɛ̃kudpus] *fam.* jdm helfen, jdm zur Hand gehen → 1/3
le **poulet** [ləpulɛ] das Hühnchen

pour [puʀ] für, wegen; **pour** + *Inf.* um ... zu + *Inf.*; **pour cent** [puʀsɑ̃] Prozent; **le pour et le contre** [ləpuʀeləkɔ̃tʀ] das Für und Wider → 2/3; **pour la première fois** [puʀlapʀəmjɛʀfwa] zum ersten Mal; **pour le moment** [puʀləmɔmɑ̃] im Moment → 3/3; **pour quoi faire?** [puʀkwafɛʀ] wozu?; **pour un oui et pour un non** [puʀɛ̃wiepuʀɛ̃nɔ̃] um ein Nichts
pourquoi [puʀkwa] *conj.* warum; **pourquoi pas?** [puʀkwapɑ] warum nicht?; **c'est pourquoi** [sɛpuʀkwa] *conj.* deshalb
pourri/e [puʀi] *fam. adj.* faul, verdorben
pourtant [puʀtɑ̃] *adv.* dennoch, trotzdem
pouvoir + *Inf.* [puvwaʀ] können *S. 108*; **le pouvoir** [ləpuvwaʀ] die Macht → 2/2
pratique [pʀatik] *m./f. adj.* praktisch
pratiquement [pʀatikmɑ̃] *adv.* fast
pratiquer qc [pʀatike] etw. praktizieren
précieux/-euse [pʀesjø/pʀesjøz] *adj.* kostbar, wertvoll → 3/3
prédire qc [pʀediʀ] etw. voraussagen *wie* dire *S. 105* → 4/3
préféré/e [pʀefeʀe] *adj.* Lieblings- + *Nomen*
préférer qc [pʀefeʀe] etw. bevorzugen, lieber mögen *wie* espérer *S. 103*
premier/-ière [pʀəmje/pʀəmjɛʀ] *adj.* erster/-e/-es
prendre qc [pʀɑ̃dʀ] etw. nehmen *S. 108*; **prendre la fuite** [pʀɑ̃dʀlafɥit] fliehen; **prendre le petit-déjeuner** [pʀɑ̃dʀləpətidejœne] frühstücken; **prendre l'habitude (de** + *Inf.***)** [pʀɑ̃dʀlabityd] die Gewohnheit annehmen etw. zu tun, sich etw. angewöhnen → 1/2; **prendre qn/qc au sérieux** [pʀɑ̃dʀoseʀjø] jdn/etw. ernst nehmen; **prendre sa vie en main** [pʀɑ̃dʀsaviɑ̃mɛ̃] sein Leben in die Hand nehmen → 1/A; **Qu'est-ce qui lui prend?** [kɛskilɥipʀɑ̃] Was ist los mit ihm/ihr?; [(ê)]**se prendre pour qn** [səpʀɑ̃dʀpuʀ] sich für jdn halten; **prendre une douche** [pʀɑ̃dʀynduʃ] duschen → 4/1
le **prénom** [ləpʀenɔ̃] der Vorname
préparer qc [pʀepaʀe] etw. zubereiten, vorbereiten
près de [pʀɛdə] *adv.* in der Nähe von, nahe bei
présent/e [pʀezɑ̃/pʀezɑ̃t] *adj.* da, anwesend → 1/1
présenter qc/qn à qn [pʀezɑ̃te] jdm etw./jdn vorstellen
presque [pʀɛsk(ə)] *adv.* fast
la **presqu'île** [lapʀɛskil] die Halbinsel → 4/A
presser qc [pʀɛse] etw. (aus-)pressen → 2/2
la **pression** [lapʀɛsjɔ̃] der Druck
prévoir qc [pʀevwaʀ] etw. vorsehen *wie* voir *S. 103*
la **prière** [lapʀijɛʀ] das Gebet → 2/4; **faire la prière** [fɛʀlapʀijɛʀ] beten → 2/4
le **principal** [ləpʀɛ̃sipal] der Direktor, der Schulleiter
principal/e [pʀɛ̃sipal] *adj.* / **principaux** [pʀɛ̃sipo] *m. pl.* Haupt-
la **prison** [lapʀizɔ̃] das Gefängnis
le **prix** [ləpʀi] der Preis
le **problème** [ləpʀɔblɛm] das Problem
prochain/e [pʀɔʃɛ̃/pʀɔʃɛn] *adj.* nächste
le/la **prof** [lə/lapʀɔf] *m./f. fam.* ou **le professeur** [ləpʀɔfsœʀ] *m./f.* der Lehrer / die Lehrerin
professionnel/le [pʀɔfɛsjɔnɛl] ou: **pro** [pʀo] *fam. adj.* beruflich, Berufs- + *Nomen*; *adj.* professionell → 1/4
le **programme** [ləpʀɔgʀam] das Programm
programmer qc [pʀɔgʀame] etw. programmieren, vorprogrammieren → 2/A
le **progrès** [ləpʀɔgʀɛ] der Fortschritt
la **promenade** [lapʀɔmnad] der Spaziergang
[(ê)]**se promener** [səpʀɔmne] spazieren gehen *wie* amener *S. 103*
promettre qc à qn [pʀɔmɛtʀa] jdm etw. versprechen *wie* mettre *S. 107*; [(ê)]**se promettre de** + *Inf.* sich vornehmen etw. zu tun → 3/1
proposer qc à qn [pʀɔpozea] jdm etw. vorschlagen; **proposer de** + *Inf.* vorschlagen etw. zu tun
prospérer [pʀɔspeʀe] gedeihen, vorwärtskommen *wie* espérer *S. 103* → 2/A; **faire prospérer qc** [fɛʀpʀɔspeʀe] etw. zum Blühen bringen → 2/A
la **protection** [lapʀɔtɛksjɔ̃] der Schutz, die Unterstützung
le **protectorat** [ləpʀɔtɛktɔʀa] das Schutzgebiet, das Protektorat → 4/A
protégé/e [pʀɔteʒe] *hier:* unter Naturschutz → 3/A
[(ê)]**se protéger** [səpʀɔteʒe] sich schützen *S. 103*
le/la **protestant/e** [ləpʀɔtɛstɑ̃/lapʀɔtɛstɑ̃t] der/die Protestant/in → 2/A
protester (contre qc) [pʀɔtɛste] (gegen etw.) protestieren
les **provisions** [lepʀɔvizjɔ̃] *f. pl.* die Vorräte, der Proviant → 2/1
prudent/e [pʀydɑ̃/pʀydɑ̃t] *adj.* vorsichtig
la **Prusse** [lapʀys] Preußen → 2/A
le **pseudo** [ləpsødo] *fam.*, **le pseudonyme** [ləpsødonim] der Deckname, das Pseudonym
la **publicité** [lapyblisite] die Werbung
puis [pɥi] *adv.* dann
puisque [pɥisk(ə)] *conj.* da
le **pull** [ləpyl] der Pulli
la **pyramide** [lapiʀamid] die Pyramide

Q

le **quai** [ləke] der Kai, der Bahnsteig
la **qualité** [lakalite] die Qualität; die Eigenschaft → 4/1
quand [kɑ̃] *Fragepronomen* + *conj.* wann, wenn, als
la **quantité** [lakɑ̃tite] die Menge, die Quantität
le **quart** [ləkaʀ] das Viertel; **le quart d'heure** [ləkaʀdœʀ] die Viertelstunde

le **quartier** [ləkaʀtje] das Viertel
que [kə] was *Fragepronomen;* den, die, das *Relativpronomen*
le **Québec** [ləkebɛk] Quebec
le/la **Québécois/e** [ləkebekwa/lakebɛkwaz] der/die Einwohner/in von Quebec
quel/le [kɛl] *Fragepronomen* welcher/-es/-e
quelqu'un [kɛlkɛ̃] jemand
quelque chose [kɛlkəʃoz] *adj.* etwas; **quelque part** [kɛlkəpaʀ] irgendwo
quelquefois [kɛlkəfwa] *adv.* manchmal
quelques [kɛlkə] *m./f. pl. adj.* einige, ein paar
qu'est-ce que [kɛskə], **qu'est-ce qui** [kɛski] was *Fragepronomen*
la **question** [lakɛstjɔ̃] die Frage; **poser une question** [pozeynkɛstjɔ̃] eine Frage stellen
la **queue** [lakø] die (Menschen-) Schlange
qui [ki] wer *Fragepronomen;* der, die, das *Relativpronomen*
quinze jours [kɛ̃zʒuʀ] zwei Wochen
quitter qn/qc [kite] jdn/etw. verlassen
quoi [kwa] was *Fragepronomen; fam.* halt, eben *Füllwort am Ende eines Satzes* → 1/1
le **quotidien** [ləkɔtidjɛ̃] der Alltag; **quotidien/ne** [kɔtidjɛ̃/kɔtidjɛn] *adj.* alltäglich, täglich

R

raccrocher [ʀakʀɔʃe] aufhängen, auflegen *Telefon*
le **racisme** [ləʀasism] der Rassismus → 3/2
raconter qc (à qn) [ʀakɔ̃te] (jdm) etw. erzählen
la **radio** [laʀadjo] das Radio
la **raison** [laʀɛzɔ̃] der Grund → 3/2
raisonnable [ʀɛzɔnabl] *m./f. adj.* vernünftig
le **rallye** [ləʀali] die Rallye
ramasser qc [ʀamase] etw. einsammeln, aufsammeln
ramer [ʀame] rudern
ranger qc [ʀɑ̃ʒe] etw. aufräumen *wie* bouger *S. 103*
le **rap** [ləʀap] der Rap
rappeler qc à qn [ʀap(ə)lea] jdn an etw. erinnern → 4/2
le/la **rappeur/-euse** [ləʀapœʀ/laʀapøz] der/die Rapper/in → 3/A
rassurer qn [ʀasyʀe] jdn beruhigen, ermutigen → 1/2
le **rat** [ləʀa] die Ratte
rater qc [ʀate] etw. nicht schaffen, etw. verpassen, durchfallen
le **rayon** [ləʀɛjɔ̃] die Abteilung
la **réaction** [laʀeaksjɔ̃] die Reaktion
réagir (à qc) [ʀeaʒiʀ] (auf etw.) reagieren *S. 103*
réaliser qc [ʀealize] etw. verwirklichen → 3/1
réaliste [ʀealist] *m./f. adj.* realistisch
la **réalité** [laʀealite] die Wirklichkeit, die Realität
la **recette** [laʀəsɛt] *f.* das Kochrezept
recevoir qn/qc [ʀəsəvwaʀ] etw. bekommen/erhalten, jdn empfangen *S. 108*
le **récit** [ləʀesi] der Bericht, die Erzählung → 2/1; **réciter qc** [ʀesite] etw. vortragen → 2/4
réclamer qc [ʀeklame] etw. verlangen → 1/1
redoubler [ʀəduble] sitzenbleiben → 1/3
la **récréation** [laʀekʀeasjɔ̃] die Pause
réfléchir [ʀefleʃiʀ] überlegen *wie* réagir *S. 103*
(ê)**se refléter** [səʀəflete] sich spiegeln, reflektieren *S. 103*
la **Réforme** [laʀefɔʀm] die Reformation → 2/A
réformer qc [ʀəfɔʀme] etw. reformieren, verändern → 2/1
le/la **réfugié/e** [ləʀefyʒje/laʀefyʒje] der Flüchtling *m./f.* → 2/A
(ê)**se réfugier** [səʀefyʒje] Zuflucht suchen → 2/1
refuser de + *Inf.* [ʀəfyzedə] sich weigern etw. zu tun → 4/2
le **regard** [ləʀəgaʀ] der Blick → 2/A
regarder qn/qc [ʀəgaʀde] jdn/etw. (an)schauen, ansehen, betrachten; **Ça ne te regarde pas!** [sanətəʀəgaʀdpa] Das geht dich nichts an.
la **région** [laʀeʒjɔ̃] die Region, das Gebiet
la **règle de trois** [laʀɛgldətʀwa] der Dreisatz *in der Prozentrechnung* → 1/3
régler qc [ʀegle] etw. regeln, etw. in Ordnung bringen *wie* espérer *S. 103* → 1/A
regretter qc [ʀəgʀɛte] etw. vermissen, etw. bedauern → 2/1; **regretter que** + *subj.* bedauern, dass → 2/1
régulièrement *adv. von* régulier [ʀegyljɛʀmɑ̃] *adv.* regelmäßig → 2/1
relatif/-ive [ʀəlatif/ʀəlativ] *adj.* relativ → 3/2
la **relation** [laʀəlasjɔ̃] das Verhältnis, die Beziehung
religieux/-euse [ʀəliʒjø/ʀəliʒøz] *adj.* religiös → 4/1
la **religion** [laʀəliʒjɔ̃] die Religion → 2/A
la **remarque** [laʀəmaʀk] die Bemerkung
remarquer qn/qc [ʀəmaʀke] jdn/etw. bemerken, auf jdn/etw. aufmerksam werden → 3/1
remonter le terrain [ʀəmɔ̃teləteʀɛ̃] nach vorn spielen *Fußball* → 3/1
les **remords** [leʀəmɔʀ] *m. pl.* die Gewissensbisse
les **remparts** [leʀɑ̃paʀ] *m. pl.* die Stadtmauer → 4/3
remplacer qn/qc par qn/qc [ʀɑ̃plasepaʀ] jdn/etw. durch jdn/etw. ersetzen *wie* commencer *S. 103*
rencontrer qn [ʀɑ̃kɔ̃tʀe] jdn treffen, kennen lernen
le **rendez-vous** [ləʀɑ̃devu] das Treffen, die Verabredung, der Termin; **avoir rendez-vous avec qn** [avwaʀʀɑ̃devuavɛk] mit jdm verabredet sein
rendre qn heureux/-se [ʀɑ̃dʀøʀø/øʀøz] jdn glücklich machen *wie* attendre *S. 103* → 3/3; **rendre service à qn** [ʀɑ̃dʀsɛʀvisa] jdm dienen, behilflich sein *wie* attendre *S. 103* → 1/3
renoncer à qc [ʀənɔ̃sea] auf etw. verzichten *wie* commencer *S. 103;* **renoncer à** + *Inf.* darauf verzichten etw. zu tun

la **rentrée** [laʀɑ̃tʀe] der Beginn des neuen Schuljahres
(ê)**rentrer** [ʀɑ̃tʀe] zurückkommen, nach Hause gehen
(ê)**se renverser** [səʀɑ̃vɛʀse] umkippen
le **repas** [ləʀəpɑ] das Essen, die Mahlzeit
(ê)**se repérer** [səʀəpeʀe] sich orientieren *wie* espérer *S. 103* → 4/3
répéter qc [ʀepete] etw. wiederholen; (ê)**se répéter** sich wiederholen *wie* espérer *S. 103*
répondre (qc à qn) [ʀepɔ̃dʀə] (jdm etw.) antworten *wie* attendre *S. 103*
la **réponse** [laʀepɔ̃z] die Antwort
(ê)**se reposer** [səʀəpoze] sich ausruhen
représenter qn/qc [ʀəpʀezɑ̃te] jdn/etw. darstellen → 3/3
répressif/-ive [ʀepʀesif/ʀepʀesiv] *adj.* unterdrückend, beschränkend
la **république** [laʀepyblik] die Republik → 4/A
le **RER (= le Réseau express régional)** [ləɛʀəɛʀ] *die Pariser S-Bahn*
réserver qc [ʀezɛʀve] etw. reservieren → 3/A
respecter qn/qc [ʀɛspɛkte] jdn/etw. achten, respektieren
respirer [ʀɛspiʀe] atmen
responsable (de qn/qc) [ʀɛspɔ̃sabl] *m./f. adj.* verantwortlich für jdn/etw. → 4/1
(ê)**se ressembler** [səʀəsɑ̃ble] sich ähneln
le **restaurant** [ləʀɛstɔʀɑ̃] das Restaurant
(ê)**rester** [ʀɛste] bleiben
le **résumé** [ləʀezyme] die Zusammenfassung, die Inhaltsangabe
le **retard** [ləʀətaʀ] die Verspätung; **être en retard** [ɛtʀɑ̃ʀətaʀ] sich verspäten, zu spät kommen
(ê)**retourner** [ʀətuʀne] zurückgehen, zurückkehren
retrouver [ʀətʀuve] treffen, wiederfinden
réunir [ʀeyniʀ] versammeln *wie* réagir *S. 103*
réussi/e [ʀeysi] *adj.* gelungen
réussir (qc) [ʀeysiʀ] gelingen, etw. schaffen *wie* réagir *S. 103*; **réussir à** + *Inf.* schaffen etw. zu tun
le **rêve** [ləʀɛv] der Traum
le **réveil** [ləʀevɛj] der Wecker
(ê)**se réveiller** [səʀevɛje] aufwachen
le **réveillon** [ləʀevɛjɔ̃] *Festessen zu Weihnachten oder Neujahr*
revenir [ʀəvəniʀ] zurückkommen *wie* venir *S. 109*
rêver [ʀeve] träumen; **rêver de** + *Inf.* träumen etw. zu tun
réviser qc [ʀevize] etw. wiederholen *Unterrichtsstoff* → 1/3
la **révocation** [laʀevɔkasjɔ̃] die Aufhebung, die Widerrufung → 2/A
revoir qn/qc [ʀəvwaʀ] jdn/etw. wiedersehen *wie* voir *S. 109*
(ê)**se révolter contre qn/qc** [səʀevɔltekɔ̃tʀ] sich gegen jdn/etw. auflehnen → 3/2
la **révolution** [laʀevɔlysjɔ̃] die Revolution → 2/A
révolutionnaire [ʀevɔlysjɔnɛʀ] *m./f. adj.* revolutionär → 2/A
révoquer qc [ʀevɔke] etw. widerrufen → 2/1
riche [ʀiʃ] *m./f. adj.* reich
ridicule [ʀidikyl] *m./f. adj.* lächerlich
rigoler [ʀigɔle] *fam.* lachen, Spaß haben, sich lustig machen; **rigoler dans le dos de qn** [ʀigɔledɑ̃lədodə] sich hinter dem Rücken über jdn lustig machen → 1/2
la **rime** [laʀim] der Reim
rire [ʀiʀ] lachen *S. 108*
risquer qc [ʀiske] etw. riskieren, aufs Spiel setzen → 1/4
rival/e [ʀival] *adj.* gegnerisch, rivalisierend → 4/2
la **rive** [laʀiv] das Ufer
la **robe** [laʀɔb] das Kleid
le **robot** [ləʀɔbo] der Roboter
le **rocher** [ləʀɔʃe] der Felsen
le **roi / la reine** [ləʀwa/laʀɛn] der/die König/in; **le Roi-Soleil** [ləʀwasɔlɛj] der Sonnenkönig → 2/4
le **rôle** [ləʀol] die Rolle
les **rollers** [leʀɔlœʀ] *m. pl.* die Inlineskates
le **roman** [ləʀɔmɑ̃] der Roman
romantique [ʀɔmɑ̃tik] *m./f. adj.* romantisch
rose [ʀoz] *m./f. adj.* rosa
le **rosier** [ləʀozje] der Rosenstock → 4/3
la **roue** [laʀu] das Rad → 2/1
rouge [ʀuʒ] *m./f. adj.* rot
rouler [ʀule] fahren, rollen
la **route** [laʀut] die Fernverkehrsstraße, die Landstraße; **la route des Indes** [laʀutdezɛ̃d] der Seeweg nach Indien
royal/e [ʀwajal] *adj.* / **royaux** [ʀwajo] *m. pl.* königlich, Königs- + *Nomen* → 2/2
le **ruban vert** [ləʀybɑ̃vɛʀ] das grüne Band
la **rue** [laʀy] die Straße
la **ruine** [laʀɥin] die Ruine → 4/3
la **Russie** [laʀysi] Russland → 2/A

S

le **sable** [ləsabl] der Sand
le **sac** [ləsak] die Tasche
saignant/e [sɛɲɑ̃/sɛɲɑ̃t] *adj.* blutig
le **saint-bernard** [ləsɛ̃bɛʀnaʀ] der Bernhardiner
la **salade** [lasalad] der Salat
sale [sal] *m./f. adj.* schmutzig
la **salle** [lasal] *hier:* die Halle; **la salle de bains** [lasald(ə)bɛ̃] das Badezimmer; **la salle de classe** [lasald(ə)klɑs] das Klassenzimmer; **la salle de séjour** [lasald(ə)seʒuʀ] das Wohnzimmer
Salut! [saly] *fam.* Hallo!, Tschüss! Grüß dich!
le **sandwich** [ləsɑ̃dwitʃ] das Sandwich, das belegte Brot → 3/1
sans [sɑ̃] ohne; **sans doute** [sɑ̃dut] *adv.* gewiss → 2/1; **sans parler de** [sɑ̃paʀledə] ganz zu schweigen von → 3/1
la **satire** [lasatiʀ] die Satire → 2/2
sauf [sof] *prép.* außer → 4/1
sauvage [sovaʒ] *m./f. adj.* wild → 2/1
sauver qn/qc [sove] jdn/etw. retten
le **savant** [lesavɑ̃/] der Wissenschaftler
savoir qc [savwaʀ] etw. wissen *S. 108*; **savoir qc par cœur** [savwaʀpaʀkœʀ] etw. auswendig können
la **scène** [lasɛn] die Szene

ANNEXE

la **science** [lasjɑ̃s] die Wissenschaft → 2/2
la **science-fiction** [lasjɑ̃sfiksjɔ̃] Science-Fiction
scolaire [skɔlɛʀ] *adj.* schulisch, Schul- + *Nomen*
le **scorpion** [ləskɔʀpjɔ̃] der Skorpion
la **sculpture** [laskylptyʀ] die Skulptur → 3/A
sec/sèche [sɛk/sɛʃ] *adj.* trocken → 4/3
la **sécheresse** [lasɛʃʀɛs] die Trockenheit, die Dürre → 4/3
la **seconde** [las(ə)kɔ̃d] die Sekunde → 1/4
le **secret** [ləsəkʀɛ] das Geheimnis → 4/2
le/la **secrétaire** [lə/lasəkʀetɛʀ] der/die Sekretär/in
le **secrétariat** [ləsəkʀetaʀja] das Sekretariat
le **séjour** [ləseʒuʀ] der Aufenthalt → 2/2
la **sélection** [laselɛksjɔ̃] die Auswahl → 3/1
le **self** [ləsɛlf] *fam. hier:* die Schulkantine → 1/3
la **semaine** [lasəmɛn] die Woche
le **sens** [ləsɑ̃s] der Sinn
sensible [sɑ̃sibl] *m./f. adj.* empfindlich, sensibel
sentir (qc) [sɑ̃tiʀ] etw. fühlen, (etw.) riechen *wie* sortir *S. 108*;
(ê)**se sentir** [səsɑ̃tiʀ] sich fühlen
(ê)**se séparer** [səsepaʀe] sich trennen
septembre [sɛptɑ̃bʀ] *m.* September
la **série** [laseʀi] die Serie
sérieux/-euse [seʀjø/seʀjøz] *adj.* ernst, ernsthaft; **prendre qn/qc au sérieux** [pʀɑ̃dʀoseʀjø] jdn/etw. ernst nehmen
servir à qc [sɛʀviʀa] etw. nützen *wie* sortir *S. 108*
seul/e [sœl] *adj.* allein; einzige/r/s → 3/2; *adv.* bloß, nur → 1/4; **seulement** [sœlmɑ̃] *adv.* nur
sévère [sevɛʀ] *m./f. adj.* streng
si [si] *adv.* doch, so; *conj.* wenn, ob, falls; **si seulement** + *Imparfait* [sisœlmɑ̃] wenn doch nur → 1/2
s'il te plaît / s'il vous plaît [siltəplɛ/silvuplɛ] bitte

le **siècle** [ləsjɛkl] das Jahrhundert; **le siècle des Lumières** [ləsjɛkldelymjɛʀ] das Jahrhundert der Aufklärung → 2/A
la **sieste** [lasjɛst] der Mittagsschlaf → 4/1
le **signe** [ləsiɲ] das Sternzeichen, das Zeichen, das Symbol
signer qc [siɲe] etw. unterschreiben → 2/A
simple [sɛ̃pl] *m./f. adj.* leicht, einfach
la **simulation de vol** [lasimylasjɔ̃dvɔl] der Flugsimulator
sincère [sɛ̃sɛʀ] *m./f. adj.* aufrichtig → 4/1
sinon [sinɔ̃] *conj.* sonst
le **sirop** [ləsiʀo] der Sirup
le **site** [ləsit] die Webseite
la **situation** [lasitɥasjɔ̃] die Situation, die Lage
situé/e [sitɥe] *adj.* gelegen → 3/2
la **sixième** [lasizjɛm] die Sechste = *6. Klasse in Deutschland*
le **skate** [ləskɛt] das Skateboard, das Skateboardfahren
le **ski** [ləski] der Ski, das Skifahren
la **société** [lasɔsjete] die Gesellschaft → 1/A
le **soda** [ləsɔda] das Sodawasser → 3/1
la **sœur** [lasœʀ] die Schwester
la **soie** [laswa] die Seide
la **soif** [laswaf] der Durst; **avoir soif** [avwaʀswaf] Durst haben
le **soir** [ləswaʀ] der Abend, abends; **ce soir** [səswaʀ] heute Abend
le **soleil** [ləsɔlɛj] die Sonne
solidaire [sɔlidɛʀ] *m./f. adj.* solidarisch; **être solidaire** [ɛtʀsɔlidɛʀ] zusammenhalten
la **solidarité** [lasɔlidaʀite] die Solidarität → 1/3
la **solution** [lasɔlysjɔ̃] die Lösung
le/la **sommelier/-ière** [ləsɔməlje/lasɔməljɛʀ] der/die Weinkellner/in, der Sommelier
le **sommet** [ləsɔmɛ] der Gipfel → 4/2
sonner [sɔne] klingeln
la **sorte** [lasɔʀt] die Sorte → 4/3
(ê)**sortir** [sɔʀtiʀ] hinausgehen, losgehen, ausgehen *S. 108*;
(ê)**sortir de table** [sɔʀtiʀdətabl] vom Tisch aufstehen; **sortir qc** etw. herausnehmen; **sortir un chien** [sɔʀtiʀɛ̃ʃjɛ̃] einen Hund ausführen

le **souci** [ləsusi] die Sorge
souhaiter qc (à qn) [swɛte] (jdm) etw. wünschen → 2/2; **souhaiter que** + *subj.* wünschen, dass ... → 2/2
le **souk** [ləsuk] *Einkaufsviertel bzw. Markt in einer arabischen Stadt* → 4/3
la **soupe** [lasup] die Suppe
souriant/e [suʀjɑ̃/suʀjɑ̃t] lächelnd → 4/2
le **sourire** [ləsuʀiʀ] das Lächeln → 4/2
la **souris** [lasuʀi] die Maus
sous [su] unter; **sous le soleil** [suləsɔlɛj] bei Sonnenschein
souterrain/e [sutɛʀɛ̃/sutɛʀɛn] *adj.* unterirdisch
le **souvenir** [ləsuvniʀ] das Andenken, die Erinnerung, das Souvenir
(ê)**se souvenir de qn/qc** [səsuvniʀdə] sich an jdn/etw. erinnern *wie* venir *S. 109*
souvent [suvɑ̃] *adv.* oft, häufig
(ê)**se spécialiser (en qc)** [səspesjalize] sich spezialisieren (auf etw.) → 3/3
le **spectacle** [ləspɛktakl] die Vorstellung, die Aufführung
le **sport** [ləspɔʀ] der Sport; **faire du sport** [fɛʀdyspɔʀ] Sport treiben
sportif/-ive [spɔʀtif/spɔʀtiv] *adj.* sportlich
le **stade** [ləstad] das Stadion
le **stage** [ləstaʒ] das Praktikum → 3/2
la **star** [lastaʀ] der Star
la **station** [lastasjɔ̃] die Station
la **statue** [lastaty] das Standbild, die Statue
le **statut** [ləstaty] *hier:* die Staatsform → 4/A
le **steak** [ləstɛk] das Steak
stocker qc [stɔke] etw. speichern → 1/1
stupéfait/e [stypefɛ/stypefɛt] *adj.* verblüfft
le **stylo** [ləstilo] der Füller, der Kugelschreiber
subir qc [sybiʀ] etw. ertragen, erleiden *wie* réagir *S. 103* → 2/1

le **succès** [syksɛ] der Erfolg
le **sucre** [ləsykʀ] der Zucker
le **sud** [ləsyd] der Süden; **au sud de** [osydə] südlich von; **le sud-est** [ləsydɛst] der Südosten
la **Suède** [lasɥɛd] Schweden → 2/A
suffire [sufiʀ] reichen, genügen *S. 109* → 4/3; **Ça suffit!** [sasyfi] Das reicht!; Jetzt reichts aber! → 4/3
la **Suisse** [lasɥis] die Schweiz → 2/1
suivant/e [sɥivɑ̃/sɥivɑ̃t] *adj.* folgender/-es/-e, nächster/-es/-e → 2/A
suivre qn [sɥivʀ] jdm folgen, jdn verfolgen *S. 109*
le **sultan** [ləsyltɑ̃] der Sultan → 4/3
super [sypɛʀ] *m./f. adj.* super
la **superficie** [lasypɛʀfisi] die Oberfläche → 4/A
le **supermarché** [ləsypɛʀmaʀʃe] der Supermarkt
supplier qn de + *Inf.* [syplijedə] jdn anflehen etw. zu tun → 4/2
sur [syʀ] *prép.* auf; **sur moi** [syʀmwa] bei mir, dabei
sûr/e [syʀ] *adj.* sicher
sûrement [syʀmɑ̃] *adv.* sicherlich
le **surf** [ləsœʀf] das Wellenreiten, das Surfen
surfer [sœʀfe] surfen *im Internet* → 1/1
la **surprise** [lasyʀpʀiz] die Überraschung
surtout [syʀtu] *adv.* vor allem → 1/4
le/la **surveillant/e** [ləsyʀvɛjɑ̃/lasyʀvɛjɑ̃t] die Aufsichtsperson
survivre [syʀvivʀ] überleben *wie* vivre *S. 109*
survoler qc [syʀvɔle] etw. überfliegen
le **suspense** [ləsyspɛns] die Spannung
les **SVT** [leɛsvete] *f. pl.* Mensch – Natur – Umwelt *Unterrichtsfach*
le **sweat** [ləswɛt] das Sweatshirt
le **symbole** [ləsɛ̃bɔl] das Symbol → 3/1
sympa [sɛ̃pa] *fam.* / **sympathique** [sɛ̃patik] *m./f. adj.* sympathisch, nett
la **sympathie** [lasɛ̃pati] die Sympathie
le **système** [ləsistɛm] das System → 2/3

T

la **table** [latabl] der Tisch; **À table!** *etwa:* Das Essen ist fertig! Zu Tisch!; **être à table** [ɛtʀatabl] zu Abend/Mittag essen
le **tableau** [lətablo] die Tafel
la **tablette** [latablɛt] die Tafel *Schokolade*
la **tache** [lataʃ] der Fleck
le **talent** [lətalɑ̃] das Talent → 1/4
le ***tanneur*** [lətanœʀ] der Gerber → 2/4
la **tante** [latɑ̃t] die Tante
taper (sur) qc [tape] (auf) etw. drücken, (ein)tippen → 1/1
le **tapis** [lətapi] der Teppich → 4/3
tard [taʀ] *adv.* spät
la **tartine** [lataʀtin] das Butterbrot, belegtes Brot
la **tatie** [latati] *fam.* (das) Tantchen
la **technologie** [latɛknɔlɔʒi] die Arbeitslehre *Schulfach*
le **tee-shirt** [lətiʃœʀt] das T-Shirt
la **teinture** [latɛ̃tyʀ] das Färbemittel
télécharger qc [teleʃaʀʒe] etw. herunterladen *wie* bouger *S. 103* → 1/1
le **téléfilm** [lətelefilm] der Fernsehfilm
le **téléphone** [lətelefɔn] das Telefon
téléphoner à qn [telefɔnea] jdn anrufen
le/la **téléspectateur/-trice** [lətelespɛktatœʀ/latelespɛktatʀis] der/die Fernsehzuschauer/in → 1/4
la **télévision** [latelevizjɔ̃] der Fernseher, das Fernsehen
tellement [tɛlmɑ̃] *adv.* dermaßen, so → 1/1
la **tempête** [latɑ̃pɛt] der Sturm
le **temple** [lətɑ̃pl] der Tempel → 3/A
le **temps** [lətɑ̃] die Zeit; **avoir le temps** [avwaʀlətɑ̃] Zeit haben; **de temps en temps** [dətɑ̃zɑ̃tɑ̃] von Zeit zu Zeit, ab und zu
la **tendance** [latɑ̃dɑ̃s] der Trend; **être tendance** [ɛtʀtɑ̃dɑ̃s] modisch sein, im Trend sein
tenir qc [təniʀ] etw. halten *wie* venir *S. 109*; **tenir qc de qn** von jdm etw. übernehmen → 2/1; **tenir qn au courant** [təniʀokuʀɑ̃] jdn auf dem laufenden halten → 1/1
le **tennis de table** [lətɛnisdətabl] das Tischtennis
terminer qc [tɛʀmine] etw. beenden → 4/1; [(ê)]**se terminer** (be-)enden, zu Ende gehen
le **terminus** [lətɛʀminys] die Endstation
le **terrain** [lətɛʀɛ̃] das Gelände → 3/1
la **terrasse** [latɛʀas] die Terrasse
la **terre** [latɛʀ] die Erde, der Boden
le **test** [lətɛst] der Test
la **tête** [latɛt] der Kopf; **passer par la tête** [pɑsepaʀlatɛt] durch den Kopf gehen → 1/4
le **théâtre** [ləteɑtʀ] das Theater
le **thème** [lətɛm] das Thema
le **ticket** [lətikɛ] der Fahrschein, die Fahrkarte
le **tiers** [lətjɛʀ] das Drittel → 4/3
le **tir** [lətiʀ] der Schuss *Fußball* → 3/1; le **tir à l'arc** [lətiʀalaʀk] das Bogenschießen
le **tisserand** [lətisʀɑ̃] der Weber → 2/1
le **tissu** [lətisy] der Stoff → 4/3
la **tolérance** [latɔleʀɑ̃s] die Toleranz → 4/1
tolérant/e [tɔleʀɑ̃/tɔleʀɑ̃t] *adj.* tolerant → 2/1
la **tomate** [latɔmat] die Tomate
la **tombe** [latɔ̃b] das Grab
[(ê)]**tomber** [tɔ̃be] fallen; [(ê)]**tomber amoureux/-euse de qn** [tɔ̃beamuʀødə/tɔ̃beamuʀøzdə] sich in jdn verlieben; **Ça tombe bien!** [satɔ̃bəbjɛ̃] *fam.* Das trifft sich aber gut!
la **tonne** [latɔn] die Tonne
la **tortue** [latɔʀty] die Schildkröte
la **touche** [latuʃ] die Taste → 1/1

ANNEXE

toucher qn/qc [tuʃe] jdn/etw. berühren, jdn betreffen, angehen
toujours [tuʒuʀ] *adv.* immer, immer noch
le **tour** [ləturʀ] die Tour, die Runde, der Ausflug; **faire le tour de qc** [fɛʀləturʀdə] einen Rundgang machen; **c'est le tour de qn** [sɛləturʀdə] jd ist dran / an der Reihe → 1/3
la **tour** [latuʀ] der Turm
le/la **touriste** [lə/latuʀist] der Tourist / die Touristin
tourner [tuʀne] abbiegen; **tourner à droite** [tuʀneadʀwat] rechts abbiegen
tout/toute [tu/tut] *m./f. adj.* **tous/toutes** [tus/tut] *m. pl. / f. pl. adj.* jeder/alle; ganze/r/s
tout [tu] alles; **tout à coup** [tutaku] plötzlich, auf einmal; **tout à fait** [tutafɛ] genau, ganz; **tout autour** [tutotuʀ] *adv.* ringsherum; **tout de suite** [tutsɥit] *adv.* sofort; **tout droit** [tudʀwa] *adv.* geradeaus; **tout le monde** [tuləmɔ̃d] alle, jedermann; **Tout le monde il est beau, tout le monde il est gentil.** [tuləmɔ̃dilɛbotuləmɔ̃dilɛʒɑ̃tij] *etwa:* Friede, Freude, Eierkuchen. → 1/2; **tout le temps** [tulətɑ̃] die ganze Zeit
traditionnel/le [tʀadisjɔnɛl] *adj.* traditionell → 4/3
traduire [tʀadɥiʀ] übersetzen *wie* construire *S. 105* → 2/2
le **train** [lətʀɛ̃] der Zug
traîner [tʀɛne] herumtrödeln → 1/3
le **traité** [lətʀɛte] das Abkommen, der Vertrag → 2/A
le **tramway** [lətʀamwɛ] die Straßenbahn
le **trapèze** [lətʀapɛz] das Trapez
le **trappeur** [lətʀapœʀ] der Trapper, der Pelztierjäger
le **travail / les traveaux** [lətʀavaj/letʀavo] die Arbeit
travailler [tʀavaje] arbeiten, lernen; **travailler de ses mains** [tʀavajedəsemɛ̃] mit seinen Händen arbeiten → 1/2
traverser qc [tʀavɛʀse] etw. überqueren, durchqueren
très [tʀɛ] *adv.* sehr

la **tribu** [latʀiby] der Stamm → 4/2
le **trimestre** [lətʀimɛstʀ] das Trimester, das Vierteljahr
triste [tʀist] *m./f. adj.* traurig
(ê)**se tromper** [sətʀɔ̃pe] sich irren
la **trompette** [latʀɔ̃pɛt] die Trompete
trop [tʀo] *adv.* zu, zu viel, zu sehr
le **trottoir** [lətʀɔtwaʀ] der Bürgersteig
trouver qc [tʀuve] etw. finden
le **truc** [lətʀyk] *fam.* die Sache, das Ding; **un truc comme ça** [ɛ̃tʀykkɔmsa] so ein Ding
les **truffes au chocolat** [letʀyfoʃɔkɔla] *f. pl.* die Schokoladentrüffel
le **tube** [lətyb] die Tube
(ê)**se tuer** [sətɥe] umkommen
la **Tunisie** [latynizi] Tunesien
le/la **Tunisien/ne** [lətynizjɛ̃/latynizjɛn] der/die Tunesier/in → 4/A; **tunisien/ne** [tynizjɛ̃/tynizjɛn] *adj.* tunesisch → 4/A
le/la **tuteur/-trice** [lətytœʀ/latytʀis] der/die Tutor/in *in der Schule* → 1/A
le **tutorat** [lətytɔʀa] die Lernpatenschaft → 1/3
le/les **tuyau/-aux** [lə/letɥijo] der Tipp
le **type** [lətip] *fam.* der Kerl, der Typ; die Art → 1/2

U

un des deux [ɛ̃dedø] einer von beiden
un tas de [ɛ̃tɑdə] eine Menge von, ein Haufen von
l' **uniforme** [lynifɔʀm] *m.* die (Schul)uniform
unique [ynik] *m./f. adj.* einzig, Einzel- + *Nomen* → 1/2
l' **unité** [lynite] *f.* die Einheit → 2/A
l' **univers** [lynivɛʀ] *m.* das Universum → 1/A
l' **université** [lynivɛʀsite] *f.* die Universität
Untel ou Machin [ɛ̃tɛlumaʃɛ̃] *fam.* irgendeine Marke
utile [ytil] *m./f. adj.* nützlich
utiliser qc [ytilize] etw. benutzen

V

les **vacances** [levakɑ̃s] *f. pl.* die Ferien
la **vague** [lavag] die Welle
la **valise** [lavaliz] der Koffer
la **veille** [lavɛj] der Vorabend
le **vélo** [ləvelo] das Fahrrad;
le **vélo de montagne** [ləvelodmɔ̃taɲ] das Mountainbike *nur in Quebec*
le/la **vendeur/-euse** [ləvɑ̃dœʀ/lavɑ̃døz] *m.* der/die Verkäufer/in
(ê)**venir** [vəniʀ] kommen *S. 109*; (ê)**venir voir qn** [vəniʀvwaʀ] jdn besuchen; (ê)**venir à l'esprit** [vəniʀalɛspʀi] in den Sinn kommen; (ê)**venir chercher qn** [vəniʀʃɛʀʃe] jdn abholen; (ê)**venir de** + *Inf.* [vəniʀdə] gerade etwas getan haben; **faire venir qn** [fɛʀvəniʀ] jdn kommen lassen → 3/1
le **vent** [ləvɑ̃] der Wind
le **ventre** [ləvɑ̃tʀ] der Bauch
le **verger** [ləvɛʀʒe] der Obstgarten → 4/3
la **vérité** [laveʀite] die Wahrheit
le **verre** [ləvɛʀ] das Glas
vers [vɛʀ] *prép.* gegen, in Richtung von
vert/e [vɛʀ/vɛʀt] *adj.* grün
la **veste** [lavɛst] die Jacke
les **vêtements** [levɛtmɑ̃] *m. pl.* die Kleidung
la **viande** [lavjɑ̃d] das Fleisch
la **victime** [laviktim] das Opfer
vide [vid] *m./f. adj.* leer
la **vie** [lavi] *f.* das Leben; **prendre sa vie en main** [pʀɑ̃dʀsaviɑ̃mɛ̃] sein Leben in die Hand nehmen → 1/A
vieux/vieil *m.* / **vieille** *f.* [vjø/vjɛj] *adj.* alt
vif/vive [vif/viv] *adj.* lebhaft → 4/2
le **village** [ləvilaʒ] das Dorf
la **ville** [lavil] die Stadt
le **vin** [ləvɛ̃] der Wein
la **violence** [lavjɔlɑ̃s] die Gewalt
violent/e [vjolɑ̃/vjolɑ̃t] *adj.* gewalttätig, gewaltsam → 3/2
la **virgule** [laviʀgyl] das Komma → 2/2
visiter qc [vizite] etw. besichtigen, besuchen
vite [vit] *adv.* schnell

la **vitesse** [lavitɛs] die Geschwindigkeit
la **vitrine** [lavitʀin] das Schaufenster
vivant/e [vivɑ̃/vivɑ̃t] *adj.* lebendig → 2/1
vivre (qc) [vivʀ] leben, etw. erleben *S. 109*
le **vœu / les vœux** [ləvø/levø] das Gelöbnis, der Wunsch → 3/3
voici/voilà [vwasi/vwala] hier ist / hier sind; **Les voilà.** [levwala] Da sind sie ja.; **voilà que** [vwalakə] nun
la **voie** [lavwa] das Gleis
la **voile** [lavwal] das Segel, das Segeln
voir qn/qc [vwaʀ] jdn/etw. sehen *S. 109*
le/la**voisin/e** [ləvwazɛ̃/lavwazin] der/die Nachbar/in; **voisin/e** [vwazɛ̃/vwazin] *adj.* Nachbar- + *Nomen;* benachbart → 4/2
la **voiture** [lavwatyʀ] der Wagen, das Auto
la **voix** [lavwa] die Stimme
voler [vɔle] fliegen
voler qc [vɔle] etw. stehlen
le **volley** [ləvɔlɛ] Volleyball
volontaire [vɔlɔ̃tɛʀ] *m./f. adj.* freiwillig → 1/3
voter pour/contre qn/qc [vɔtepuʀ/kɔ̃tʀ] für/gegen jdn/etw. stimmen → 1/4
vouloir [vulwaʀ] wollen *S. 109;* **je voudrais** [ʒəvudʀɛ] ich möchte gern
le **voyage** [ləvwajaʒ] die Reise
voyager [vwajaʒe] reisen *wie bouger S. 103*
vrai/e [vʀɛ] *adj.* echt, *auch:* wahr; **vraiment** [vʀɛmɑ̃] *adv.* wirklich
le **VTT** [ləvetete] *ou:* **le vélo tout-terrain** [ləvelotutеʀɛ̃] das Mountainbike

W

le **week-end** [ləwikɛnd] das Wochenende, am Wochenende

Y

le **yaourt** [ləjauʀ] der Joghurt

Z

la **zone** [lazon] die Zone → 3/2
Zut! [zyt] Mist!

ANNEXE

Hier findest du alle Wörter, die du in ***À plus!* 4** lernst sowie den Wortschatz von ***À plus!* 1, 2** und **3**. Denke daran, bei den französischen Nomen das richtige Geschlecht zu verwenden.

Die Angabe hinter dem Pfeil verweist dich auf die Séquence, in der die Vokabel neu eingeführt wird. Wenn keine Zahl hinter dem Wort steht, kennst du es schon aus den vorhergehenden Bänden. Falls du nicht mehr sicher bist, wie man das Wort verwendet, kannst du dir den Beispielsatz in der Wortliste des jeweiligen Dossiers anschauen.
(ê)So gekennzeichnete Verben bilden das passé composé mit être.

A

ab *zeitlich* dès
ab und zu de temps en temps
Abend le soir; **Abendessen** le dîner; **Guten Abend!** Bonsoir!; **zu Abend essen** être à table; **zu Abend essen** dîner → 4/1; **abends** le soir; **heute Abend** ce soir
Abenteuer l'aventure *f.*
aber mais
abgesehen von à part
abhängen von (jdm/etw.) dépendre de qn/qc
abhängig dépendant/e *adj.* → 1/1
abholen (jdn) (ê)venir chercher qn
Abi/Abitur le bac *fam. ou:* le baccalauréat
Abkommen le traité → 2/A
ablegen (etw.) *Kleidung* enlever qc; *eine Prüfung* passer qc
absolut absolu/e *adj.* → 2/2; absolument *adv.* → 2/3
absolutistisch absolu/e *adj.* → 2/2
Abstammung l'origine *f.* → 1/A
abstrakt abstrait/e *adj.* → 3/1
Abteilung *im Kaufhaus* le rayon
Ach komm! Allez! *fam.*
Achte Klasse *in Frankreich* la quatrième
achten (jdn/etw.) respecter qn/qc
Achtung! Attention!
Actionfilm le film d'action
Adlige le/la noble *adj.* → 2/4
Adresse l'adresse *f.*
Afrika l'Afrique *f.*
aggressiv agressif/-ive *adj.*
ähneln (jdm) ressembler à qn/qc
ähnlich pareil/le *adj.*
Ahorn l'érable *m.*
Akkordeon l'accordéon *m.*
Akrobat/in l'acrobate *m./f.* → 4/3
Akrobatik l'acrobatie *f.*
Akt l'acte *m.* → 1/3
Aktion l'opération *f.*
Akzent l'accent *m.*
akzeptieren (jdn/etw.) accepter qn/qc; **akzeptieren etw. zu tun** accepter de + *Inf.*
Albtraum le cauchemar
Album l'album *m.*
Algerien l'Algérie *f.* → 3/1
Algerier/in l'Algérien/ne → 4/A
algerisch algérien/ne → 4/A
alle tout le monde; **alle/s** tout/toute *m./f.;* tous/toutes *m. pl./f. pl.;* **Alles klar!** Ça y est!
Allee l'allée *f.;* l'avenue *f.* → 3/A
allein seul/e *adj.*
allmählich petit à petit *adv.* → 2/3
Alltag le quotidien; **alltäglich** quotidien/ne *adj.*
als quand *zeitlich;* comme
also alors; donc *conj.* → 1/A
alt vieux/vieil *m.* / vieille *f. adj.*, ancien/ne *adj.*
Alter l'âge *m.;* **in deinem Alter** à ton âge
älterer/ältere aîné/e *adj.*
Aluminiumfolie le papier d'aluminium → 3/1
am Anfang (von etw.) au début (de qc) *adv.* → 2/2
am Ufer von au bord de
Ambiente l'ambiance *f.*
Amerika l'Amérique *f.*
amerikanisch américain/e *adj.*
Ampel le feu rouge
amüsieren (sich) (ê)s'amuser
anbieten (jdm etw.) offrir qc à qn
anbringen (etw.) poser qc
Andenken le souvenir
andere (der/die) l'autre *m./f.*
anders différent/e *adj.;* différemment *adv.* → 2/3
Anfang le début; **am Anfang von etw.** au debut (de qc) *adv.* → 2/2
anfangen commencer; **anfangen (mit etw.)** commencer par qc.; **anfangen etw. zu tun** commencer à + *Inf.*
anflehen (jdn) etw. zu tun supplier qn de + *Inf.* → 4/2
angenehm agréable *m./f. adj.*
angewöhnen (sich etw.) prendre l'habitude (de + *Inf.*) → 1/2
Angewohnheit l'habitude *f.*
angreifen (jdn) agresser qn
Angreifer l'agresseur *m.*
Angst la peur; **Angst haben (vor jdm/etw.)** avoir peur (de qn/qc); **Angst haben etw. zu tun** avoir peur de + *Inf.;* **Angst machen (jdm)** faire peur à qn
anhalten (ê)s'arrêter
Animateur/in l'animateur/-trice → 3/2
ankommen arriver
annektieren (etw.) *Land* annexer qc → 2/A
anonym anonyme *m./f. adj.*
Anorak l'anorak *m.*
anrufen (jdn) appeler qn , téléphoner à qn
anschauen (jdn/etw.) regarder qn/qc
anschließend ensuite
ansehen (jdn/etw.) regarder qn/qc
anstelle von etw. à la place de qc
anstrengen (sich) faire un effort
Anstrengung l'effort *m.*
Antwort la réponse
antworten jdm (etw.) répondre (qc) à qn
anvertrauen (jdm/etw.) confier qc à qn
anwesend présent/e *adj.* → 1/1
anziehen (etw.) mettre qc; **sich anziehen** (ê)s'habiller
Aperitiv l'apéritif *m.*
Apotheke la pharmacie
Apparat l'appareil *m.* → 1/1
applaudieren applaudir
Aprikose l'abricot *m.*
Araber/in l'arabe *m./f.* → 3/2
Arabisch *Sprache* l'arabe → 3/2;
arabisch arabe *m./f. adj.* → 3/2
Arbeit le travail
arbeiten travailler
Arbeitslehre la technologie
Arbeitslosigkeit le chômage
Arbeitsplatz l'emploi *m.* → 3/2
Arbeitszimmer le bureau
Architekt/in l'architecte *m./f.* → 3/A
Architektur l'architecture *f.* → 3/A
Argument l'argument *m.*

Arm le bras
Armbanduhr la montre
Armbinde le brassard → 3/1
Arme/r le/la pauvre
Art le genre; le type → 1/2
Artikel l'article *m.*
Arzt/Ärztin le médecin *m./f.*
Astronaut/in l'astronaute *m./f.*
Atlantikküste la côte Atlantique → 4/1
Atlas l'atlas *m.*
atmen respirer
aua! ouille!
auch aussi, **auch nicht** non plus
auf sur *prép.*; **jdn auf dem laufenden halten** tenir qn au courant → 1/1; **auf der Straße** dans la rue; **auf eine Art und Weise** de manière + *adj. adv.* → 2/3; **auf Französisch** en français; **auf jeden Fall** de toute façon; **Auf Wiedersehen!** Au revoir!
aufbewahren (etw.) garder qc
Aufenthalt le séjour → 2/2
auffallen (jdm) frapper qn → 4/3
Aufführung le spectacle
Aufhebung la révocation → 2/A
aufhören arrêter; **aufhören etw. zu tun** arrêter de + *Inf.*
Aufklärung le siècle des Lumières → 2/A
Auflauf le gratin
auflegen *Telefon* raccrocher
auflehnen (sich gegen jdn/etw.) (ê)se révolter contre qn/qc → 3/2
aufmerksam werden (auf etw.) remarquer qn/qc → 3/1
Aufnahmeprüfung le concours d'entrée
aufpassen faire attention; **aufpassen (auf jdn/etw.)** garder qn/qc
aufräumen (etw.) ranger qc
aufregen (sich über jdn) (ê)s'énerver contre qn
aufrichtig honnête *m./f. adj.* → 4/1; sincère *adj.* → 4/1
aufsammeln (etw.) ramasser qc
Aufsichtsperson le/la surveillant/e
Aufstand l'émeute *f.* → 3/2
aufstehen (ê)se lever
aufwachsen grandir → 3/1
Auge l'œil *m.* / les yeux *pl.*
Augenblick le moment
August août *m.*
Ausbildung la formation; **duale Ausbildung** la formation en alternance
Ausdruck l'expression *f.*
Ausflug l'excursion *f.*; le tour
ausführen (seinen Hund) sortir (son chien)
ausgeben (etw.) dépenser qc
aushandeln marchander qc → 4/3
Ausland l'étranger *m.*
Ausländer/in l'étranger/-ère
ausruhen (sich) (ê)se reposer
ausschalten (etw.) arrêter qc
Ausscheiden l'élimination *f.* → 1/4
ausschließen (jdn/etw.) exclure qn → 3/2; éliminer qn → 1/4
Ausschluss l'élimination *f.* → 1/4
außer sauf *adj.* → 4/1
außerdem de plus *adv.* → 2/3
aussehen avoir l'air
aussteigen (ê)descendre
aussuchen (etw.) choisir qc
Austausch l'échange *m.*
austauschen (etw. gegen etw.) échanger qn (contre qc)
austeilen (etw.) distribuer qc
Auster l'huître *f.*
ausüben (etw.) exercer qc → 4/1
Auswahl la sélection → 3/1
auswählen (etw.) choisir qc
Auswanderung l'émigration *f.* → 2/A
auswendig par cœur; **etw. auswendig können** savoir qc par cœur
ausziehen (etw.) *Kleidung* enlever qc
Auszubildende l'apprenti/e *m./f.* → 2/4
Auto la voiture; le char *nur im Québec*
Autobahn l'autoroute *f.*
Autor/in l'auteur *m.*
Autorität l'autorité *f.* → 3/3

B

Baby le bébé
Bäckerei la boulangerie
baden (ê)se baigner
Badezimmer la salle de bains
Baguette la baguette
Bahnhof la gare
Bahnsteig le quai
bald bientôt; **Bis bald!** À bientôt!
Ball le ballon
Ball (am Fuß) führen courir balle au pied → 3/1
Ballabgabe *Fußball* la passe → 3/1
Ballettschuh le chausson
Ballon le ballon; **Ballonfahrt** la balade en ballon
Banane la banane
Band *Gruppe* le groupe → 1/A
Bandit le bandit
barfuß pieds nus
Basilika la basilique → 3/A
Bassgitarre la basse → 1/A
Basteln le bricolage
Bauch le ventre
bauen (etw.) construire qc
Bauer/Bäuerin le/la paysan/ne → 2/4
Baum l'arbre *m.*; **Baumhaus** la cabane
Bauwerk (berühmtes) le monument → 4/1
Beamter/-in le/la fonctionnaire → 4/1
Becken le bassin → 4/3
bedanken (sich bei jdm) dire merci à qn
bedauern (jdn) plaindre qn; **etw. bedauern** regretter qc → 2/1; **bedauern, dass** regretter que + *subj.* → 2/1
bedecken (etw.) couvrir qc; **bedeckt sein (von/mit etw.)** être couvert (de qc)
beeindruckend impressionnant/e *adj.*
beenden (etw.) finir qc; finir de + *Inf.*; terminer qc → 4/1
Beginn des neuen Schuljahres la rentrée
beginnen (mit etw.) commencer (par qc); **beginnen etw. zu tun** commencer à + *Inf.*
begrenzt limité/e *adj.*
behalten (etw.) garder qn/qc
beherbergen (jdn/etw.) abriter qn/qc → 4/3
behilflich sein (jdm) rendre service à qn → 1/3
bei avec; **bei (einer Person)** chez; **bei Sonnenschein** sous le soleil
beibringen (jdm etw.) apprendre qc à qn → 4/1
Bein la jambe
Beispiel l'exemple *m.*
Bekanntschaft la connaissance
bekommen (etw.) recevoir qn/qc
beladen mit etw. chargé/e de qc *adj.* → 4/1
beleben (jdn/etw.) animer qn/qc → 3/A
belegtes Brot le sandwich → 3/1
Belgien la Belgique
bemerken (jdn/etw.) remarquer qn/qc → 3/1
Bemerkung la remarque

ANNEXE

bemitleiden (jdn) plaindre qn
benachbart voisin/e *adj.* → 4/2
benutzen (etw.) utiliser qc
bequem confortable *m./f. adj.*; **superbequem, am allerbequemsten** le plus confortablement du monde
Berber le/la Berbère → 4/A
Berberisch *Sprache der Berber* le berbère → 4/A
Bereich le domaine → 4/3
Berg la montagne
Bericht le récit → 2/1
Bernhardiner le saint-bernard
Beruf le métier
beruflich, Berufs- + *Nomen* professionnel/le *ou:* pro *fam. adj.*; **Berufsschule** le lycée professionnel
beruhigen (jdn) rassurer qn → 1/2
berühmt célèbre *m./f. adj.*
berühren (jdn/etw.) toucher qn/qc
beschäftigen (jdn) employer qn
bescheiden modeste *m./f. adj.* → 4/1
beschließen (etw. zu tun) décider de + *Inf.*
beschränkend répressif/-ive *adj.*
Beschränkung la limite → 1/4
beschreiben (jdn/etw.) décrire qn/qc
beschweren (sich über jdn/etw.) (ê)se plaindre de qn/qc
besetzen (etw.) occuper qc
besichtigen (etw.) visiter qc
besser mieux *adv.*; *Komparativ zu bon* meilleur *adj.*; **der/die/das Beste** *Superlativ zu bon* le/la meilleur/e *adj.*; **am besten** le mieux
Besteck le couvert
besuchen (jdn) (ê)aller voir qn; **besuchen (etw.)** visiter qc
beten faire la prière → 2/4
betrachten (jdn/etw.) regarder qn/qc
betreffen (jdn) toucher qn
Betreuer/in le/la moniteur/-trice
betroffen concerné/e *adj.*
Betrügerei l'arnaque *f. fam.* → 4/1
Bett le lit
Bettler/in le/la mendiant/e → 2/4
Bevölkerung la population → 4/A
bevorzugen (etw.) préférer qc
bewegen bouger; **bewegen (sich)** (ê)se bouger *fam.* → 1/A
beweinen (jdn/etw.) pleurer qn/qc
bewerben (sich) poser sa candidature → 1/4
Bewerbung la candidature → 1/4
Bewerbungsschreiben la lettre de motivation → 1/4
bewirken (etw.) causer qc → 2/A
bewundern (jdn/etw.) admirer qn/qc → 1/A
bezahlen (etw.) payer qc
Beziehung la relation
Bibliothekar/in *in der Schule* le/la documentaliste
bieten (etw.) offrir qc → 4/1
Bild l'image *f.*
bilden (sich) (ê)se former → 4/2
Bildschirm l'écran *m.*
bis jusque; **bis jetzt** jusqu'à présent → 3/3
Bischof l'évêque *m.* → 2/4
bisschen (ein) un peu de
bitte s'il te plaît / s'il vous plaît
bitten (jdn etw. zu tun) demander qn de + *Inf.*
bla bla bla nia nia nia *fam.*
blass pâle *m./f. adj.*
Blatt la feuille
blau bleu/e *adj.*
bleiben rester
Bleistift le crayon
Blick le regard → 2/A
blockiert bloqué/e *adj.*
blöd nul/le *adj. fam.*; **Das ist blöd!** C'est nul!; **Blödmann** patate *fam.*
Blog le blog
blond blond/e *adj.*; **der/die Blonde** le/la blond/e
bloß seul/e *adv.* → 1/4
Blühen bringen (etw. zum) faire prospérer qc → 2/A
Blume la fleur
blutig saignant/e *adj.*
Boden la terre
Bogenschießen le tir à l'arc
Boot le bateau, le canot
böse méchant/e *adj.*
Boulevard *breite Straße* le boulevard → 4/3
Boutique la boutique
Boxen la boxe
Brasilien le Brésil → 3/1
brauchen (jdn/etw.) avoir besoin de (qn/qc); *müssen* avoir besoin de + *Inf.*; **man braucht / wir brauchen (etw.)** il faut (de) + *Nomen*
braun brun/e *adj.*
bräunen bronzer
brechen (etw.) casser qc
breit large *m./f. adj.*
brennen brûler → 3/2
Bretone/-in le/la breton/ne
bretonisch breton/ne *adj.*
Brief la lettre
Brieffreund/in le/la corres *ou:* le/la correspondant/e
Briefkasten la boîte aux lettres
(Sonnen-)Brille les lunettes (de soleil) *f. pl.*
Brot le pain; **belegtes Brot** la tartine; **Butterbrot** la tartine
Brücke le pont
Bruder le frère
brutal brutal/e *adj.*
Buch le livre
Buchhandlung la librairie
buchstabieren (etw.) épeler qc
Bucht *aus Kalkstein am Mittelmeer* la calanque → 3/A
Bulle *umg. für Polizist* le flic *fam.*
Bürgersteig le trottoir
Büro le bureau
Bus le bus
Butter le beurre

C
Café le café
Casting le casting → 1/4
CD le CD; **CD-ROM** le cédérom;
Cent le centime
Champagner le champagne
Chance la chance
Charakter le caractère; **einen schwierigen Charakter haben** avoir un caractère de chien *fam.*
Charta la charte
Chauffeur le chauffeur → 4/1
Chef/in le/la chef
Chemie la chimie
Chor la chorale
Chorsänger/in le/la choriste *m./f.*
christlich chrétien/ne *adj.* → 4/A
Clown le clown
Collège *(Schultyp)* le collège
Comic la bédé *ou:* la bande dessinée *ou:* la BD *fam.*
Computer l'ordinateur *m.*
cool cool *m./f. adj. fam.*
Cousin/Cousine le cousin / la cousine → 3/3
Creme la crème
Crêpe *(dünner Eierpfannkuchen)* la crêpe

D
da là; puisque *conj.*
da présent/e *adj.* → 1/1
da ist/sind voici, voilà; **Da sind sie ja!** Les voilà!

dabei sur moi
dabei sein etw. zu tun être en train de + *Inf.*
dagegen contre
damals alors *adv.* → 3/1
Dame la dame
danach ensuite *adv.*
Dänemark le Danemark
dank jdm/etw. grâce à qn/qc → 2/1
danke merci
dann puis *adv.*
darin dedans *adv.*
darstellen (jdn/etw.) représenter qn/qc → 3/3
das ceci/cela; **das bedeutet/heißt** ça veut dire; **das ist** c'est; **Das ist mir egal.** Ça m'est égal.; **Das hat nichts damit zu tun.** Ça n'a rien à voir. → 2/3; **Das kommt darauf an.** Ça depend. **Das lohnt sich.** Ça vaut le coup. *fam.* → 2/3; **Das passt ja!** Ça tombe bien! *fam.*
das *Relativpronomen* que, qui
datieren von dater de → 4/3
Datum la date
dauern durer
Daumen le pouce → 1/3
dazugehören (zu etw.) faire partie de qc → 1/1
Decke *eines Raumes* le plafond
Deckname le pseudo, le pseudonyme
deklarieren (etw.) déclarer qc → 2/A
Demokratie la démocratie → 4/1
den *Relativpronomen* que
denken (an jdn/etw.) penser (à qn/qc)
denn car
dennoch quand même *adv.*; pourtant *adv.*
deprimiert déprimé/e *adj.*
deprimiert sein avoir le cafard → 1/1
deren dont → 2/3
dermaßen tellement *adv.* → 1/1
der-/die-/dasselbe le/la même *m./f. adj.*
deshalb c'est pourquoi
Despot le despote
dessen dont → 2/3
deutlich clair/e *adj.*; clairement *adv.*
Deutsch l'allemand *m. adj.*
Deutsche/r l'Allemand/e
Deutschland l'Allemagne *f.*
Dezember décembre *m.*
Dichter le poète
dick gros/se *adj.*
die *Relativpronomen* que
dienen (jdm) rendre service à qn → 1/3
Diener/in le/la domestique → 2/4
Dienstag mardi *m.*
digital numérique → 1/1
Ding le truc *fam.*; **so ein Ding** un truc comme ça; **Dingsbums/Dingsda** Machinchose *m./f. fam.*
direkt direct/e *m./f. adj.* → 3/3; directement *adv.* → 3/3
Direktor/in le/la directeur/-trice; le/la principal/e *in der Schule*
Diskette la disquette
diskutieren discuter
Disziplin la discipline
doch si
dominieren (jdn/etw.) dominer qn/qc
Donnerstag jeudi *m.*
Dorf le village
dort là, là-bas
Drama le drame
draußen dehors
Dreisatz *in der Prozentrechnung* la règle de trois → 1/3
Dribbling le dribble → 3/1
drin dedans *adv.*
Drittel le tiers → 4/3
Droge la drogue → 4/1
Druck la pression; **unter Druck stehen** être sous pression
duale Ausbildung la formation en alternance
Duft l'odeur *f.*
dummes Zeug N'importe quoi!
Dummheit la bêtise
Dummkopf l'imbécile *m./f.*
Düne la dune → 4/1
dunkelhaarig brun/e *adj.*
durch par; **durch den Kopf gehen** passer par la tête → 1/4
durch(gebraten) cuit/e *adj.*
durchfallen (durch eine Prüfung) rater (un examen)
durchqueren (etw.) traverser qc
durchwursteln (sich) (ê)se débrouiller
Dürre la sécheresse → 4/3
Durst la soif; **Durst haben** avoir soif
Dusche la douche → 4/1
duschen (ê)se doucher, prendre une douche → 4/1
DVD le DVD

E
E-Mail le courriel; **E-Mail-Adresse** l'adresse e-mail *f.*
eben justement *adj.*
eben *Füllwort am Ende eines Satzes* quoi *fam.* → 1/1
echt vrai/e *adj.*
Effekt l'effet *m.*
egal égal; **Das ist mir egal.** Ça m'est égal.
egoistisch égoïste *m./f. adj.*
Ehe le mariage → 3/3
ehemalig ancien/ne *adj.*
eher plutôt *adv.*
Ei l'œuf *m.*
Eifersucht la jalousie → 1/2; **aus Eifersucht** par jalousie → 1/2
eifersüchtig jaloux/jalouse *adj.* → 1/1
Eigenschaft la qualité → 4/1
eigentlich en fait → 1/2
eindeutig évident/e *adj.*; évidemment *adv.* → 2/3
Eindruck l'impression *f.*; **den Eindruck haben** avoir l'impression
eine/r von beiden un/e des deux
einfach facile *m./f. adj*; simple *m./f. adj.*
Einfall l'idée *f.*
einfallen (in ein Land) envahir qc → 2/A
Eingangstür la porte d'entrée
Einheit l'unité *f.* → 2/A
einige quelques *m./f. adj.*
Einkäufe les courses *f. pl.*
einkaufen gehen faire les courses *f. pl.*
Einkaufspassage le passage
einladen (jdn) inviter qn
einordnen (jdn/etw.) classer qn/qc → 1/2
einparken (etw.) garer qc
Einrichtung l'équipement *m.* → 3/2
einsammeln (etw.) ramasser qc
einschalten (etw.) allumer qc
einschlafen (ê)s'endormir
einsteigen *(in ein Verkehrsmittel)* (ê)monter
eintauchen plonger → 3/A
eintreten (ê)entrer
Eintrittskarte le billet, la place
einverstanden bon *adv.*; d'accord *fam.*
Einwohner/in l'habitant/e; **Einwohner/in von Oran** l'Oranais/e → 3/3
Einzel- + *Nomen* unique *m./f. adj.* → 1/2

ANNEXE

einzig seul/e *adj.;* unique *m./f. adj.* → 1/2; **einzige/r/s** seul/e *adj.* → 3/2
Eis (Speise-) la glace
Eisbahn la patinoire
Elefant l'éléphant *m.*
elektronisch électronique *m./f. adj.*
Elitehochschule la Grande École
Ellenbogen le coude
Elsass l'Alsace *f.* → 2/A
Eltern les parents *m. pl.*
empfangen (jdn/etw.) recevoir qn/qc; accueillir qn → 4/3
empfindlich sensible *m./f. adj.*
Ende la fin; **am Ende von** à la fin de *adv.;* au bout de *adv.;* **zu Ende gehen** (ê)se terminer; **etw. ein Ende setzen** mettre un point à qc → 2/2
enden finir
endlich finalement *adv.* → 2/3
Endstation le terminus
Energie l'énergie *f.* → 1/3
engagiert engagé/e → 3/3
Englisch l'anglais *m. adj.*
Enkel/in le petit-fils / la petite-fille → 2/A; **Enkelkinder** les petits-enfants *m. pl.*
enorm énorme *adj.* → 2/3; énormément *adv.* → 2/3
entbehren (jdn/etw.) (ê)se passer de qn/qc → 1/1
entdecken (jdn/etw.) découvrir qn/qc
Entdecker/in l'explorateur/-trice
entfliehen s'évader (dans) → 1/1
entscheiden (etw. zu tun) décider de + *Inf.*
Entschuldigung! Pardon!
entspannen (sich) (ê)se détendre
enttäuschen (jdn) décevoir qn
Entwicklung le développement → 4/1
Epoche l'époque *f.*
Erde la terre
Erdkunde la géographie
Erdöl le pétrole
ereignen (sich) se passer
erfahren (von etw.) apprendre qc
Erfahrung l'expérience *f.* → 1/2
Erfolg le succès
erfrieren mourir de froid
Ergriffenheit l'émotion *f.* → 3/3
erinnern (sich an etw./jdn) (ê)se souvenir de qn/qc; **jdn an jdn/etw. erinnern** rappeler qc à qn → 4/2
Erinnerung le souvenir
erklären (jdm etw.) expliquer qc à qn; *Krieg* déclarer qc → 2/A
erlauben (jdm) etw. zu tun permettre à qn de + *Inf.* → 1/4
erleben (etw.) vivre qc
erleiden (etw.) subir qc → 2/1
ernst sérieux/-euse *adj.*; **ernst nehmen (jdn/etw.)** prendre qn/qc au sérieux; **ernsthaft** sérieux/-euse *adj.*
erobern (jdn/etw.) conquérir qn/qc → 4/A
erraten (etw.) deviner qc
erschaffen (etw.) créer qc → 3/2
Erschöpfung la fatigue → 4/2
ersetzen (jdn/etw. durch jdn/etw.) remplacer qn/qc par qn/qc
erst ne ... que *adv.* → 2/1
Erstaunen versetzen (jdn in) frapper qn → 4/3
erster/-e/-s premier/-ère *adj.*
ertragen (etw.) subir qc → 2/1
erwachsen adulte *m./f. adj.* → 4/1
Erwachsener/-e l'adulte *m./f.*
erzählen (jdm etw.) raconter qc (à qn)
Erzählung le conte → 2/2
Erzieher/in l'éducateur/-trice → 3/3
es satt haben en avoir marre (de qn/qc) *fam.* → 3/2
Es tut mir Leid. Désolé/e.
Essen le repas; la nourriture → 2/3; **Das Essen ist fertig!** À table!
essen (etw.) manger qc
Etappe l'étape *f.* → 3/1
Ethik la morale
etwas quelque chose
Euro l'euro *m.*
Europa l'Europe *f.* → 1/A
Exil l'exil *m.* → 2/1
existieren exister

F

Fabel la fable
Fach *Unterricht* la discipline; la matière
Facharbeiter le compagnon → 2/4
fähig capable de
fahren (nach) (ê)aller à, rouler
Fahrer/in le/la conducteur/-trice
Fahrkarte le billet, le ticket
Fahrrad le vélo
Fahrschein le ticket
Fall l'affaire *f.*
fallen (ê)tomber
fällen (etw.) abattre qc
falls si *conj.*
falsch faux/fausse
Familie la famille
Fan le/la fan → 1/A
fangen (jdn/etw.) attraper qn/qc
Farbe la couleur; **Lieblingsfarbe** la couleur préférée
Färbemittel la teinture
färben (etw.) colorer (qc)
fast pratiquement *adv.*
faul *Obst* pourri/e *adj.*
fehlen manquer → 2/3
Fehler le défaut; la faute
Feier la fête
feiern (etw.) fêter qc; **das feiert man, das wird gefeiert** ça se fête
Felsen le rocher
Fenster la fenêtre
Ferien les vacances *f. pl.;* **Ferienlager** le camp de vacances
Fernseher, Fernsehen la télé *fam. ou:* la télévision; **im Fernsehen** à la télévision; **Fernsehfilm** le téléfilm; **Fernsehnachrichten** le JT *ou:* journal télévisé; **Fernsehzuschauer/in** le/la téléspectateur/-trice → 1/4
Fernverkehrsstraße la route
Fertig! Ça y est!
Festessen zu Weihnachten oder Neujahr le réveillon
Festival le festival
Feuer le feu; **Lagerfeuer** le feu de camp; **Feuerwehrmann** le pompier
Figur le personnage
Film le film; **Actionfilm** le film d'action; **Dokumentarfilm** le documentaire; **Fernsehfilm** le téléfilm;
Horrorfilm le film d'horreur
finden (etw.) trouver qc
Firma l'entreprise *f.* → 3/2
Fisch le poisson
Fischeintopf la bouillabaisse → 3/A
Fischer/in le/la pêcheur/-euse
fix und fertig sein être crevé/e
Flasche la bouteille
Fleck la tache
Fleisch la viande
Fleischer/in le/la charcutier/-ière
fliegen voler
fliehen prendre la fuite
fließend couramment *adv.* → 2/3; courant/e *adj.* → 2/3
Flohmarkt le marché aux puces
Flucht la fuite
Fluchthelfer le passeur → 2/1
Flüchtling *m./f.* le/la réfugié/e → 2/A
Flugsimulator la simulation de vol
Flugzeug l'avion *m.*
Fluss le fleuve
folgen (jdm) suivre qn
folgende/r suivant/e *adj.* → 2/A

in Form sein être en forme
Fortschritt le progrès
Foto la photo; **Foto-Club** le club-photo
fotografieren (jdn/etw.) photographier qn/qc
Frage la question; **eine Frage stellen** poser une question
fragen (jdn etw.) demander (qc à qn)
Frankreich la France
Französisch le français; **französisch-italienisch** franco-italien/ne *adj.*; **auf Französisch** en français; **französischsprachig** francophone *m./f. adj.* → 4/A
Frau la femme, *Anrede für eine Frau* Madame; **junge Frau** la jeune femme
Fräulein Mademoiselle *Anrede;* la demoiselle → 2/4
frei libre; **frei haben** être libre
Freiheit la liberté → 4/1
Freitag vendredi *m.*
freiwillig volontaire *m./f. adj.* → 1/3
Freizeit les loisirs *m. pl.*
Freizeitpädagoge/-in l'animateur/-trice → 3/2
Fremdenverkehrsamt l'office de tourisme *m.*
Fremder/-e l'étranger/-ère
Freude le plaisir
Freund/ in l'ami/e, le copain / la copine *fam.;* **Brieffreund/in** le/la corres *ou:* le/la correspondant/e
Freundschaft l'amitié *m.*
freundschaftlich amical/e *adj.* → 4/1
Friede, Freude, Eierkuchen. Tout le monde il est beau, tout le monde il est gentil. → 1/2
Frieden la paix → 2/1
Friedhof le cimetière
frisch frais/fraîche *adj.*
Frische la fraîcheur
Frucht le fruit → 4/3
Fruchtsaft le jus de fruits
früher autrefois; **wie früher** comme avant
Frühstück le petit-déjeuner
fühlen (etw.) sentir qc; **sich fühlen** [(ê)]se sentir
führen (jdn) guider qn → 3/A; mener qn/qc → 3/3
Füller le stylo
„Fünfte" *(= 7. Klasse in Deutschland)* la cinquième
funktionieren marcher
für pour
Für und Wider le pour et le contre → 2/3; **das Für und Wider abwägen** peser le pour et le contre → 2/3
furchtbar horrible *m./f. adj.* → 2/1
fürchten, dass craindre que + *subj.* → 2/1
Fuß le pied; **zu Fuß** à pied
Fußball *Sport* le foot
Fußballer/in le/la footballeur/-euse → 3/1

G

Gag le coup
gähnen bâiller
Galeere la galère → 2/1
ganz tout à fait; entier/-ère *adj.;* **ganz zu schweigen von** sans parler de → 3/1
ganzer/-es/-e tout/toute *m. f.;* **ganz schön viel** pas mal de *fam.* → 3/1; **den ganzen Tag** toute la journee; **die ganze Welt** le monde entier; **die ganze Zeit** tout le temps
Garten le jardin; **botanischer Garten** le Jardin des plantes
gastfreundlich hospitalier/-ière *adj.* → 4/1
Gebäude l'immeuble *m.*
geben (jdm etw.) donner qc à qn; **es gibt** il y a
Gebet la prière → 2/4
Gebiet la région
Gebirge la montagne
geboren né/e *adj.*
Geburt la naissance → 2/4
Geburtstag l'anniversaire *m.*
Gedächtnis la mémoire
gedeihen prospérer → 2/A
Gedicht le poème
Gefahr le danger; **in Gefahr sein** être en danger
gefährlich dangereux/-euse *adj.;* dangereusement *adv.*
gefallen (jdm) plaire à qn
Gefängnis la prison
gegen contre; *zeitlich* vers *prép.;*
gegen (jdn/etw.) sein être contre qn/qc
Gegenstand l'objet *m.* → 1/A
gegenüber von en face de
gegenüberstellen (jdn/etw. jdm/etw.) opposer qn/qc et qn/qc → 1/2
gegnerisch rival/e *adj.* → 4/2
Geheimen (im) en secret → 4/2
Geheimnis le secret → 4/2
gehen nach [(ê)]aller à; **Es geht (mir gut).** Ça va.; **bestens gehen** aller pour le mieux; **hineingehen** [(ê)]entrer; **Wie geht es Ihnen/euch?** Comment allez-vous?; **Wie gehts?** Ça va?
gehorchen obéir → 4/1
gehören (jdm etw.) être (qc à qn); **wie es sich gehört** comme il faut
Geisel l'otage *m.*
Geist l'esprit *m.*
Gelände le terrain → 3/1
gelb jaune *m./f. adj.*
Geld l'argent *m.;* le fric *fam.;* **Taschengeld** l'argent de poche; **Geldbeutel** le porte-monnaie; **Geldschein** le billet
gelegen situé/e *adj.* → 3/2
gelingen réussir
Gelöbnis le vœu → 3/3
gelungen réussi/e *adj.*
gemeinschaftlich collectif/-ive *adj.* → 3/2
Gemeinschafts- + *Nomen* collectif/-ive *adj.* → 3/2
Gemeinschaftskunde l'éducation civique *f.*
gemischt mixte *m./f. adj.*
Gemüse les légumes *m. pl.*
genannt dit/e *adj.* → 3/3
genau tout à fait *adv.*
genial génial/e *adj.*
Genre le genre
genug assez de
genügen suffire → 1/3
geöffnet sein être ouvert/e
Geographie la géographie
gerade etw. tun être en train de + *Inf.*
geradeaus tout droit
Gerät l'appareil *m.* → 1/1
Geräusch le bruit → 1/2
Gerber le tanneur → 2/4
gerecht juste *m./f. adj.*
Gericht *Essen* le plat
Gerichtsbeamter le magistrat → 2/4
gern etw. tun ça (me) plaît de + *Inf.*
Geruch l'odeur *f.*
Gesang le chant → 1/4
Geschäft le magasin
geschehen se passer
Geschenk le cadeau
Geschichte l'histoire *f.*
Geschichtenerzähler le conteur → 4/3
Geschmack le goût → 1
Geschwindigkeit la vitesse

ANNEXE

Geschwister les frères et sœurs *m. pl.*
Geselle le compagnon → 2/4
Gesellschaft la société → 1/A
Geste le geste
gestern hier *adv.*
Getränk la boisson
Gewalt la violence
gewalttätig violent/e *adj.* → 3/2
gewinnen (etw.) gagner qc
Gewinner/in le/la gagnant/e → 1/2
gewiss sans doute *adv.* → 2/1
Gewissensbisse les remords *m. pl.*
gewöhnen (sich an jdn/etw.) (ê)s'habituer à qn/qc → 2/3; **sich daran gewöhnen, etw. zu tun** s'habituer à + *Inf.* → 2/3
Gewohnheit l'habitude *f.*; **Gewohnheit annehmen (etw. zu tun)** prendre l'habitude (de + *Inf.*) → 1/2
gewöhnlich d'habitude *adv.*
Gezeiten la marée
Gipfel le sommet → 4/2
Giraffe la girafe
Gitarre la guitare
glänzen briller
Glas le verre, le pot
glauben croire
gleich pareil/le *adj.*
gleiche même *m./f. adj.*
Gleis la voie
Glück la chance, le bonheur → 1/4; **Glück haben** avoir de la chance
glücklich content/e *adj.*, heureux/-euse *adj.*; **glücklich machen (jdn)** rendre qn heureux/-euse → 3/3
Glücksbringer le porte-bonheur
Glückwunsch la félicitation
golden doré/e *adj.* → 4/1
Goldschmied l'orfèvre *m.* → 2/4
Golf le golfe
Grab la tombe
Gramm le gramme
grau gris/e *adj.*
grausam cruel/le *adj.* → 1/4
Grausamkeit la cruauté → 4/2
Grenze la limite → 1/4
grillen (etw.) griller qc → 4/3
groß grand/e *adj.*
Großeltern les grands-parents *m. pl.*
Großmutter la grand-mère
Großvater le grand-père
großzügig généreux/-euse *adj.*; **großzügig sein (sehr)** donner sans compter → 4/1
grün vert/e *adj.*; **das grüne Band** le ruban vert
Grünanlage l'espace vert → 4/3
Grund la raison → 3/2
Gründer/in le fondateur/-trice
Grundschule l'école primaire
Grundschullehrer/in l'instituteur/-trice; le maître / la maîtresse → 2/4
Gruppe le groupe
grüßen (jdn) donner le bonjour à qn; **Grüß dich!** Salut! *fam.*
Gurke le concombre
gut bien *adv.*, bon/ne *adj.*; **es tut gut** ça fait du bien; **gut drauf sein** avoir le moral; **gut zusammenpassen** aller bien avec qc; **Guten Abend!** Bonsoir!; **Guten Morgen!, Guten Tag!** Bonjour!
Gymnasium le lycée
Gymnastik gymnastique *ou:* la gym *fam.*

H

Haare les cheveux *m. pl.*
haben (etw.) avoir qc; **Schmerzen haben** avoir mal à qc
Hafen le port
halb demi/e *adj.*; **Halbinsel** la péninsule; la presqu'île → 4/A;
Halbfinale la demi-finale → 1/4
Hälfte la moitié
Halle la salle
Hallo! Coucou! Salut! *fam.*; **Hallo?** *am Telefon* Allô!
Halstuch le foulard
halt *Füllwort am Ende eines Satzes* quoi *fam.* → 1/1
halten (etw.) tenir qc; **sich für jdn halten** se prendre pour qn; **jdn für etw. halten** croire qn + *adj.* → 1/4
Hand la main; **Handball** le handball; **Handbewegung** le geste;
Handschuh le gant; **(jdn) mit Samthandschuhen anfassen** prendre des gants; **mit seinen Händen arbeiten** travailler de ses mains → 1/2
handeln agir; **sich handeln um** (ê)s'agir de
Händler/in le/la marchand/e; le/la commerçant/e → 2/4
Handlung l'action *f.*
Handwerker/in l'artisan/e *m./f.* → 2/4
Handy le portable
hart dur/e *adj*
hassen (jdn/etw.) détester qn/qc
hässlich moche *m./f. fam.*
Haufen von (ein) un tas de
häufig souvent *adv*; fréquemment *adv.* → 4/A; fréquent/e *adj.* → 4/A
Haupt- + *Nomen* principal/e *adj.*
Hauptstadt la capitale
Haus la maison; **zu Hause** à la maison
Haus- + *Nomen* domestique *m./f. adj.* → 1/1
Hausaufgaben les devoirs *m. pl.*
Hausaufgabenheft le cahier de textes
Hausfrau la femme au foyer → 4/1
Haushalt le ménage
Haut la peau → 1/4
Heimat- + *Nomen* natal/e *adj.* → 4/1
Heimweh le mal du pays
Heimwerken le bricolage
heiraten (jdn) épouser qn → 2/4;
heiraten (ê)se marier → 4/2
heiß chaud/e *adj.*; **es ist heiß** il fait chaud
heißen (ê)s'appeler; **das heißt** ça veut dire
helfen (jdm etw. zu tun) aider qn (à + *Inf.*); **helfen (jdm)** donner un coup de pouce à qn *fam.* → 1/3
Helm le casque
Hemd la chemise
herausnehmen (etw.) sortir qc
Herbst l'automne *m.*
Herkunft l'origine *f.* → 1/A; **französischer Herkunft** d'origine française → 1/A
Herr *Anrede für einen Herrn* Monsieur *m.*; **Meine Herren!** Messieurs *m. pl.*
herumtrödeln traîner → 1/3
herunterladen (etw.) télécharger qc → 1/1
hervorragend formidable *m./f.*
Herz le cœur
heute aujourd'hui
hier ici *adv.*; **hier ist / hier sind** voici/voilà
Hilfe l'aide *f.*; **(Zu) Hilfe!** Au secours!
Himmel le ciel
hinaufklettern (etw.) escalader qc → 3/1
hinaufsteigen (ê)monter
hinausgehen (ê)sortir
hinauswerfen (jdn) mettre qn à la porte *adj.*
hinbringen (jdn/etw.) amener qn/qc; *im Fahrzeug* conduire qn à qn/qc → 3/3

hindern etw. zu tun (jdn daran) empêcher qn de + *Inf.* → 1/3
hineingehen [(ê)]entrer
hingegen par contre
hinlegen (sich) [(ê)]se coucher
hinter derrière; **sich hinter dem Rücken über jdn lustig machen** rigoler dans le dos de qn → 1/2
hinterlassen (etw.) laisser qc
hinuntergehen [(ê)]descendre
hinzufügen (etw.) ajouter qc → 1/3
Hip-Hop le hip-hop
historisch historique *m./f. adj.* → 4/1
hoch haut/e *adj.*
Hochhaussiedlung *am Stadtrand* la cité → 3/2
Hof la cour
Hofdame la courtisane → 2/2
hoffen espérer
Hoffnung l'espoir *m.* → 3/3
höflich poli/e *adj.* → 4/1
Höfling le courtisan → 2/2
Höhe l'altitude *f.* → 4/2
Hölle l'enfer *m.*
Honig le miel
hören (jdn/etw.) entendre qn/qc; **zuhören** écouter qn/qc
Horizont l'horizon *m.*
Horoskop l'horoscope *m.*
Hose le pantalon
hübsch joli/e *adj.*
Hügel la colline
Hugenotten les Huguenots → 2/A
Hühnchen le poulet
Humor l'humour *m.*
Hund/Hündin le/la chien/ne; **wie Hund und Katze** comme chien et chat *fam.*
Hunger la faim
Hütte la cabane

I

Ich bin an der Reihe. C'est mon tour. → 1/3
Idee l'idée *f.*
identifizieren (sich mit jdm/etw.) [(ê)]s'identifier à qn/qc
im Moment pour le moment → 3/3
immer toujours; **immer wenn** quand
in *zeitlich* à, en, dans; **in** *räumlich* dans, en; **in der Nähe von** près de; **in den Urlaub fahren** partir en vacances; **in Form sein** être en forme
Indianer/in l'Indien/ne
Informatik l'informatique *f.*
Informations- und Dokumentationszentrum le CDI
Inlineskates les rollers *m. pl.*
innen dedans *adv.*
Insel l'île *f.*; **Halbinsel** la péninsule
insgesamt dans l'ensemble *adv.* → 2/3
Instrument l'instrument *m.*; **ein Instrument spielen** jouer d'un instrument
Intellektueller/-e l'intellectuel/le *ou:* l'intello *fam. m./f.*
intelligent intelligent/e *adj.*
intensiv intense *adj.* → 2/3; intensément *adv.* → 2/3; intensif/-ive *adj.* → 1/3
interessant intéressant/e *adj.*
interessieren (jdn) intéresser qn;
interessieren (sich für jdn/etw.) [(ê)]s'intéresser à qn/qc
Internat l'internat *m.*
international international/e *adj.*
Internetdomain le domaine internet → 4/A
interpretieren (etw.) interpréter qc → 1/4
Interview l'interview *f.*
Intrige l'intrigue *f.* → 2/2
intrigieren (gegen jdn) intriguer contre qn → 2/2
irgendein/-e n'importe quel/le *adj.* → 1/1; **irgendeine Marke** Untel ou Machin *fam.*
irgendetwas n'importe quoi
irgendwo quelque part
irren [(ê)]se tromper
Islam l'islam *m.* → 4/A
Italien l'Italie *f.*

J

ja oui; **Ja bitte?** *am Telefon* Allô?
Jacke la veste
Jahr l'an *m.*; **Jahr** *in seinem Verlauf* l'année *f.*; **Fünfziger Jahre** les années cinquante *f. pl.*
Jahrhundert le siècle
Jahrmarkt la foire → 4/2
Januar janvier *m.*
Jeans le jean
jeder/-es/-e chacun/e; chaque + *Nomen;* tous/toutes *m. pl. / f. pl.*
auf jeden Fall de toute façon *adv.*
jedenfalls enfin *adv.*
jedermann tout le monde
jemand quelqu'un
Jesuiten les Jésuites → 2/4
jetzt maintenant *adv.*; **Jetzt reichts aber!** Ça suffit! → 4/3
Joghurt le yaourt
jonglieren jongler
Journalismus le journalisme → 2/3
Journalist/in le/la journaliste
jüdisch juif / juive *adj.* → 4/A
Judo le judo
Jugendlicher/-e l'ado *fam. m./f. ou:* l'adolescent/e *m./f.*; le/la jeune
Juli juillet *m.*
jung jeune *m./f. adj.*
Junge le garçon, le type *fam.*, le gars *fam.*
Juni juin *m.*
Justiz la justice → 2/2

K

Kaffee le café; **Milchkaffee** le café au lait
Kajak le kayak
Kakerlake le cafard → 1/1
kalt froid/e *adj.*; **es ist kalt** il fait froid
Kanada le Canada
Kanal *Fernsehen* la chaîne
Kandidat le/la candidat/e
Kantine la cantine
kaputtmachen (etw.) casser qc
Karibu le caribou
kariert à carreaux
Karriere la carrière → 3/1
Karte la carte
Kartoffel la pomme de terre; la patate *fam.*
Karton le carton
Käse le fromage
Kassette la cassette
Katakomben les catacombes *f. pl.*
Katastrophe la catastrophe, la cata *fam.*
Kater/Katze le chat / la chatte
Kathedrale la cathédrale
katholisch catholique *m./f. adj.* → 2/1
kaufen (etw.) acheter qc
kein ne ... pas de; **kein ... mehr** ne ... plus de; **keine Zeit haben** ne pas avoir le temps
kennen (jdn/etw.) connaître qn/qc;
kennen lernen (jdn) faire la connaissance de qn; rencontrer qn
Kenntnis la notion → 1/3
Kerl le type *fam.*
Kilo le kilo
Kind l'enfant *m./f.*
Kindergarten l'école maternelle *f.*
kinderreiche Familie la famille nombreuse → 1/2

ANNEXE

Kindheit l'enfance *f.*
Kino le cinéma *ou:* le ciné *fam.*
Kirche l'église *f.* → 2/1
Klamotten les fringues *f. pl. fam.*
klar clair/e *adj.*, clairement *adv.*; **klar** évidemment *adv.* → 2/3; **klar** évident/e *adj.*; **Alles klar!** ça y est
Klarinette la clarinette
Klasse la classe; **Klassenarbeit** l'interro *f. fam. ou:* l'interrogation *f.*; le devoir sur table; **Klassenkamerad/in** le/la camarade; **Klassenkonferenz** le conseil de classe; **Klassensprecher/in** le/la délégué/e de classe; **Klassenzimmer** la salle de classe
klassifizieren (jdn/etw.) classer qn/qc → 1/2
klassisch classique *m./f. adj.* → 1/2
Klavier le piano
kleben (etw.) coller qc
Klebstoff la colle
Kleid la robe
Kleidung les vêtements *m. pl.*
klein petit/e *adj.*; **Kleiner/-e** le petit / la petite; **kleine Kinder** les minots *m./pl. fam.* → 3/1; **kleiner Junge / kleines Mädchen** le gamin / la gamine *fam.* → 3/1
Kleingeld la monnaie → 4/A
Klettern l'escalade f.
klingeln sonner
Knete *umg. für Geld* le fric *fam.*
Koch/Köchin le/la cuisinier/-ère
kochen faire la cuisine
Kochrezept la recette
Koffer la valise
Kolonie la colonie → 4/A
kolonisieren (etw.) coloniser qc
Komma la virgule → 2/2
kommen (ê)venir; **kommen lassen (jdn)** faire venir qn → 3/1; **zu früh kommen** être en avance
Kommentar le commentaire
kommunizieren communiquer → 1/A
kompliziert compliqué/e *adj.*
Konflikt le conflit → 1/A
König/in le roi / la reine → 3/2
königlich royal/e *adj.*/ royaux *m. pl.* → 2/2
Königs- + *Nomen* royal/e *adj.* / royaux *m. pl.* → 2/2
können (etw.) pouvoir + *Inf.*; *die Fähigkeit besitzen etw. zu tun* savoir + *Inf.*; **man könnte** on pourrait
konstitutionelle Monarchie la monarchie constitutionnelle → 4/A
Kontakt le contact
kontrollieren (jdn/etw.) contrôler qn/qc
konzentrieren (sich) (ê)se concentrer → 1/3
Konzert le concert
Kopf la tête
körperlich physique *m./f. adj.* → 3/1
Korrektur la correction → 2/2
korrespondieren *im Briefwechsel stehen* correspondre → 2/2
kostbar précieux/-euse *adj.* → 3/3
kosten coûter
Kraft la force; **mit seiner/ihrer ganzen Kraft** de toutes ses forces
kramen (in etw.) fouiller dans qc
krank malade *m./f. adj.*
Krankenhaus l'hôpital *m.*
Kreuzung le carrefour
Krieg la guerre
Kriminal- + *Nomen* policier/-ère *adj.*
Krise la crise
kritisieren (jdn/etw.) critiquer qn/qc
Krustentiere les crustacés *m. pl.* → 3/A
Küche la cuisine
Kuchen le gâteau
Kugelschreiber le stylo
Kultobjekt l'objet-culte *m.* → 1/1
Kultur la culture
kulturell culturel/le *adj.* → 3/2
Kummer le chagrin → 4/2
kümmern (sich um jdn/etw.) (ê)s'occuper de qn/qc
Kumpel le pote *fam.*
Künstler/in l'artiste *m./f.*
Kunststoff le plastique
kurz court/e *adj.*
Kuss la bise; **Küsschen** la bise *ou:* le bisou *fam.*
Küste la côte
Kuttelwurst l'andouillette *f.*

L

Lächeln le sourire → 4/2
lächelnd souriant/e → 4/2
lachen rigoler *fam.*; rire
lächerlich ridicule *m./f. adj.*
Laden la boutique
Lage *Situation* la situation
Lager le camp; **Lagerfeuer** le feu de camp
Laken le drap → 2/1
Lampe la lampe
Land le pays; *ländliche Gegend* la campagne
Landschaft le paysage
Landstraße la route
lang long/ue *adj.*
lange longtemps *adv.*
langsam lent/e *adj.*; lentement *adv.*
langweilen (sich) (ê)s'ennuyer → 1/1
langweilig ennuyeux/-euse *adj.*
Lärm le bruit
lassen (etw.) laisser qc
Latein le latin → 2/4
Laufbahn la carrière → 3/1
laufen marcher; courir *rennen*
Leben la vie; **sich das Leben schwer machen** (ê)se compliquer la vie; **ins Leben rufen (etw.)** lancer qc; **sein Leben in die Hand nehmen** prendre sa vie en main → 1/2
leben vivre
lebendig vivant/e *adj.* → 2/1
lebhaft vif/vive *adj.* → 4/2
leer vide *m./f. adj.*
legen (etw.) mettre qc
Legende la légende
Lehre l'apprentissage *m.* → 2/4
Lehrer/in le/la professeur *ou:* le/la prof *fam.*
Lehrling l'apprenti/e *m./f.* → 2/4
leicht facile *m./f. adj.*; simple *m/f. adj.*
Leichtathletik l'athlétisme *m.*
Leidenschaft la passion → 1/A
leider malheureusement *adv.* → 1/1
Leinwand l'écran
leiten (jdn) guider qn → 3/A; **leiten (etw.)** diriger qc → 2/4
Lektion la leçon
lernen (etw.) apprendre qc; **lernen etw. zu tun** apprendre à + *Inf.*; **lernen** étudier → 4/1
Lernpatenschaft le tutorat → 1/3
lesen (etw.) lire qc
Leser/in le/la lecteur/-trice → 4/1
letzter/-s/-e dernier/-ière *adj.*
Leuchtturm le phare → 3/A
Leute les gens *m. pl.*
Licht la lumière
Liebe l'amour *m.*; **Liebe auf den ersten Blick** le coup de foudre → 3/3
lieben (jdn/etw.) aimer (qn/qc); **sehr lieben (jdn/etw.)** adorer (qn/qc)
lieber/-e *Anrede* cher/chère *adj.*
lieber Gott le Bon dieu
lieber plutôt *adv.*; **lieber mögen (etw.)** préférer qc
Liebesgeschichte le conte amoureux → 4/1
Liebeskummer le chagrin d'amour

Liebling le/la chéri/e; **Lieblings-** + *Nomen* préféré/e *adj.*
Lied la chanson
Linie la ligne
links à gauche
literarisch littéraire *m./f. adj.* → 2/2
Literatur- + *Nomen* littéraire *m./f. adj.* → 2/2
live en direct *adj.* → 1/4
Löffel la cuillère
Los! Allez hop!
losgehen [(ê)]partir; [(ê)]s'en aller → 2/2
loslassen (jdn/etw.) lâcher qn/qc
Lösung la solution
Lothringen la Lorraine → 2/A
Luft l'air *m.*
Lust haben (etw. zu tun) avoir envie de + *Inf.*
lustig marrant/e *adj. fam.*, drôle *m./f. adj.*; **sich lustig machen** rigoler *fam.*; **sich lustig machen über jdn/etw.** se moquer de qn/qc

M
machen (etw.) faire (qc)
Macht le pouvoir → 2/2
Mädchen la fille; **junges Mädchen** la jeune fille
Maghreb le Maghreb → 4/A
Mahlzeit le repas
Mai mai *m.*
Mal la fois; **zum ersten Mal** pour la première fois
malerisch pittoresque *m./f. adj.* → 3/A
Mama maman *f.*
manchmal parfois, quelquefois
Mangel le défaut
Mango la mangue
Manieren les manières *f. pl.*
Mann l'homme *m.*; le type *fam.*
Mannequin le mannequin
Mannschaft l'équipe *f.*
Mannschaftskapitän le capitaine de l'équipe → 3/1
Manufaktur la manufacture → 2/1
Mappe le dossier
Märchen le conte → 2/2
Marke la marque
markieren (etw.) marquer qc → 3/1
Markt le marché
Markthändler/in le/la marchand/e
Marmelade la confiture
Marokkaner/in le/la Marocain/e → 4/A
marokkanisch marocain/e *adj.* → 4/A
Marokko le Maroc → 4/A
Mathe(matik) les mathématiques *ou:* les maths *f. pl. fam.*
Matrose le marin → 3/A
Mauer le mur
Maus la souris
Maximum le maximum
Medien les médias *m. pl.*
Meer la mer
Meerschweinchen le cochon d'Inde
Mehl la farine
mehr plus *adv.*; **mehr als** plus que; **noch mehr** encore plus; **immer mehr** de plus en plus; **mehr und mehr** de plus en plus
Mehrheit la majorité → 3/2
Mehrzahl der + *Nomen* la plupart des
Meinung l'avis *m.*; **seine Meinung sagen** donner son avis; **deiner Meinung nach** à ton avis
meisten (die) la plupart; **am meisten** *adv.* le plus
Meister/in le/la champion/ne; le maître, la maîtresse → 2/4
Meisterschaft le championnat → 4/1
Menge la quantité; **eine Menge von** un tas de
Mensch l'homme → 4/2
Mensch – Natur – Umwelt *Unterrichtsfach* les SVT *f. pl.*
menschlich humain/e *adj.* → 1/2
Mentalität la mentalité → 3/2
merkwürdig bizarre *m./f. adj.*
Methode la méthode
Metropole la métropole
Metzger/in le/la charcutier/-ière
Milch le lait
Million le million
Minarett le minaret → 4/3
Minderheit la minorité → 3/3
mindestens au moins
minus moins *adv.*
Minute la minute
mischen (etw. mit etw.) mêler qc (à qc) → 2/1
missachten (jdn/etw.) mépriser qn/qc → 1/2
Missverständnis le malentendu → 2/2
Mist! Zut!; **Mist** le fumier → 3/2
mit avec; **mit seinen Händen arbeiten** travailler de ses mains → 1/2
mitbringen (etw.) apporter qc
mitnehmen (jdn) emmener qn → 2/1
Mittag (12 Uhr) midi *m.*; **Mittagessen** le déjeuner; **mittags** à midi *adv.*; **Mittagsschlaf** la sieste → 4/1
Mittel le moyen → 4/1
Mittelalter le Moyen-Âge
Mittelmeer la mer Méditerranée → 3/A
Mitternacht minuit *m.*; **um Mitternacht** à minuit *adv.*
Mittwoch mercredi *m.*
Mobbing le mobbing → 1/2
mobilisieren (jdn) mobiliser qn → 3/2
Mode la mode
Model le mannequin
Modell le modèle; **Modell-** + *Nomen adj.*
modern moderne *m./f. adj.* → 1/1
Modeschöpfer/in le/la couturier/-ère → 4/1
modisch à la mode
Mofa la mobylette
mögen (jdn/etw.) aimer qn/qc; **nicht mögen (jdn/etw.)** détester (qn/qc)
möglich possible *m./f. adj.*
Möglichstes tun (sein) faire tout son possible → 3/1
Möhre la carotte
Moment le moment
Montag lundi *m.*
Moral la morale
morgen demain *adv.*; **Morgen** le matin; **Bis morgen!** À demain!; **Guten Morgen!** Bonjour!; **heute Morgen** ce matin; **morgens** le matin *adv.*
Moschee la mosquée → 4/3
motivieren (jdn) motiver qn → 1/4
Mountainbike le VTT, le vélo tout-terrain; le vélo de montagne *nur in Québec*
MP3-Player le lecteur mp3 → 1/A
müde fatigué/e *adj.*; **todmüde sein** être crevé/e
Mülleimer la poubelle → 1/2
Muschel le coquillage
Museum le musée
Musik la musique; **musikalisch, Musik-** + *Nomen* musical/e *adj.*;
Musiker/in le/la musicien/ne → 4/3
Musikschule le conservatoire; **Musik im Blut haben** avoir la musique dans la peau → 1/4
Muskel le muscle

ANNEXE

müssen falloir, devoir; avoir besoin de + *Inf. brauchen;* **man muss** il faut (+ *Inf.*); **man müsste** il faudrait
Mut machen (jdm) encourager qn → 4/1
mutig courageux/-euse *adj.*
Mutter la mère
Mutti maman *f.*

N

Na und? Et alors?
nach *zeitlich* après *prép.;* au bout de *adv.*; **nach Hause gehen** rentrer; **nach vorn spielen** *Fußball* remonter le terrain → 3/1
Nachbar/in le/la voisin/e; **Nachbar-** + *Nomen* voisin/e *adj.* → 4/2
nachdenken réfléchir
Nachmittag/nachmittags l'après-midi *m./f.*
Nachricht le message; la nouvelle → 2/1; **Nachrichten** les actualités *f. pl.;* **Fernsehnachrichten** le JT *ou:* le journal télévisé
nächster/-es/-e prochain/e *adj.;* suivant/e *adj.* → 2/A
Nacht la nuit
Nachtisch le dessert
nahe bei près de
nähern (sich etw.) approcher de qn/qc
Nährboden le fumier → 3/2
Nahrung la nourriture → 2/3
naja, äh ben *fam.*
Name le nom; **sich einen Namen machen** (ê)se faire un nom → 1/4
Nase voll haben (von jdm/etw.) en avoir marre (de qn/qc) *fam.* → 3/2
national national/e, nationaux *m. pl. adj.* → 2/A
Natur la nature; **unter Naturschutz** protégé/e → 3/A
natürlich bien sûr; naturel/le *adj.*
neben jdm/etw. à côté de qn/qc *prép.* → 4/1
nehmen (etw.) prendre (qc); **ernst nehmen (jdn/etw.)** prendre qn/qc au sérieux
nein non
nerven (jdn) dégoûter qn → 1/4
Nest le nid → 4/3
nett gentil/le *adj.*, gentiment *adv.* → 2/3; sympa *fam. ou:* sympathique *m./f. adj.*
Netz le filet
neu nouveau/nouvel *m.* / nouvelle *f. adj.*
Neuigkeit la nouvelle → 2/1
nicht ne ... pas; **auch nicht** non plus; **nicht mehr** ne ... plus **nicht schlecht** pas mal; **nicht wahr?** hein?
nichts ne ... rien; **nichts mehr** plus rien
nie ne ... jamais
niedergeschlagen déprimé/e
Niederlande les Pays-Bas *m. pl.*
niedlich mignon/ne *adj.*
niemals ne ... jamais
niemand ne ... personne
noch encore *adv.;* **noch nicht** ne pas ... encore
Norden le nord; **nördlich von** au nord de
normal normal/e *adj.*
Notar le notaire → 2/4
Note la note
notieren (etw.) noter qc
nötig nécessaire *m./f. adj.* → 2/4
Nudeln les pâtes *f. pl.*
Null (eine) / eine Niete sein in ... être nul/le en ...
Nummer le numéro; **eine Nummer wählen** faire un numéro
nun voilà que
nur seulement *adv.;* seul/e *adv.* → 1/4; **nur** ne ... que *adv.* → 2/1
nützen (etw.) servir à qc
nützlich utile *m./f. adj.*

O

O je! Oh là là!
ob si *conj.*
oben en haut *adv.* → 3/1
Oberfläche la superficie → 4/A
Objekt l'objet *m.* → 1/A
Obst les fruits *m. pl.*
Obstbaum l'arbre fruitier → 4/3
Obstgarten le verger → 4/3
oder ou
offiziell officiel/le *adj.* → 4/A
öffnen (etw.) ouvrir qc
oft souvent *adv.*
ohne sans *prép.*
Ohr l'oreille *f.*
Oleander le laurier-rose → 4/3
Olivenbaum l'olivier *m.* → 4/3
Ölpest la marée noire
Oma, Omi (la) mémé
Opa, Opi (le) papi, (le) pépé *fam.*
Oper l'opéra *m.*
Operation l'opération *f.*
Opfer la victime *m./f.*
Orange l'orange *f.*
Orangenbaum l'oranger *m.* → 4/3
ordentlich comme il faut
Organisation l'organisation *f.*
organisieren (etw.) organiser qc
orientieren (sich) (ê)se repérer → 4/3
originell original/e *adj.*
Ort l'endroit *m.;* **Ort** le lieu → 4/3
Osten l'est *m.*; **östlich von** à l'est de
Österreich l'Autriche → 2/A
Overall la combinaison
Ozean l'océan *m.*

P

Paar le couple → 4/2
Palast le palais
Palme le palmier → 4/3
Papier le papier
Paprikaschote le poivron
Paradies le paradis → 3/A
aus Paris parisien/ne *adj.*
Park le parc
Partie la partie → 1/3
passieren arriver; (ê)se passer
Das passt ja! Ça tombe bien!
Patin (Tauf-) la marraine
Pause la récréation
Pelztierjäger le trappeur
permanent permanent/e *adj.* → 1/2
Person la personne; le personnage *Figur*
Personalausweis la carte d'identité
Persönlichkeit la personnalité → 4/1
Pfalz le Palatinat → 2/A
Pfirsich la pêche
phantastisch fantastique *m./f. adj.*
Philosoph/in le/la philosophe *m./f.* → 2/A
Philosophie la philosophie → 2/2
Pizza la pizza → 3/1
Plakat l'affiche *f.*
Planet la planète → 3/A
Plastik *Material* le plastique; **aus Plastik** en plastique
Platte *CD/Schallplatte* le disque → 1/4
Platz la place
plaudern bavarder → 1/3
plötzlich tout à coup *adv.*
Poesie la poésie
politisch politique *m./f. adj.* → 2/2
Polizei la police; **Polizei-** + *Nomen* policier/-ière *adj.;* **Polizeidienststelle** le commissariat
Polizist/in le policier; le/la flic *fam.*
Pommes frites les frites *f. pl.*

Portmonee le porte-monnaie
portugiesisch portugais/e *adj.* → 1/A
Postamt la poste
Praktikum le stage → 3/2
praktisch pratique *m./f. adj.*
praktizieren (etw.) pratiquer qc
Preis le prix
pressen (etw.) presser qc → 2/2
Preußen la Prusse → 2/A
Primaballerina la danseuse étoile
probieren (etw.) essayer qc; **anprobieren** essayer qc
Problem le problème
professionell professionnel/le *adj.* → 1/4
Programm le programme
programmieren (etw.) programmer qc → 2/A
Protektorat le protectorat → 4/A
Protestant/in le/la protestant/e → 2/A
protestieren protester
Proviant les provisions *f. pl.* → 2/1
Prozent pour cent
Prüfung l'examen *m.*; **Aufnahmeprüfung** le concours d'entrée
Pseudonym le pseudo, le pseudonyme
Pst! Chut!
Pulli le pull *fam. ou:* le pull-over
Punkt le point → 2/2
pünktlich sein/kommen être à l'heure
Pute la dinde
putzen faire le ménage
Pyramide la pyramide

Q

Qualität la qualité
Quantität la quantité
Quebec le Québec; **Einwohner/in von Québec** le/la Québécois/e

R

Rad la roue → 2/1
Radio la radio; **im Radio senden/spielen (etw.)** passer qc à la radio
Rallye le rallye
Rap le rap
Rapper/in le/la rappeur/-euse → 3/A
Rassismus le racisme → 3/2
raten (jdm etw.) conseiller qc à qn
Rathaus la mairie; l'hôtel de ville
Ratte le rat
rauchen fumer
reagieren auf etw. réagir à qc
Reaktion la réaction
realistisch réaliste *m./f. adj.*
Realität la réalité
Rechnen le calcul → 1/1; **rechnen** faire des calculs → 1/1
Recht haben avoir raison; **Recht haben etw zu tun** avoir raison de + *Inf.*
rechts à droite
Rechtsanwalt/Rechtsanwältin l'avocat/e
Rechtswesen la justice → 2/2
Referat l'exposé *m.*
reflektieren refléter
Reformation la Réforme → 2/A
reformieren (etw.) réformer qc → 2/1
Regal l'étagère *f.*
regelmäßig régulièrement *adv.* → 2/1
regeln (etw.) régler qc → 1/A
Regenmantel l'imperméable *m. ou:* l'imper *m. fam.*
Region la région
regnen pleuvoir; **es regnet** il pleut
reich riche *m./f. adj.*
Reich l'empire *m.* → 2/A
reichen suffire → 4/3; **Das reicht!** Ça suffit! → 4/3
reif mûr/e *adj.* → 2/3
Reihe(nfolge) le tour → 1/3; **Jd ist an der Reihe.** C'est le tour de qn. → 2/3
Reim la rime
reinigen (etw.) nettoyer qc
Reise le voyage
reisen voyager
relativ relatif/-ive *adj.* → 3/2
Religion la religion → 2/A
Religionsunterricht *katholisch* le catéchisme → 2/4
religiös religieux/-euse *adj.* → 4/1
rennen courir
Republik la république → 4/A
reservieren (etw.) réserver qc → 3/A
Restaurant le restaurant
retten (jdn/etw.) sauver qn/qc
Revolution la révolution → 2/A
revolutionär révolutionnaire *m./f. adj.* → 2/A
richtig juste *m./f. adj.*
Richtung la direction
riechen (etw.) sentir qc
Rinde *eines Baumes* l'écorce *f.*
ringsherum tout autour
riskieren (etw.) risquer qc → 1/4
rivalisierend rival/e *adj.* → 4/2
Roboter le robot
Rock la jupe
Rohkostsalat les crudités *f. pl*
Rolle le rôle
rollen rouler
Roman le roman
romantisch romantique *m./f. adj.*
rosa rose *m./f. adj.*
Rosenstock le rosier → 4/3
rot rouge *m./f. adj.*
Rücken le dos; **sich hinter dem Rücken über jdn lustig machen** rigoler dans le dos de qn → 1/2
rudern ramer
rufen (jdn) appeler qn → 4/2
Ruhe le calme → 3/2
ruhig calme *m./f. adj.*
Rührung l'émotion *f.* → 3/3
Ruine la ruine → 4/3
Runde le tour
Rundgang machen faire le tour de qc
Russland la Russie → 2/A

S

S-Bahn (von Paris) le RER *ou:* le Réseau express régional
Sache la chose; le truc *fam.*; **Sachen** les affaires *f. pl.*
sagen (jdm etw.) dire (qc à qn); **seine Meinung sagen** donner son avis
Sahne la crème
Salat la salade
Samstag samedi *m.*
Sand le sable
Sandwich le sandwich → 3/1
Sänger/in le/la chanteur/-euse → 1/4
Satire la satire → 2/2
satt essen (sich) manger à sa faim → 3/1
Satz la phrase
säubern (etw.) nettoyer qc
säumen (etw.) border qc → 4/3
Schabe le cafard → 1/1
Schachspiel les échecs *m. pl.* → 1/A; **Schach spielen** jouer aux échecs → 1/A
schade dommage; **das ist schade** c'est dommage
schaffen (etw.) réussir (qc); **schaffen etw. zu tun** arriver à + *Inf.* → 3/1
Schafott l'échafaud *m.* → 2/A
Schal le foulard
Schale l'écorce *f.*
schälen (etw.) peler qc
schätzen (jdn/etw.) apprécier qn/qc → 2/3

ANNEXE

Schaufenster la vitrine; **Schaufensterbummel** le lèche-vitrines
Schauspieler/in l'acteur/-trice
scheinen *Sonne* briller
schenken (jdm etw.) offrir qc à qn
schick chic *adj.*
schicken (jdm etw.) envoyer qc à qn
Schildkröte la tortue
Schirmmütze la casquette
Schiss haben avoir la trouille *fam.*
schlafen dormir
schlafen gehen (ê)se coucher
schlagen (jdn) battre qn; frapper qn/qc
Schlange la queue
Schlangenbeschwörer le charmeur de serpents → 4/3
schlecht mal *adv.;* nul/le *adj. fam.;* mauvais/e *adj.*
schleusen (jdn) *jdn illegal über die Grenze bringen* faire passer qn → 2/1
schließen (etw.) fermer qc
schließlich enfin *adv.;* finalement *adv.* → 2/3
schlimm grave *m./f. adj.*
Schlimmste le pire
Schlittschuh le patin à glace
Schloss le château
Schmerzen haben avoir mal (à)
Schmuckstück le bijou → 4/3
schmutzig sale *m./f. adj.*
Schneider/in le/la couturier/-ère → 4/1
schnell vite *adv.*
Schokocroissant le pain au chocolat
Schokolade le chocolat; **französische Schokoladencreme** la mousse au chocolat; **Schokoladentrüffel** les truffes au chocolat *f. pl.*
schon déjà; **Schon wieder!** Encore! *adv.*
schön beau/bel *m.* / belle *f. adj.;* **ganz schön** drôlement *adv. fam.*; **Es ist schönes Wetter.** Il fait beau.
Schrank l'armoire *f.*
schrecklich affreux/-euse *adj.*; horrible *m./f: adj.* → 2/1; **Das ist schrecklich!** C'est l'horreur!
schreiben (jdm etw.) écrire (qc à qn); **unsauber schreiben** écrire comme un chat *fam.*
Schreibtisch le bureau
schreien crier
Schriftsteller/in l'écrivain *m./f.*
schubsen (jdn) bousculer qn
Schuh la chaussure; **Turnschuhe** les baskets *f. pl.*
Schuld la faute
Schulden les dettes *f. pl.*
Schule l'école *f.*
Schüler/in l'élève *m./f.;* **Schüler/in eines collège** le/la collégien/ne → 2/3; **Schüler/in eines lycée** le/la lycéen/ne → 2/3
schulisch, Schul- + *Nomen* scolaire *adj.*
Schuljahr l'année scolaire
Schulkantine le self *fam.* → 1/3
Schulleiter/in le/la principal/e
Schultasche le cartable
Schulter l'épaule *f.* → 3/1
Schuss *Fußball* le tir → 3/1
Schutz la protection
schützen (sich) (ê)se protéger
Schutzgebiet le protectorat → 4/A
Schwägerin la belle-sœur → 2/A
schwarz noir/e *adj.*
schwatzen bavarder → 1/3
Schweden la Suède → 2/A
schweigen von (ganz zu) sans parler de → 3/1
Schweiz la Suisse → 2/1
Schwester la sœur
schwierig dur/e *adj.*
Schwierigkeit la difficulté → 1/3
Schwimmbad la piscine
schwimmen nager
schwören jurer; **Ich schwöre!** Juré, promis, craché.
Science-Fiction la science-fiction
„Sechste" *(= 6. Klasse in Deutschland)* la sixième
See le lac
Segel la voile
Segeln la voile
sehen (jdn/etw.) voir qn/qc
sehr très *adv.;* **sehr glücklich sein** être heureux/-euse comme tout; **zu sehr** trop
Seide la soie
sein être; **es sind – 20° C** il fait moins vingt
sein Leben in die Hand nehmen prendre sa vie en main → 1/A
seinerseits, ihrerseits de son côté *loc. adv.* → 4/2
seit depuis *prép.;* dès *prép.*
seitdem depuis que → 1/3
Seite la page
Sekretär/in le/la secrétaire
Sekretariat le secrétariat
Sekunde la seconde → 1/4
selbe (der/das/die) le/la même *m./f. adj.*
selbst même *adv.;* **ich selbst** moi-même → 1/A
selbstverständlich bien sûr *adv.;* évident/e *adj.;* évidemment *adv.* → 2/3
Sender la chaîne
Sendung l'émission *f.*
sensibel sensible *m./f. adj.*
Serie la série
setzen (etw.) mettre qc; **setzen (auf etw.)** parier sur qc
sicher sûr/e *adj.*
sicherlich sûrement *adv.*
singen (etw.) chanter qc
Sinn le sens; l'esprit *m.*; **in den Sinn kommen** venir à l'esprit
Sirup le sirop
Sitten les mœurs *f. pl.* → 3/3
Situation la situation
sitzen être assis/e
sitzenbleiben *Schule* redoubler → 1/3
Skateboard, Skateboardfahren le skate
Ski, Skifahren le ski → 2/1
Skorpion le scorpion
Skulptur la sculpture → 3/A
so si *adv.*
Sodawasser le soda → 3/1
sofort tout de suite *adv.*; **sofort** aussitôt *adv.* → 4/3
sogar même *adv.*
Sohn le fils
solidarisch solidaire *m./f. adj.*
Solidarität la solidarité → 1/3
Sommelier le/la sommelier/-ère
Sommer l'été *m.*
Sonne le soleil
sonnen (sich) bronzer
Sonnenkönig le Roi-Soleil → 2/4
Sonntag dimanche *m.*
sonst sinon
Sorge le souci
Sorte la sorte → 4/3
Souvenir le souvenir
Spanien l'Espagne *f.*
Spannung le suspense
sparsam économe *m./f. adj.*
Spaß haben (ê)s'amuser; **Spaß haben etw. zu tun** (ê)s'amuser à + *Inf.*
spät tard *adv.;* **Wie spät ist es?** Il est quelle heure?; **zu spät kommen** être en retard; **Bis später!** À plus! *fam.*
spazieren gehen (ê)se promener; (ê)se balader *fam.*; **Spaziergang** la promenade, la balade

speichern stocker qc → 1/1
Speisesaal la cantine
spezialisieren (sich auf etw.) (ê)se spécialiser (en qc) → 3/3
spiegeln refléter
Spiel le jeu; **(Fußball-)Spiel** le match; la partie → 1/3
spielen jouer; *ein Spiel* jouer à qc; *ein Instrument* jouer de qc
Spieß la brochette
Sport le sport; **Sport treiben** faire du sport
sportlich sportif/-ive *adj.*
Sporttauchen la plongée sous-marine → 3/A
Sportunterricht la gym *fam. ou:* la gymnastique
Sprache la langue; **jdm die Sprache verschlagen** perdre sa langue
sprechen (mit jdm) parler (à qn); **sprechen über (jdn/etw.)** parler de qn/qc; **Klartext sprechen** dire ses quatres vérités à qn
spucken cracher
Staat l'État *m.* → 4/A
Staatsform le statut → 4/A
Stadion le stade
Stadt la ville
Stadtbezirk l'arrondissement *m.*
Stadtmauer les remparts *m. pl.* → 4/3
Stadtrand la banlieue
Stamm la tribu → 4/2
Standbild la statue
ständig constamment *adv.* → 2/3; constant/e *adj.* → 2/3; permanent/e *adj.* → 1/2
Star la star
stark fort/e; **eine starke Persönlichkeit haben** avoir du caractère
Startänzer/in le danseur étoile / la danseuse étoile
Station la station
stattfinden avoir lieu → 2/A
Statue la statue
Steak le steak
stehen bleiben (ê)s'arrêter; **Das steht ihr/ihm nicht.** Ça ne lui va pas.
stehend debout *adv.* → 4/2
stehlen (etw.) voler qc
Stein le caillou
stellen (etw.) mettre qc; **etw. (hin-)stellen** poser qc; **jdm eine Frage stellen** poser une question (à qn)
sterben mourir → 2/A
Sternzeichen le signe
Sticken la broderie → 2/4
Stiefschwester la belle-sœur → 2/A
Still! Chut!
Stimme la voix
stimmen für/gegen jdn/etw. voter pour/contre qn/qc → 1/4
Stimmts? C'est ça?
Stimmung l'ambiance *f.* → 2/A
Stoff le tissu → 4/3
stolz (auf jdn/etw.) fier/-ère (de qn/qc) *adj.* → 2/3
Storch la cigogne → 4/3
stören (jdn) déranger qn
straffällig délinquant/e *adj.* → 3/3
Strand la plage; **Strandkorb** la cabine de bain
Straße *in einem Ort* la rue
Straßenbahn le tram *fam. ou:* le tramway
Streber/in l'intellectuel/le *ou:* l'intello *fam. m./f.*
strecken (sich) (ê)s'étirer
streiten (ê)se disputer avec qn; **sich um etw. streiten** (ê)se disputer qc → 2/A
Streitschlichter/in le/la médiateur/-trice → 1/A
streng sévère *m./f. adj.*
Strumpfhose le collant
Stück la pièce; le morceau
studieren faire des études
Studium les études *f. pl.* → 4/1
Stufe la marche
Stuhl la chaise
Stunde l'heure *f.*; **nach einer Stunde** une heure après
Stundenkilometer le km/h
stundenlang pendant des heures
Stundenplan l'emploi du temps *m.*
Sturm la tempête
suchen (etw.) chercher qc
Süden le sud; **südlich von** au sud de *adv.*; **Südosten** le sud-est
Sultan le sultan → 4/3
super super *inv. adj.*
Supermarkt le supermarché
Suppe la soupe, le potage
Surfen le surf
surfen *im Internet* surfer → 1/1; *Wassersport* faire du surf → 1/A
Sweatshirt le sweat
Symbol le symbole → 3/1
Sympathie la sympathie
sympathisch sympathique *m./f. adj. ou:* sympa *fam.*
System le système → 2/3
Szene la scène

T

T-Shirt le tee-shirt
Tafel le tableau; *Schokolade* la tablette
Tag le jour; *in seinem Verlauf* la journée; **am nächsten Tag** le lendemain; **den ganzen Tag** toute la journée; **eines Tages** un jour; **Guten Tag!** Bonjour!
Tagebuch le journal
Talent le talent → 1/4
Tantchen tatie *f. fam.*
Tante la tante
Tanz la danse
tanzen danser
Tasche le sac; *an Kleidung* la poche
Taschenkalender l'agenda *m.*
Taschentuch le mouchoir
Taste la touche → 1/1
Tat l'acte *m.* → 1/3
Tauchen la plongée
tauchen plonger → 3/A
tauschen (etw. gegen etw.) échanger qc (contre qc)
Tausend le millier; **tausende von** des milliers de
Team l'équipe *f.*
Teddybär l'ours en peluche *m.*
Teil la partie → 2/A
teilen (etw. mit jdm) partager qc avec qn
teilnehmen (an etw.) participer à qc → 1/3
Telefon le téléphone; **telefonieren (mit jdm)** téléphoner (à qn); **Telefonkabine** la cabine téléphonique
Teller l'assiette *f.*; le plat
Tempel le temple → 3/A
Teppich le tapis → 4/3
Termin le rendez-vous
Terrasse la terrasse
Test le test
teuer cher/chère *adj.*
Textinterpretation l'explication de texte *f.*
Theater le théâtre
Thema le thème
tief (gelegen) bas/basse *adj.* → 2/4
Tier l'animal *m.*
Tipp le tuyau
tippen (etw.) taper qc → 1/1
Tisch la table; **den Tisch decken** mettre le couvert; **sich an den Tisch setzen** se mettre à table; **vom Tisch aufstehen** sortir de table; **Zu Tisch!** À table!
Tischtennis le tennis de table

ANNEXE

Tochter la fille
Tod la mort
tolerant tolérant/e *adj.* → 2/1
Toleranz la tolérance → 4/1
toll formidable *m./f.; génial/e adj.;* chouette *m./f. adj. fam.* → 3/1
Tomate la tomate
Tonne la tonne
Topf le pot
Tor le but → 3/1; **ein Tor schießen** marquer un but → 3/1
tot mort/e *adj.;* **Toter/-e** le/la mort/e; **toter Winkel** l'angle mort *m.*
Tour le tour
Tourist/in le/la touriste
Touristeninformation l'office de tourisme *m.*
traditionell traditionnel/le *adj.* → 4/3
tragen (etw.) porter qc
Trainer/in l'entraîneur/-euse → 3/1
trainieren (ê)s'entraîner → 3/1
Träne la larme → 4/2
Trapez le trapèze
Trapper le trappeur
trauen (etw.) oser
Traum le rêve
träumen (von etw.) rêver (de qc); **träumen etw. zu tun** rêver de + *Inf.*
traurig triste *m./f. adj.*
Treffen le rendez-vous
treffen (jdn) rencontrer qn; **Das trifft sich aber gut!** Ça tombe bien! *fam.*
im Trend tendance *adj.*
trennen (sich) (ê)se séparer
Treppe l'escalier *m.*
Trimester le trimestre
trinken (etw.) boire qc
Trinkschale le bol
trocken sec/sèche *adj.* → 4/3
Trockenheit la sécheresse → 4/3
Trompete la trompette
trösten (jdn) consoler qn
trotz malgré qc → 2/3
trotzdem pourtant *adv.*
Tschüss! Salut! *fam.*
Tube le tube
Tuch le drap → 2/1
tun (etw.) faire qc; **tun (jdm etw.)** faire qc à qn
Tunesien la Tunisie
Tunesier/in le/la Tunisien/ne → 4/A
tunesisch tunisien/ne *adj.* → 4/A
Tür la porte; **Haustür** la porte d'entrée
Turm la tour
Turnhalle le gymnase
Turnschuhe les baskets *f. pl.*
Tutor/in *in der Schule* le/la tuteur/-trice → 1/A
Typ le type *fam.*

U

U-Bahn le métro
überall partout *adv.*
überfallen (etw.) envahir qc → 2/A
überfliegen (etw.) survoler qc
überholen (jdn) doubler qn
überleben survivre
überlegen réfléchir
übernehmen (von jdm etw.) tenir qc de qn → 2/1
überqueren (etw.) traverser qc
Überraschung la surprise
übersetzen traduire → 2/2
übertreiben (etw.) exagérer qc
überwinden (etw.) franchir qc → 3/1
überzeugen (jdn) convaincre qn → 4/2
übrigens au fait *adv.;* d'ailleurs *adv.*
Übung l'exercice *m.*
Ufer le quai; la rive
Uhr l'horloge *f.; zur Angabe der Uhrzeit* l'heure *f.*
Um wie viel Uhr? À quelle heure?
um ein Nichts pour un oui et pour un non; **um ... herum** autour de; **um ... zu** + *Inf.* pour + *Inf.*
umherfahren circuler
umkippen (ê)se renverser
umkommen (ê)se tuer
umsteigen changer
Unabhängigkeit l'indépendance *f.* → 4/A
unaufgeräumt en désordre
und et
uneingeschränkt absolu/e *adj.* → 2/2
Unfall l'accident *m.*
ungeheuer énorme *adj.* → 2/3; énormément *adv.* → 2/3
ungerecht injuste *adj.* → 1/4
Unglück le malheur → 2/1
unglücklich malheureux/-euse *adj.*
Uniform (Schul-) l'uniforme *m.*
Universität l'université *f.*
Universum l'univers *m.* → 1/A
unmöglich impossible *adj.*
unnütz inutile *m./f. adj.*
Unordnung le désordre
Unrecht haben avoir tort
Unsinn la bêtise
unter sous *prép.;* parmi *prép.;* au pied de
unterdrückend répressif/-ive *adj.*
untergehend couchant/e → 4/A
Unterhalt la pension → 2/4
unterhalten (sich) causer → 3/1
unterirdisch souterrain/e *adj.*
Unternehmen l'entreprise *f.* → 3/2
Unternehmer/in l'entrepreneur/-euse → 3/2
Unterricht le cours
Unterrichtsfach la matière
Unterrichtsstunde le cours
unterschiedlich différent/e *adj.;* différemment *adv.* → 2/3
unterschreiben (etw.) signer qc → 2/A
Unterstützung la protection
unvorsichtig imprudent/e *adj.* → 2/2
unzählig innombrable *m./f. adj.* → 3/A
unzertrennlich inséparable *m./f. adj.*
Urban climbing l'escalade urbaine → 1/A

V

Vater le père
verabreden (sich mit jdm) donner (un) rendez-vous à qn; **verabredet sein (mit jdm)** avoir rendez-vous avec qn
Verabredung le rendez-vous
verändern (etw.) changer (de) qc
Veränderung le changement → 3/1
verantwortlich responsable *m./f. adj.* → 4/1
verärgert fâché/e *adj.*
Verband l'organisation *f.*
verbieten (jdm etw. zu tun) interdire à qn de + *Inf.*
verbinden (etw.) bander qc
verblüfft stupéfait/e *adj.*
verboten interdit/e *adj.*
verbrennen (etw.) brûler (qc) → 3/2
verbringen (etw.) *zeitlich* passer qc
verdächtig louche *m./f. adj.* → 3/2
verderben (etw.) gâcher qc
verdienen *Geld* gagner qc
verdorben pourri/e *adj.*
Verein l'association *f.* → 3/2
verfilmen (etw.) porter qc à l'écran
verfolgen (jdn) suivre qn
vergehen passer
vergessen (etw.) oublier qc; **vergessen etw. zu tun** oublier de + *Inf.;*

Das kannst du vergessen! C'est pas le pied. *fam.*; **Vergiss es!** Laisse tomber! *fam.*
vergleichen (jdn/etw. mit jdm/etw.) comparer qn/qc à qn/qc
Vergnügen le plaisir
Verhältnis la relation
verhungern mourir de faim → 4/2
Verkäufer/in le/la vendeur/-euse
Verkehrsmittel le moyen de transport
Verkehrsstau l'embouteillage *m.*
verkünden (etw.) déclarer qc → 2/A
verlangen (etw.) réclamer qc → 1/1
verlassen (etw./jdn) quitter qc/qn
verletzt sein être blessé/e
verlieben (sich in jdn) tomber amoureux/-euse de qn
verliebt amoureux/-euse *adj.*
verlieren (jdn/etw.) perdre qn/qc; **den Verstand verlieren** perdre la tête
Verlierer/in le/la perdant/e → 1/2
Verlobung les fiançailles *f. pl.* → 4/2
vermeiden (etw.) éviter qc → 3/2; **vermeiden etw. zu tun** éviter de + *Inf.* → 3/2
vermissen (etw.) regretter qc → 2/1
vernünftig raisonnable *m./f. adj.*
verpassen (etw.) rater qc
verpetzen (jdn) dénoncer qn
verpflichtend obligatoire *m./f. adj.*
verraten (jdn) dénoncer qn
verrückt dingue *m./f. adj. fam.*; fou/folle *adj.* → 1/4
versammeln réunir; **versammelt sein** être réuni/e
verschlagen (jdm die Sprache) perdre sa langue
Verschmutzung la pollution
versetzt werden (ê)passer en
verspäten (sich) être en retard
Verspätung le retard
versprechen (jdm etw.) promettre qc à qn
verstecken (etw.) cacher qc
verstehen (etw.) comprendre qc; **verstehen (sich mit jdm)** (ê)s'entendre avec qn
versuchen (etw.) essayer qc; **versuchen etw. zu tun** essayer de + *Inf.*
verteidigen (jdn/etw.) défendre qn/qc
verteilen (etw.) distribuer qc
Vertrag le contrat → 1/4; le traité → 2/A
Vertrauen la confiance → 4/1
verursachen (etw.) causer qc → 2/A
Verwicklung l'embrouille *f. fam.*
verwirklichen (etw.) réaliser qc → 3/1
verwöhnt gâté/e *adj.*
verzichten auf (etw.) renoncer à qc; **darauf verzichten etw. zu tun** renoncer à + *Inf.*
verzweifelt désespéré/e *adj.* → 4/2
Videokassette la cassette vidéo
viel beaucoup; **viele** plein de; **vieles** beaucoup de choses
vielleicht peut-être
„Vierte" *(= 8. Klasse in Deutschland)* la quatrième
Viertel le quart; *in der Stadt* le quartier
Viertelstunde le quart d'heure
Vogel l'oiseau *m.*
Volk le peuple → 4/2
voll entier/-ière *adj.*; plein/e *adj.*
Volleyball le volley
von de; **von ... bis** *zeitlich* de ... à; **von etw. aus** *örtlich* depuis *prép.* → 3/A;
von(seiten) de la part de → 3/3
vor *räumlich* devant; *zeitlich* avant; il y a; **vor allem** surtout *adv.* → 1/4;
vor langer, langer Zeit il y a de cela très longtemps → 4/2
Vorabend la veille
voranschreiten avancer
voraussagen (etw.) prédire qc → 4/3
vorbereiten (etw.) préparer qc
Vorbild sein (für jdn) donner l'exemple à qn
voriger/-e/-s dernier/-ière *adj.*
Vorname le prénom
vornehm chic *adj.*
vornehmen (sich) etw. zu tun (ê)se promettre de + *Inf.* → 3/1
Vororte *einer Großstadt* la banlieue
vorprogrammieren (etw.) programmer qc → 2/A
Vorrang haben (vor jdm/etw.) passer avant qn/qc
vorschlagen (jdm etw.) proposer qc à qn; **vorschlagen etw. zu tun** proposer de + *Inf.*
vorsehen (etw.) prévoir qc
Vorsicht l'attention *f.*
vorsichtig prudent/e *adj.*
vorstellen (jdm etw./jdn) présenter qc/qn à qn; **vorstellen (sich etw.)** imaginer qc
vorstellen (sich) (ê)se présenter → 1/4
Vorstellung le spectacle
vorstrecken (etw.) avancer qc → 3/1
Vortrag l'exposé *m.*
vortragen (etw.) réciter qc → 2/4
Vorwurf le remord

W

wachsen grandir → 3/1
Waffe l'arme *f.* → 2/1
Wagen la voiture
Wahl le choix
wahr vrai/e *adj.*
während pendant *adv.*; alors que → 3/2
Wahrheit la vérité
Währung la monnaie → 4/A
Wal la baleine
Wald la forêt
wann quand
warm chaud/e *adj.*
warten (auf jdn/etw.) attendre qn/qc
warum pourquoi
was quoi; que; qu'est-ce qui, qu'est-ce que *Fragepronomen*; ce qui, ce que *Relativpronomen*; **Was bedeutet das?** Qu'est-ce que ça veut dire?; **Was ist los mit ihm/ihr?** Qu'est-ce qui lui prend?
Wäsche le linge → 2/4
waschen (etw.) laver qc
Wasser l'eau *f*
Weber/in le tisserand/e → 2/1
Webseite le site internet
wechseln (jdn/etw.) changer de qn/qc
Wecker le réveil
weder ... noch ne ... ni ... ni *conj.* → 4/1
Weg le chemin
wegen à cause de; pour
wegfahren (ê)partir
wegführen (jdn) emmener qn → 2/1
weggehen (ê)s'en aller → 2/2
wegwerfen (etw.) jeter qc
wehtun avoir mal (à); **wehtun (jdm)** faire mal à qn; **Es tut weh.** Ça fait mal.
weigern (sich) etw. zu tun refuser de + *Inf.* → 4/2
Weihnachten Noël *m.*
Weihnachtsmann le Père Noël
Weihnachtstorte *in Form eines Holzscheites* la bûche de Noël
weil car; parce que
weinen pleurer
Weinkellner/in le/la sommelier/-ère
weiß blanc/blanche *adj.*

ANNEXE

weit large *m./f. adj.;* loin *räumlich adv.*; **von weit her** de loin *adv.*; **man kommt nicht weit mit (etw.)** on ne va pas loin avec qc
weitergehen continuer
weitermachen (etw.) continuer à + *Inf.*
welcher/-es/-e quel/le
Welle la vague
Wellenreiten le surf
Wellensittich la perruche
Welt le monde; **die ganze Welt** le monde entier
Weltmeisterschaft la Coupe du monde → 3/1
wenig peu; **ein wenig** un peu (de)
weniger moins *adv.;* **weniger als** moins que; **am wenigsten** le moins;
Wenigstens etwas. C'est déjà ça.
wenn *immer wenn* quand; **wenn** *Bedingung* si *conj.;* **wenn doch nur** si seulement + *imparfait* → 1/2
wer qui
Werbung la publicité *ou:* la pub *fam.*
werden (ê)devenir
werfen (etw.) jeter qc; lancer qc;
hinauswerfen (jdn) mettre qn à la porte
Werk l'œuvre *f.* → 2/2
Werkstatt l'atelier *m.* → 2/4
Werkzeug l'instrument *m.* → 2/4
wertvoll précieux/-euse *adj.* → 3/3
Westen l'ouest *m.*; **westlich von** à l'ouest de
wetten (auf etw.) parier sur qc
Wettkampf le championnat → 4/1
wichtig important/e *adj.*
widerrufen (etw.) révoquer qc → 2/1
Widerrufung la révocation → 2/A
widersetzen (sich jdm/etw.) (ê)s'opposer à qc/qn
Widerspruch la contradiction → 1/1
wie comme *adv.;* **wie?** comment *Fragepronomen*; **wie früher** comme avant *adv.;* **wie Hund und Katze** comme chien et chat *fam.;* **wie viel** combien
wieder finden (etw.) retrouver qn/qc
wieder treffen (jdn) retrouver qn/qc
wiederholen (etw.) répéter qc; **wiederholen** *Lernstoff* réviser qc → 1/3
wiederkommen (ê)revenir
wiegen peser
wild sauvage *m./f. adj.* → 2/1
Wind le vent
Windsurfen la planche à voile → 4/1
Winter l'hiver *m.*
wirklich vraiment *adv.*
Wirklichkeit la réalité *m.*
Wirkung l'effet *m.*
Wirrwarr l'embrouille *f. fam.*
Wirtschaft l'économie *f.* → 2/2
wissen (etw.) savoir qc
Wissenschaft la science → 2/2
Wissenschaftler/in le/la savant/e
witzig marrant/e *adj. fam.*
wo où
Woche la semaine
Wochenende le week-end
wohin où
wohnen habiter
Wohnung l'appartement *m.*
Wohnzimmer la salle de séjour
Wolke le nuage
Wolkenkratzer le gratte-ciel
wollen (etw.) vouloir qc
Wort le mot
Wörterbuch le dictionnaire
wozu? pour quoi faire?
wühlen (in etw.) fouiller dans qc
Wunder le miracle → 4/2
wunderbar merveilleux/-euse *adj.*
wundervoll magnifique *m./f. adj.;* merveilleux/-euse *adj.*
wünschen (jdm etw.) souhaiter qc (à qn) → 2/2; **wünschen, dass ...** souhaiter que + *subj.* → 2/2
Wurst- und Fleischaufschnitt la charcuterie
Wüste le désert → 4/3
Wut la colère → 3/2
wütend furieux/-euse *adj.;* **wütend sein** être en colère → 3/2

Z

zählen compter
zahlreich nombreux/-euse *adj.*
Zahn la dent
Zeichen le signe
Zeichnen le dessin
Zeichnung le dessin
zeigen (jdm etw.) montrer qc à qn
Zeig her! Fais voir!
Zeit le temps; **(keine) Zeit haben** (ne pas) avoir le temps; **zurzeit** en ce moment; **die ganze Zeit** tout le temps; **von Zeit zu Zeit** de temps en temps
Zeitschrift le magazine
Zeitung le journal
Zensur la note
Zentrum le centre
zerbrechen (etw.) casser qc
Zettel le papier
Zeugnis le bulletin
Ziel le but → 3/1
ziemlich assez *adv.*
ziemlich viel pas mal de *fam.* → 3/1
Zimmer la chambre
zirkulieren circuler
Zirkus le cirque
Zitrone le citron
Zittern le frisson
zögern hésiter; **zögern etw. zu tun** hésiter à + *Inf.*
Zone la zone → 3/2
zu chez; **zu viel, zu sehr** trop *adv.*
zubereiten (etw.) préparer qc
Zucker le sucre
zuerst d'abord *adv.*; au début (de qc) *adv.* → 2/2
Zuflucht suchen (ê)se réfugier → 2/1
zufrieden content/e *adj.*
Zug le train
zugeben (jdm etw.) avouer qc → 1/1;
zugeben etw. zu tun avouer + *Inf.* → 1/1
zuhören (jdm/etw.) écouter qn/qc
Zuhörer/in l'auditeur/-trice *m./f.*
Zukunft l'avenir *m.*
zumindest au moins
Zunge la langue
zurechtkommen (ê)se débrouiller
zurückgehen (ê)retourner; **zurückgehen von ... auf** (ê)passer de ... à → 3/2
zurückkehren (ê)retourner
zurückkommen (ê)revenir
zusammen ensemble *adv.*
Zusammenfassung le résumé
zusammenhalten être solidaire
zusammenpassen aller ensemble;
Das sind zwei Dinge, die nicht zusammenpassen. Ça fait deux.
Zusammenstoß le choc
zuschlagen (eine Tür) claquer une porte
zuwenden (sich jdm/etw.) (ê)se diriger vers qn/qc
zwei Wochen quinze jours
Zweifel le doute → 2/1
Zwiebel l'oignon *m.*
Zwillingsbruder/Zwillingsschwester le jumeau / la jumelle → 4/1
zwischen entre *prép.;* parmi *prép.*;
zwischen ... und de ... à

Hier kannst Du überprüfen, ob du die englischen Vokabeln richtig in dein dreisprachiges Vokabelheft eingetragen hast.

Dossier 1
Approches: tutor, object, society, to admire, group, Europe, origin, universe, conflict, passion, to communicate
Séquence 1: to stock, domestic, to surf, contradiction, jealous, modern, dependent
Séquence 2: unique, experience, permanent, classical, to classify / to class, human
Séquence 3: voluntary, act, solidarity, difficulty, energy, to concentrate on
Séquence 4: casting, limit, to present, second, to interpret, to permit, to risk, elimination, contract, to vote, solidary, cruel, professional, injustice, talent

Dossier 2
Approches: to sign, empire, part, religion, Protestant, to annex, emigration, refugee, philosopher, revolution, revolutionary, unity, national, to program
Séquence 1: exile, tolerant, manufacture, to regret, horrible, doubt, catholic, regulary, to reform
Séquence 2: literary, satire, political, absolutist, justice, science, economy, philosophy, to correspond, intrigue, royal, correction, point, to press out
Séquence 3: enormous, constant, system, different, intensely, intensive, to appreciate, journalism, evident, finally, absolutely
Séquence 4: necessary, latin

Dossier 3
Approches: planet, architect, pictorial, architecture, to reserve, avenue, sculpture, to guide, paradise, protected
Séquence 1: abstract, symbol, captain, sandwich, pizza, career, physical, terrain, selection, to realise
Séquence 2: violent, majority, reason, racism, calm, situated, zone, to create, association, equipment, collective, cultural, mentality
Séquence 3: to specialize, authority, delinquent, to represent, minority, engaged, directly, direct, emotion, precious, marriage, cousin, at the moment

Dossier 4
Approches: colony, independence, frequent, population, republic, official
Séquence 1: polite, monument, historic, dune, democracy, to dine, religious, adult, to obey, liberty, responsible, sincere, development, personality, quality, tolerance, modest, honest, drug, to offer, championship, to encourage
Séquence 2: secret, rival, summit, to refuse, to convince, miracle, cruelty, to marry, people, couple, altitude
Séquence 3: desert, airport, to date, sort, domain, musician, acrobat, fruit, traditional, ruin

ANNEXE

Bildquellen

Agentur Focus: © Schulz, S. 112 (2. v. oben links) – © akg-images, S. 32 (5), S. 33 (6), S. 32–33 (7), S. 87; akg-images: © Dagli Orti, S. 32 (2); © Lessing, S. 33 (9) – Andia: © Khamallah, S. 76 (unten); © Le Gal, S. 57 (unten links); © Montarges, S. 77 (unten rechts); © Zebar, S. 77 (oben rechts); – Arco Digital Images: © Kroener, S. 76 (Mitte links) – Avenue Images / Index Stock: © Higgs, S. 11 (Mitte) – Bildagentur-online: © Lescourret, S. 56 (unten links); Bildagentur-online/TIPS: © Pistolesi, S. 85 (oben links) – Bridgemanart.com: © Willi, S. 51 (unten rechts) – © Corbis, S. 114 (Mitte rechts); Corbis: © Boyerray Mond / Sunset Boulevard, S. 55 (oben rechts); © Cardinale, S. 65 (links); © Dagli Orti, S. 52 (oben rechts); © Frei, S. 112 (2. v. unten links); © Folkks, S. 55 (unten rechts); © Hellier, S. 56 (oben links); © Lisle, S. 79 (unten links); © Listri, S. 51 (unten links); © Luigart-Stayner, S. 91; © Nomachi, S. 82 (oben); © Osborne, S. 115 (1. v. oben links); © Vannini, S. 51 (oben rechts), S. 84 (oben rechts), S. 85 (unten rechts); © Corbis / Archivo Iconográfico, S.A., S. 40; Corbis/Reuters: © Charisius, S. 54 (Mitte links); Corbis/Sygma © Cardinale, S. 93; © Elbaz, S. 64; Corbis/zefa: © Frink, S. 56 (unten Mitte); © Meeke, S. 60 (unten rechts); © Corbis/zefa/Grace, S. 60 (links); Corbis/zefa/Stockbyte: © Royalty Free, S. 11 (links) – © Cornelsen, S. 115 (2. v. oben links); © Cornelsen, Bareyre, S. 89; Keil-Sagawe, S. 79 (Mitte); Lauterbach, S. 34 (Feder); Petrarca, S. 13 (Mitte); Schirmer, S. 77 (Mitte links), S. 78, S. 79, S. 90; Schulz, S. 8, S. 9, S. 13 (oben links, Mitte links u. unten), S. 18, S. 53; Schulze, S. 51 (oben links) – Das Fotoarchiv: © Lemmens, S 77 (rechts Mitte links) – Das Deutsch-Französische Institut (DFI): © Gleichauf, S. 55 (Mitte links) – © Deutsches Historisches Museum, Berlin, S. 37 (unten) – © F. Krüger, Paul Erman, S. 37 (oben) – © fionline, S. 82 (unten) – © Formica, Vincent, S. 56 (Mitte links), S. 56 (Mitte rechts), S. 57 (oben rechts) – Fotolia: © AlexMax, S. 34 (Tintenfass) – © H. Vernet, Château de Grosbois, S. 33 (8) – © http://diams.emi-artistes.biz/DIAMS/imagevue/, S. 75 – images.de: © Loeil Du Sud / Torres, S. 56 (oben Mitte) – laif: © Hoogte, S. 113 (Mitte links); © Knechtel, S. 56 (oben rechts); © laif/REA, S. 65 (rechts), S. 84 (unten rechts, unten links); laif/REA: © Dumont, S. 77 (unten links), S. 112 (oben rechts); © Fabrer, S. 143; © Villerot, S. 11 (rechts); laif/REA/Lavie: © Boisseaux, S. 77 (oben links) – Look:© Martin, S. 77 (links Mitte rechts) – © M. Ivernel, Histoire Géographie, Hatier Paris 2001, S. 32 (1) – mauritius images: © Bischoff, S. 60 (rechts); © mauritius images/Photononstop, S. 111 (unten rechts) – Mediacolors © Courtois, S. 111 (Mitte links) – © Musée des Beaux Arts, Bruxelles, S. 47 (oben) – © Notopoulos Stefanos, S. 54 (oben) – Okapia/Naturbild: © W. Steinmetz, S. 76 (Mitte rechts) – © Olympique de Marseille, S. 115 (Mitte links) – © Picture Alliance, S. 54 (unten rechts); Picture Alliance / Picture Press: © Wartenberg, S. 13 (rechts) – Plainpicture: © Manasse, S. 22 (unten); © Plainpicture/AMI, S. 27 – © Pleynet, Gérard, S. 72 – © Schapowalow/SIME, S. 112 (1. v. oben links) – © Schiefer, Guido, S. 85 (oben rechts) – © Schwelle, Dagmar, S. 17 – Sipa Press: © Bernacchi, S. 74 (rechts); © Esmieu, S. 74 (links); © Hartmann, S. 63; © Jaubert, S. 22 (oben); © Le Floch Pascal, S. 21 (unten rechts), S. 65 (Mitte); © Lydie, S. 21 (unten links); © Moctar, S. 56 (unten rechts); © Pouzet, S. 62; © Villard, S. 31; © Zoccolan, S. 57 (oben Mitte); Sipa Press /Chesnot: © Tschaen, S. 61; © Sipa Press / Leroux-TV, S. 21 (oben rechts); © Sipa Press / Lorenvu-TV, S. 21 (rechts Mitte) – © Staatliches Marokkanisches Fremdenverkehrsbüro, S. 148 – © Tropical Music, S. 93 – Ullstein: © Bütow, S. 148; © Dietrich, S. 113 (unten links); © Kanus, S. 113 (oben links); © Malzkorn, S. 113 (links); © Schöning, S. 112 (Mitte links); © Unkel, S. 111 (oben links); © Viollet, S. 114 oben links); © Ullstein/AP, S. 111 (oben rechts); © Ullstein / Granger Collection, S. 111 (unten links), S. 115 (unten links); © Ullstein/Imagno, S. 114 (oben rechts); © Ullstein/ KPA, S. 112 (unten rechts) – © vario-press / Big Cheese, S. 22 (Mitte) – Visum: © Navia, S. 82 (unten); Visum / Panos Pictures: © Mansfield, S. 76 (oben) – © D. Waugh / P. Arnold, S. 77 (Mitte rechts) – © web-provence.com, S. 57 (oben links, unten rechts), S. 112 (1. v. unten links) – © Widmann, Peter, S. 86.

Nicht alle Copyrightinhaber konnten ermittelt werden; deren Urheberrechte werden hiermit vorsorglich und ausdrücklich anerkannt.